"十三五"普通高等教育本科规划教材
高等院校物流专业"互联网+"创新规划教材

物流成本管理

张 远 主编

内 容 简 介

随着我国物流业的迅速发展，企业对物流成本的管理与控制越来越重视。本书系统介绍了物流成本管理的理论与方法，阐述了物流成本的构成与分类、物流成本核算、物流成本预算、物流分析与控制、供应链成本管理等内容。全书配有大量具有较强针对性和时效性的案例，重点对电子商务企业、快递企业物流成本等问题进行了深入的分析，便于读者对物流成本管理理论的理解及提升实际物流成本管理能力。

本书内容翔实、逻辑清晰、概念准确、注重理论联系实际，既可以作为普通高等院校物流工程、物流管理等专业本科生的教材或参考书，也可以作为物流企业管理人员、生产流通企业物流管理人员的参考书，以及物流管理人员的培训教材。

图书在版编目 (CIP) 数据

物流成本管理 / 张远主编．—北京：北京大学出版社，2017.8
（高等院校物流专业"互联网+"创新规划教材）
ISBN 978-7-301-28606-7

Ⅰ. ①物⋯ Ⅱ. ①张⋯ Ⅲ. ①物流管理—成本管理—高等学校—教材 Ⅳ. ① F253.7

中国版本图书馆 CIP 数据核字 (2017) 第 188573 号

书　　名	物流成本管理 WULIU CHENGBEN GUANLI
著作责任者	张　远　主编
责任编辑	刘　丽
数字编辑	陈颖颖
标准书号	ISBN 978-7-301-28606-7
出版发行	北京大学出版社
地　　址	北京市海淀区成府路 205 号　100871
网　　址	http://www.pup.cn　新浪微博：@北京大学出版社
电子信箱	pup_6@163.com
电　　话	邮购部 62752015　发行部 62750672　编辑部 62750667
印 刷 者	北京圣夫亚美印刷有限公司
经 销 者	新华书店 787 毫米 ×1092 毫米　16 开本　15 印张　342 千字 2017 年 8 月第 1 版　2021 年 1 月第 4 次印刷
定　　价	36.00 元

未经许可，不得以任何方式复制或抄袭本书之部分或全部内容。
版权所有，侵权必究
举报电话：010-62752024　电子信箱：fd@pup.pku.edu.cn
图书如有印装质量问题，请与出版部联系，电话：010-62756370

前　言

随着世界贸易一体化的深入，现代物流产业的发展往往能决定一个国家的经济增长能力和产业结构调整的成败。物流成本管理在物流管理中占有越来越重要的位置，已成为企业获取竞争优势的关键因素。

国际通行以全社会的物流总费用占 GDP 的比例来评价整个经济体的物流效率，社会物流总费用占 GDP 的比例越低则表示该经济体物流效率越高、物流发展水平越发达。以此指标计算，近来年我国社会物流总费用与 GDP 的比率约为 16%，总体呈逐年缓慢下降的趋势，体现了我国物流效率逐渐提高。一般而言，发达国家物流总费用占 GDP 比重都在 10% 左右，与美国、英国、日本等发达国家相比，我国物流成本占 GDP 的比重仍然较高，物流发展水平与发达国家仍有较大差距，未来仍有较大的发展空间。

本书系统介绍了物流成本管理的理论与方法，重点阐述了物流成本的构成与分类、物流成本核算、物流成本预算、物流分析与控制、供应链成本管理等内容。本书主要具有以下特点。

(1) 知识体系完整，内容编排科学合理。由浅入深，循序渐进，概念清晰，风格简洁。

(2) 注重理论联系实际。本书在系统介绍物流成本管理理论与方法的同时，每章均配备各有特点的案例分析，重点对电子商务企业、快递企业物流成本进行深入的分析，有利于提高读者解决实际问题的能力，从而达到学以致用的目的。

(3) 以国家标准《企业物流成本构成与计算》(GB/T 20523—2006) 为依据，介绍物流成本的构成与计算方法，便于读者了解国家相关的法律法规，体现了教材知识的权威性。

(4) 每章均配有习题，是对相应章节的重点概念、知识点和理论的强化，便于读者对相关知识的理解与掌握。

本书由张远担任主编，李海波和安伟担任副主编，徐岩、王喆、杨建青和史旸参编。具体分工如下：第 1 章由张远编写，第 2 章、第 4 章、第 10 章由李海波编写，第 7 章、第 8 章由安伟编写，第 3 章由杨建青编写，第 5 章由徐岩编写，第 6 章由史旸编写，第 9 章由王喆编写。

编者在编写本书的过程中得到了行业内相关专家、学者的无私帮助，同时也参考了许多相关的著作、论文、报纸发表的文章、企业培训资料、网站上资料等，在此对相关人士一并表示衷心的感谢！

由于编者水平有限，书中难免存在不足之处，恳请广大读者批评指正。

编　者
2017 年 3 月

【资源索引】

目 录

第1章 绪论 1

1.1 物流成本的概念与特点 3
    1.1.1 物流成本的概念 3
    1.1.2 物流成本的特点 3
1.2 物流成本管理概述 5
    1.2.1 管理的概念 5
    1.2.2 物流成本管理的概念 6
1.3 物流成本管理的产生与发展 7
    1.3.1 物流成本管理的产生 7
    1.3.2 物流成本管理的发展 7
1.4 物流成本管理的意义与作用 9
    1.4.1 物流成本管理的微观作用 9
    1.4.2 物流成本管理的宏观意义 9
1.5 相关的物流理论 12
    1.5.1 "第三利润源"学说 12
    1.5.2 物流成本冰山理论 12
    1.5.3 "黑大陆"学说 14
    1.5.4 效益背反理论 14
    1.5.5 其他物流成本学说 15
本章小结 16
习题 17

第2章 物流成本的构成与分类 21

2.1 社会物流成本的构成 25
    2.1.1 美国社会物流成本的构成 25
    2.1.2 欧洲社会物流成本的构成 26
    2.1.3 日本社会物流成本的构成 26
    2.1.4 我国社会物流成本的构成 27
2.2 企业物流成本的构成与分类 30
    2.2.1 企业物流成本的构成 30
    2.2.2 企业物流成本的分类 33
2.3 影响企业物流成本的主要因素 38
    2.3.1 物流系统优化程度 38
    2.3.2 物流运作模式 38
    2.3.3 物流信息化 39
本章小结 40
习题 41

第3章 物流成本的核算 45

3.1 企业物流成本核算的作用及存在的问题 47
    3.1.1 企业物流成本核算的作用 47
    3.1.2 企业物流成本核算存在的问题 .. 49
3.2 企业物流成本核算的原则与对象 50
    3.2.1 企业物流成本核算的原则 50
    3.2.2 企业物流成本的核算对象 51
3.3 企业物流成本的核算方法 52
    3.3.1 会计方式的物流成本核算方法 52
    3.3.2 统计方式的物流成本核算方法 53
    3.3.3 会计方式与统计方式相结合的物流成本核算方法 53
3.4 企业物流成本核算步骤 54
    3.4.1 显性物流成本核算步骤 54
    3.4.2 隐性物流成本核算步骤 56
3.5 物流成本核算案例 56
    3.5.1 生产制造企业物流成本核算案例 56
    3.5.2 流通企业物流成本核算案例 .. 58
    3.5.3 物流企业汽车运输成本的核算 60
3.6 企业物流成本表 60
    3.6.1 企业物流成本主表 60

  3.6.2 企业自营物流成本支付形态表 61

本章小结 62

习题 63

第 4 章 基于作业成本法的物流成本核算 67

4.1 作业法成本法概述 69
  4.1.1 作业成本法的概念 69
  4.1.2 作业成本法的产生与发展 70
  4.1.3 作业成本法的基本原理 70
  4.1.4 作业成本法与传统成本计算方法的比较 71
  4.1.5 实施物流作业成本法的主要意义 72

4.2 物流作业成本法的计算程序 75

4.3 作业成本法在企业物流成本核算中的实例分析 78

4.4 物流作业成本法的优势及适用条件 85
  4.4.1 物流作业成本法的优势 85
  4.4.2 作业成本法的适用条件 87

4.5 采用物流作业成本法的必要性及可行性分析 88
  4.5.1 采用物流作业成本法的必要性分析 88
  4.5.2 采用物流作业成本法的可行性分析 89

本章小结 90

习题 91

第 5 章 物流成本预算 97

5.1 物流成本预算概述 99
  5.1.1 物流成本预算的概念 99
  5.1.2 物流成本预算的作用 100
  5.1.3 物流成本预算编制的内容 101
  5.1.4 物流成本预算编制的程序 106

5.2 物流成本预算编制的方法 107
  5.2.1 物流成本弹性预算法 108
  5.2.2 物流成本的零基预算法 109
  5.2.3 物流成本的定期预算法 110
  5.2.4 物流成本的滚动预算法 110

本章小结 111

习题 112

第 6 章 物流成本预测与决策 117

6.1 物流成本预测概述 119
  6.1.1 物流成本预测的概念 119
  6.1.2 物流成本预测的作用 119
  6.1.3 物流成本预测的程序 120
  6.1.4 物流成本预测的方法 121

6.2 物流成本决策 123
  6.2.1 物流成本决策概述 124
  6.2.2 物流成本决策的方法 127
  6.2.3 物流成本决策过程中应注意的问题 130

本章小结 133

习题 134

第 7 章 物流成本分析 139

7.1 物流成本分析概述 141
  7.1.1 物流成本分析的概念与作用 141
  7.1.2 物流成本分析的内容 142
  7.1.3 物流成本分析的原则 142

7.2 物流成本分析的方法 143
  7.2.1 对比分析法 144
  7.2.2 比率分析法 144
  7.2.3 连环替代法 145

7.3 财务比率分析 147
  7.3.1 偿债能力比率 147
  7.3.2 营运能力比率 148
  7.3.3 获利能力比率 151

7.4 杜邦财务分析法 152

本章小结 155

习题 156

第8章 物流成本控制 161

- 8.1 物流成本控制概述 163
  - 8.1.1 物流成本控制的含义 163
  - 8.1.2 物流成本控制的基本
    工作程序 164
  - 8.1.3 物流成本控制的原则 166
  - 8.1.4 物流成本控制的内容 167
- 8.2 以物流功能为对象的物流成本控制 167
  - 8.2.1 运输成本的控制 168
  - 8.2.2 仓储成本的控制 171
  - 8.2.3 包装成本的控制 173
- 8.3 以物流成本活动范围为对象的
  物流成本控制 175
  - 8.3.1 供应物流成本控制 175
  - 8.3.2 生产过程的物流成本控制 176
  - 8.3.3 销售物流成本控制 177
- 本章小结 180
- 习题 180

第9章 物流成本管理绩效评价 185

- 9.1 物流成本管理绩效评价概述 187
  - 9.1.1 物流成本管理绩效评价的
    概念及作用 187
  - 9.1.2 物流成本管理绩效评价的
    实施步骤 187
  - 9.1.3 物流成本管理绩效评价的
    原则 188
- 9.2 物流成本管理绩效评价指标体系的
  构成 189
  - 9.2.1 定量评价指标 189
  - 9.2.2 定性评价指标体系 191
  - 9.2.3 物流成本管理绩效的控制与
    改进 192
- 9.3 平衡计分卡 192
  - 9.3.1 平衡计分法的基本思想 193
  - 9.3.2 平衡计分卡在物流成本管理
    绩效评价中的意义 194
  - 9.3.3 平衡计分卡的实施步骤 194
- 9.4 标杆分析 196
  - 9.4.1 标杆分析法的概念及作用 196
  - 9.4.2 标杆分析法的实施步骤 196
- 9.5 企业战略成本管理 197
  - 9.5.1 企业实施战略成本管理的
    意义 197
  - 9.5.2 战略成本管理与传统成本管理的
    关系 198
  - 9.5.3 战略成本管理的基本框架 198
- 9.6 精益物流 202
  - 9.6.1 精益物流的含义与意义 202
  - 9.6.2 精益物流的基本内容 203
  - 9.6.3 精益物流的实施步骤 204
- 本章小结 205
- 习题 207

第10章 供应链成本管理 211

- 10.1 供应链成本管理概述 213
  - 10.1.1 供应链及供应链管理的
    概念 213
  - 10.1.2 供应链成本及供应链物流
    成本管理的概念 214
- 10.2 供应链成本的管理策略 216
  - 10.2.1 供应链成本管理的
    基础理论 216
  - 10.2.2 供应链成本管理模式 218
  - 10.2.3 供应链成本管理方法 221
- 本章小结 222
- 习题 224

参考文献 228

第1章 绪 论

【教学目标与要求】

理解物流成本的概念、物流成本管理的概念。

掌握物流成本的特点。

掌握效益背反理论、物流冰山理论。

了解物流成本管理的意义与作用。

【拓展视频】

导入案例

阿里巴巴与苏宁合作，降低物流成本

2015年8月，电商巨头阿里巴巴与线下零售业巨头苏宁云商联手宣布了一笔大买卖：根据协议，阿里巴巴集团将投资约283亿元参与苏宁云商的非公开发行，占发行后总股本的19.99%，成为苏宁云商的第二大股东。与此同时，苏宁云商将以140亿元认购不超过2 780万股的阿里巴巴新发行股份。双方将全面打通电商、物流、售后服务、营销、大数据等线上线下体系。

这笔大买卖背后蕴含着怎样的深意？线上与线下巨头的携手又将对行业造成怎样的影响？从中远期来看，O2O将成为阿里巴巴与苏宁合作的"破局"之道。这必将影响我国零售业业态融合速率，加速中国零售产业的全产业链与全渠道的打通。O2O等线上与线下资源整合模式必将迎来一轮高速发展，从而推进零售业互联网化进程。

苏宁云商COO侯恩龙对《第一财经日报》记者说，中国的物流效率只有美国的1/10，此前没有大的物流企业整合全国物流资源。苏宁与阿里巴巴的短期目标是把物流成本降低30%，实现的手段包括干线拼车、库存共享、降包裹单价等。以干线拼车为例，目前行业内的物流车满载率只有55%~60%，如果苏宁的货与阿里的货一起装车，使满载率达到100%，由此将明显降低成本。未来3年，阿里和苏宁将把成熟的配送体系以及千万平方米的仓储对品牌方开放共享。

多位分析师和业内专家表示，苏宁云商和阿里巴巴的合作，将有望实现多赢。首先，对于消费者而言，双方将打破场景限制、提升配送效率、完善售后服务，更好地服务于用户，提升消费体验。其次，对于合作双方来说，改变的不仅仅是零售平台，而且将形成包括大数据、云计算等在内的更加丰富的商业生态，展现数字时代商业的全新面貌，大幅提升竞争力。最后，对于平台商户、供应商而言，通过全球化平台的打造及信息技术的推动，实现供应链上的伙伴共赢，促进以满足消费者需求为目的的整个生产制造业的转型。从2016年上半年的情况来看，苏宁云商的互联网零售发展已经进入了收获阶段，创新的云店模式得到了消费者极大的认同，可比门店同比增长8.92%；苏宁的供应链和物流能力也在不断提升，仓储面积达到500万平方米，在中国90%的城市实现次日达。

(资料来源：http://finance.sina.com.cn/roll/20150811/082722931512.shtml.)

阿里巴巴与苏宁的合作，将有效整合企业资源，降低企业的物流成本。物流成本管理作为企业物流管理的核心内容，是企业增加利润的重要途径。无论是电商企业、零售业巨头、制造企业、物流企业都需要深入分析物流成本管理存在的问题，采取有效措施控制物流成本，从而提高企业的核心竞争力。

1.1 物流成本的概念与特点

成本是指企业在生产经营过程中所耗费的人力、物力和财力等资源的货币表现。经济的发展使科学技术与生产经营日益结合,企业一方面依靠科学技术积极开拓市场;另一方面注重管理,挖掘内部潜力,控制和降低成本。

物流业是生产性服务业的重要组成部分,是融合运输业、仓储业、货运代理业和信息业等业态的复合型、基础性、先导性产业。大力发展现代物流业,对于优化发展环境、带动产业升级、降低流通成本、提高经济运行的质量和效益、增强城市综合服务保障能力,具有十分重要的意义。随着物流管理意识的增强,人们对于物流成本的关心日渐浓厚,降低物流成本已经成为物流管理的首要任务。在许多企业中,物流成本占企业总成本的比例很大,物流成本的高低直接关系到企业利润水平和竞争力的高低,所以,物流成本管理成为企业物流管理的核心内容,也可以说,人们对物流的关心首先应该从关心物流成本开始。有专家指出,"物流既是主要成本的产生点,又是降低成本的关注点"。

1.1.1 物流成本的概念

2006 年实施的国家标准《企业物流成本构成与计算》(GB/T 20523—2006) 中,物流成本是这样定义的:"企业物流活动中所消耗的物化劳动和活劳动的货币表现,包括货物在运输、储存包装、装卸搬运、流通加工、物流信息、物流管理等过程中所耗费的人力、物力和财力的总和,以及与存货有关流动资金占用成本、存货风险成本和存货保险成本。"这里的物流成本包括两方面的内容:一方面是直接在物流环节产生的支付给劳动力的成本、耗费在机器设备上的成本,以及支付给外部第三方的成本;另一方面是在物流环节中因持有存货等所潜在的成本,如占有资金成本、保险费等。

1.1.2 物流成本的特点

物流成本和其他成本相比,有许多不同之处,但是最突出的只有两点,这两点被归结为物流冰山现象和效益背反(交替损益)现象。

物流冰山现象本来是日本早稻田大学西泽修教授研究有关物流成本问题所提出来的一种比喻,在物流学界,现在已经把它延伸成物流基本理论之一,把它看成是德鲁克学说的另一种描述。

物流冰山理论认为,在企业中,绝大多数物流发生的费用,是被混杂在其他费用之中,而能够单独列出会计项目的,只是其中很小一部分,这一部分是可见的,常常被人们误解为它就是物流费用的全貌,其实只不过是浮在水面上的、能被人所见的冰山一角而已。

效益背反现象是物流成本的另一个特点。物流成本的发生源很多,其成本发生的领域

【拓展文本】

往往在企业里面,是不同部门管理的领域,因此,这种部门的分割,就使得相关物流活动无法进行协调和优化,出现此长彼消、此损彼益的现象是经常有的。其实,在任何一个大系统中,系统各要素之间经常会出现这种矛盾,系统工程的主要目的,也在于从系统高度寻求总体的最优。

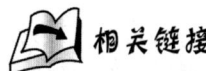

国务院推交通物流融合发展,力促物流降成本

国务院办公厅2016年转发国家发展改革委《营造良好市场环境推动交通物流融合发展实施方案》(以下简称《交通物流融合方案》),部署推动交通物流融合发展,提升交通物流综合效率效益,有效降低社会物流总体成本。《交通物流融合方案》指出,到2018年,初步形成开放共享的交通物流体系,全社会物流总费用占GDP的比率较2015年降低1个百分点以上;到2020年,建成设施一体衔接、信息互联互通、市场公平有序、运行安全高效的交通物流发展新体系,全社会物流总费用占GDP的比率较2015年降低2个百分点。

《交通物流融合方案》是我国第一次以国务院名义就交通物流融合发展出台的文件,也是今后指导我国交通物流融合发展的纲领性文件。该方案明确了构建交通物流融合发展新体系"五大"政策保障,体现了前瞻性、系统性、协同性及可操作性的特点,恰逢其时。

1. 完善交通物流网络

《交通物流融合方案》提出,重点建设南北沿海通道、京沪通道、京港澳通道、东北进出关通道、西南至华南通道、西北北部通道、陆桥通道、沿江通道、沪昆通道以及6个方向的国际通道,实现内通外联。同时,优化综合交通枢纽与物流节点空间布局,构建综合交通物流枢纽系统。加快实施铁路引入重要港口、公路货站和物流园区等工程,到2018年,全国80%左右的主要港口和大型物流园区引入铁路。同时,要加快推进枢纽周边外循环道路建设,如部分铁路枢纽货运外绕线建设,重点城市绕城高速公路建设,以及充分利用城市骨干道路,分时段、分路段实施城市物流配送,有效减少货物装卸、转运及倒载次数。

【拓展文本】

2. 构建交通物流新体系

《交通物流融合方案》明确提出,大力发展多式联运,构建以集装箱货物多式联运为试点,以强化多式联运服务为路径、以推行物流全程"一单制"为抓手,以一体化服务为保障的全链条交通物流体系。到2018年,多式联运比例稳步提升,集装箱铁水联运量年均增长10%以上,铁路集装箱装车比例提高至10%以上;到2020年,集装箱铁水联运量年均增长10%以上,铁路集装箱装车比例提高至15%以上。

《交通物流融合方案》同时提出完善促进国际便利化运输相关政策和双多边运输合作机制,鼓励开展跨国联运服务。构建国际便利运输网络,建设海外集结点,打造中欧、中亚班列国际物流品牌,提高通关效率和市场化运作水平。鼓励快递企业发展跨境电商快递业务,建设国际分拨中心、海外仓,加快海外物流基地建设。

【拓展视频】

3. 交通物流融合发展

《交通物流融合方案》支持社会资本有序建设专业化经营平台,鼓励平台企业拓展社会服务

功能，支持金融物流服务；以服务"一带一路"战略为导向，推动跨境交通物流及贸易平台整合衔接。

《交通物流融合方案》还提出打造信息共享服务平台。依托国家相关公共信息平台，按照国家大数据开放要求，以构建"一单制"便捷运输制度为目标，整合行业及企业信息平台，实现"一单一码、电子认证、绿色畅行"；对接社会化平台，引导其结合自身实际对赋码货物单元提供便捷运输，促进"互联网+交通+物流"融合发展。

4. 创新发展新模式

《交通物流融合方案》提出到2020年，初步实现以供应链和价值链为核心的产业集聚发展，形成一批有较强竞争力的交通物流企业的发展目标。运输与物流服务是由交通运输企业与物流企业共同提供，加快两个企业的创新发展是其融合发展和提高服务效率与效益的核心问题。

5. 交通物流与制造业深度融合

《交通物流融合方案》从货物载运工具、载运单元、换装设施设备、专用设施设备以及创新技术5个维度，提出加快交通物流技术装备现代化建设，强调创新能力延伸于生产、研发及推广于一体的更高产品形态发展。基于物联网的智能物流装备技术的发展，加快多式联运装备、智能物流仓储系统等向高端化、智能化、绿色、服务方向建设，实现交通物流与工业的深度融合。

【拓展视频】

(资料来源：http://news.hexun.com/2016-07-07/184806155.html.)

1.2 物流成本管理概述

1.2.1 管理的概念

管理是人类共同活动的产物，只要存在众多人的协同劳动，就需要管理。管理活动具有普遍性。人的社会性必然要求人生活于组织中，参与其中的活动。而把众多人员组织起来以后，必须按照一定的标准进行科学的分工与合作，建立一定的关系和秩序，并对存在的矛盾与冲突进行协调。对于管理的概念，存在着不同的理解。

诺贝尔经济奖获得者赫伯特·西蒙认为：管理就是决策。

美国管理协会认为：管理是通过他人的努力来达到目标。

著名管理学家曾仕强认为：管理是一个修己安人的历程。

一种普遍接受的观点是：管理是一定组织中的管理者，通过实施计划、组织、领导、控制等职能来协调他人的活动，让别人和自己一起完成组织目标的过程。

管理的职能

管理的职能是管理过程中各项活动的基本功能，又称管理的要素，是管理原则、管理方法的具体体现。一般将管理职能分为4项：计划、组织、领导、控制。

(1) 计划。计划是为实现组织既定目标而对未来的行动进行规划和安排的工作过程。包括组织目标的选择和确立，实现组织目标方法的确定和抉择，计划原则的确立，计划的编制，以及计划的实施。计划是全部管理职能中最基本的职能，也是实施其他管理职能的条件。

(2) 组织。组织是为实现管理目标和计划所必需的各种业务活动进行组合分类，把管理每一类业务活动所必需的职权授予主管这类工作的人员，并规定上下左右的协调关系。为有效实现目标，还必须不断对这个结构进行调整，这一过程即为组织。组织为管理工作提供了结构保证，它是进行人员管理、指导和领导、控制的前提。

【拓展文本】

(3) 领导。领导是对组织内每名成员和全体成员的行为进行引导和施加影响的活动过程，其目的在于使个体和群体能够自觉自愿而有信心地为实现组织既定目标而努力。领导所涉及的是管理者与下属之间的相互关系。管理者要了解下属的需求，采取激励手段调动下属的积极性。

(4) 控制。控制是按既定目标和标准对组织的活动进行监督、检查，发现偏差，采取纠正措施，使工作能按原定计划进行，或适当调整计划以达预期目的。控制工作是一个延续不断、反复发生的过程，其目的在于保证组织实际的活动及其成果同预期目标相一致。

管理职能循序完成，并形成周而复始的循环往复，其中每项职能之间是相互联系、相互影响的，以构成统一的有机整体。

1.2.2　物流成本管理的概念

物流成本管理是以物流成本信息的产生与利用为基础，按照降低物流成本的要求进行计划、组织、领导分析和控制等一系列活动的过程。

成本管理是企业管理的一个重要组成部分。成本管理是根据会计及其他有关资料，采用会计的、数学的和统计的方法，对企业成本进行预测、决策、预算、核算，以及控制和分析，以达到成本最低的一项综合性的管理活动。随着成本管理实践深入和物流管理在当今社会的快速发展，人们深刻认识到，成本管理不能仅停留在原有的模式和内容上，要想大幅度降低成本提高质量，必须注重物流这个"第三利润源"的管理。而人们对物流管理的关心首先是从关心物流成本开始的，因此要完善成本管理体系，推动成本管理发展，以及加强物流在企业经营中的职能，就必须加强物流成本管理。

物流是"经济的黑暗大陆"，加强对物流成本的研究与管理对提高物流活动的经济效益有着非常重要的意义。

从物流成本管理的内容来看，物流成本管理是以物流成本信息的产生和利用为基础，按照物流成本最优化的要求有组织地进行预测、决策、计划、控制、分析和考核等一系列的科学管理活动。它是一种价值管理，涉及企业物流价值活动的各个方面。

物流成本管理不单是一项具体的可操作的任务，一般普遍认为物流成本管理不仅仅是管理物流成本，而是通过成本去管理物流，可以说是以成本为手段的物流管理方法，通过对物流活动的管理，从而在既定的服务水平下达到降低物流成本的目的。

1.3 物流成本管理的产生与发展

1.3.1 物流成本管理的产生

物流管理起源于军事后勤领域。第二次世界大战中,美国海军基于巨额军用物资的调拨而首创物流管理,而后被美国陆军所推崇并加以运用。由于在军事上的应用注重的是保证军用物资供应的可达性和及时性,是不怎么考虑成本的,这时物流成本管理没有得到重视。第二次世界大战后,西方发达国家各大公司效益普遍下滑,这一方面是由于市场的激烈竞争;另一方面则是物价上涨及人工成本的提高而使利润率降低。企业在平均利润率的杠杆作用下,已难以靠提高产品售价增加利润,要进一步降低产品生产成本也困难重重。在这种情况下,企业千方百计寻找降低成本的新途径,于是物流管理得到了重视,成为继生产资料、劳动力后的第三利润源。企业也开始注重成本管理,追求利润最大化,于是物流成本管理应运而生,成为一种降低成本、提高服务水平的手段。

1.3.2 物流成本管理的发展

物流成本管理的发展与经济的发展有着密切的关系,物流的发展既取决于社会经济和生产力的发展水平,也取决于科学技术发展的水平。物流成本管理是随着物流管理的发展而兴起的成本管理的一个新的发展方向。物流成本管理的发展同成本管理一样,也是沿着事后管理到事中管理,再到事前管理的逻辑演变过程而不断向前发展的。

1. 国外物流成本管理的发展状况

从国外企业物流成本管理一般的发展过程来看,大致可以分为以下几个阶段。

(1) 物流成本认识阶段。物流成本管理在物流管理中占有重要的位置,"物流是经济的黑暗大陆""物流是第三利润源"等观点都说明了物流成本问题是物流管理初期人们关心的主要问题。所谓"物流是第三利润源",是指通过物流合理化,降低物流成本,成为在降低制造成本和扩大销售之后企业获取利润的第三种途径。正是由于在物流领域存在着广阔的降低成本的空间,物流问题才引起企业经营管理者的重视。企业物流管理可以说是从对物流成本的管理开始的。

但是,在这个阶段,人们对于物流成本的认识只是停留在概念认识的层次上,还没有依照管理的步骤对物流成本实施全面管理。

(2) 物流项目成本管理阶段。在这个阶段,在对物流成本认识的基础上,根据不同部门、不同领域或不同产品出现的特定物流问题,组织专门的人员研究解决。但是,对于物流成本管理的组织化程度以及对物流成本的持久把握方面仍存在不足。到了这个阶段,物流管理组织开始出现。

(3) 引入物流预算管理制度的阶段。预算是用数字表示的计划,计划是物流管理的首要职能。随着物流管理组织的设置,对物流成本有了一个统一、系统的把握,开始引入物流预算管理制度。也就是说,通过物流预算的编制、预算与实际的比较对物流成本进行差异分析,从而达到控制物流成本的目的。

但是,这个阶段编制的物流预算缺乏准确性,对于成本变动原因的分析也缺乏全面性,而且对物流成本的把握仅限于运费和对外支付的费用。

(4) 物流预算管理制度确立阶段。在这个阶段推出了物流成本的计算标准,物流预算及其管理有了比较客观准确的依据,物流部门成为独立的成本中心或利润中心。

(5) 物流业绩评价制度确立阶段。物流预算制度确立后,进一步发展的结果是形成物流业绩评价制度。通过物流部门对企业业绩贡献度的把握,准确评价物流部门的工作。物流部门的业绩评价离不开其对于降低物流成本的贡献度,降低物流成本是物流部门的永恒目标。

2. 我国的物流成本管理发展状况

我国的物流管理起步较晚。1979年中国物资经济学会派代表团参加了在日本举行的第三届国际物流会议,第一次把"物流"这一概念从日本介绍到了国内。

20世纪80年代初,我国流通领域还带有很浓重的计划经济色彩,作为生产资料流通的主要承担者——国有物资部门开始从宏观角度研究物流。而此时的商业系统还无暇顾及物流领域,使当时的商业系统对物流的研究远远落后于物资系统。这时,我国物流管理的发展基本上处在概念的引进和初级的理论研究阶段,未能引起各方面重视,没有进行深入的研究和实际的操作,对物流成本的认识也只是停留在概念认识的层次上,更不用谈对物流成本进行管理了。

20世纪90年代初,由于竞争的激烈,业态的多样化导致流通利润下降,商业系统才开始重视物流,特别是开始重视连锁经营与物流配送的关系的研究,使商业系统对物流的研究迈向了新的高度。物流成本开始进入初步的研究和试验性管理阶段,但还只是限于个别的企业和部门,并没有引起全社会对物流成本的关注。

【拓展文本】

进入20世纪90年代后期,随着中国经济体制改革的深入,企业产权关系的明确,生产企业及其他流通企业开始认识到物流的重要性。国内一些企业的内部开始设立专门的物流部门,也开始出现了不同形式的物流企业(大多物流企业是由原运输企业、仓储企业、商业企业或工业企业等改造重组而来),已有少数物流企业开始建立在物流理论上,根据物流运作规律进行组织与管理。此时,物流这个"第三利润源"引起了社会和企业的极大兴趣,大家纷纷参照国外的先进经验和技术,来加强物流管理,组织专门的人员研究降低物流成本的理论和方法,物流成本管理开始组织化。

进入21世纪,我国物流业又有了新的发展,特别是近几年网络经济的发展,电子商务对物流提出了新的要求,加强了我国物流业与世界物流业的合作与交流,使我国物流业发展开始走向国际化。我国对物流成本管理理论和方法的研究进入了一个新的阶段,出现了一些关于物流成本管理的专著和论文。近几年来有不少企业已在探讨和摸索，取得了一些积极的成果。通过对物流成本的管理来改善物流流程、降低成本、提高效益，已经成为我国物流业的核心问题。

1.4 物流成本管理的意义与作用

"物流既是主要成本的产生点，又是降低成本的关注点""物流是降低成本的宝库"。物流管理对于降低资源消耗、提高生产效率、增进企业经营效果、降低总体费用的作用已经引起了企业的普遍关注，物流成本管理是企业物流管理的核心，为此，所有企业都在谋求降低物流成本的途径。实行物流成本管理、降低物流成本、提高效益，对国家与企业都具有非常重要的现实与长远意义。

1.4.1 物流成本管理的微观作用

物流成本在企业的总成本中占有不小的比重，因此物流成本对于企业来说更不是一个小数目。据统计，国外制造企业物流成本占总成本的比例大约为7%，我国则在20%以上。在制造业中物流成本费用仅次于原材料成本。调查显示，从原材料到成品，我国一般商品加工制造时间不超过10%，而90%以上的时间处于仓储、运输、搬运、包装、配送等物流环节。

物流成本的高低直接关系到企业利润水平的高低和竞争力的强弱。现在不少企业中，物流成本占了很大的比重，企业为了维持其发展，迫切需要加强物流成本管理来降低生产费用、增加销售额，因此物流成本管理正在越来越受到人们的重视。

1.4.2 物流成本管理的宏观意义

从宏观的角度讲，进行物流成本管理，给行业和社会带来的经济效益体现在以下几个方面。

1. 优化资源配置，提高经济运行效率

随着经济全球化和信息技术的迅速发展，企业生产资料的获取与产品营销范围日益扩大，社会生产、物资流通、商品交易及其管理正在不断发生深刻的变革。物流成本管理水平的高低，将直接影响物流成本水平，进而影响产品成本。对于我国工商企业而言，在各国企业都追求客户服务的差异化或成本最小化战略之时，可以利用高质量的现代物流系统，降低物流成本，改进物流管理，提高企业及其产品参与国际市场活动的竞争力。如果全行业的物流效率普遍提高，物流成本平均水平降低到一个新的水平，那么，该行业在国际市场上的竞争力将会得到增强。对于一个地区的行业来说，可以提高其在全国市场的竞争力。

降低物流成本，可以降低物品在运输、装卸、仓储等流通环节的损耗，对于全社会而言，意味着创造同等数量的财富，在物流领域所消耗的物化劳动和活劳动得到节约，实现以尽可能少的资源投入，创造出尽可能多的物质财富，达到节省资源消耗的目的。物流成本的节约，不但为社会节约大量的物质财富，同时也可增加在生产领域的投入，从而创造更多的物质财富。并且还可以增加企业向国家上缴的利税，增加国家资金积累，扩大社会再生产的基础。

全行业物流成本的普遍下降，将会对产品的价格产生影响，导致物价相对下降，减轻消费者的经济负担，这有利于保持消费物价的稳定，相对提高国民的购买力，刺激消费，提高经济运行的整体效率。

物流业水平的高低是一个国家综合实力、竞争力、经济效率与宏观调控力的重要标志。加强物流成本管理对于优化资源配置，提高经济运行效率，具有十分重要的意义。

2. 促进区域经济结构的合理布局和协调发展

区域经济是一种聚集经济，是人流、商流、资金流等各种生产要素聚集在一起的规模化生产，以生产的批量化和连续性为特征。在区域经济的发展进程中，合理的物流系统起着基础性的作用。

加强物流成本管理，可以促进新的产业形态的形成，优化区域产业结构。现代物流业本质上是第三产业，是现代经济分工和专业化高度发展的产物，其发展将对第三产业的发展起到积极的促进作用。实践表明，现代物流业的发展，推动、促进了当地的经济发展，既解决了当地的就业问题，又增加了税收，促进了其他行业的发展。此外，还能进一步带来商流、资金流、信息流、技术流的集聚，以及交通运输业、商贸业、金融业、信息业和旅游业等多种产业的发展，这些产业都是第三产业发展的新的增长点，是第三产业重要的组成部分。加强物流成本管理还有利于对分散的物流进行集中处理，量的集约必然要求利用现代化的物流设施、先进的信息网络进行协调和管理。相对于分散经营、功能单一、技术原始的储运业务，现代物流属于技术密集型和高附加值的高科技产业，具有资产结构高度化、技术结构高度化、劳动力高度化等特征。从这个角度来说，加强物流成本管理有利于区域产业结构向高度化方向发展。

加强物流成本管理还可以促进以城市为中心的区域市场的形成和发展。一般来说，城市是商品集散和加工的中心，而且物流设施和基础设施齐全，消费集中而且需求量大，交通与信息发达，与周围地区存在不对称性，以其为核心枢纽，辐射周边地区，带动其他地域形成一个商品流通整体。现代物流可以促进以城市为中心的区域经济形成，促进以城市为中心的区域经济结构的合理布局和协调发展，有利于以城市为中心的经济区吸引外资，有利于以城市为中心的网络化的大区域市场体系的建立，有利于解决城市的交通问题，有利于实现城市的整体规划，有利于减少物流对城市环境的种种不利影响。

总之，加强物流成本管理，降低物流成本，从微观角度上看，可以提高企业的物流管理水平，加强企业的经营管理，促进经济效益的提高，增强竞争力；从宏观角度上看，对提高国民经济的总体运行质量和竞争力，促进产业结构的调整，大力发展国民经济，提高人民生活水平都具有重要意义。

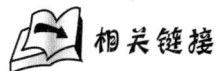 **相关链接**

国务院印发《降低实体经济企业成本工作方案》

2016年8月，国务院印发《降低实体经济企业成本工作方案》(以下简称《降低成本工作方案》)，对今后一个时期开展降低实体经济企业成本工作作出全面部署。

《降低成本工作方案》强调，要坚持全面系统推进和抓住关键环节相结合、解决当前问题与着眼长远发展相结合、支持企业发展与实现优胜劣汰相结合、降低外部成本与企业内部挖潜相结合、降低企业成本与提高供给质量相结合的原则，发挥好政府、市场和企业各自的作用，全面降低实体经济企业成本。

《降低成本工作方案》明确，降低成本工作要努力使企业税费负担、融资成本、制度性交易成本、能源成本、物流成本等得到合理和有效降低，人工成本上涨得到合理控制；3年左右使实体经济企业综合成本合理下降，赢利能力较为明显增强，产业竞争力进一步提升。

《降低成本工作方案》从8个方面提出了降低实体经济企业成本的具体措施：一是合理降低企业税费负担，包括全面推开"营改增"试点，落实好研发费用加计扣除政策，免征18项行政事业性收费，取消减免一批政府性基金等；二是有效降低企业融资成本，包括保持流动性合理充裕，提高直接融资比重，降低贷款中间环节费用，扩大长期低成本资金规模，加大不良资产处置力度，稳妥推进民营银行设立等；三是着力降低制度性交易成本，包括深化"放管服"改革，提高政府公共服务能力和水平，大幅压减各类行政审批前置中介服务事项，组织实施公平竞争审查制度，逐步实行全国统一的市场准入负面清单制度等；四是合理降低企业人工成本，包括阶段性降低企业职工基本养老保险单位缴费比例，阶段性降低失业保险费率，规范和阶段性适当降低住房公积金缴存比例等；五是进一步降低企业用能用地成本，包括加快推进能源领域改革，积极开展电力直接交易，实施输配电价改革试点，完善土地供应制度等；六是较大幅度降低企业物流成本，包括大力发展运输新业态，合理确定公路运输收费标准，规范公路收费管理，规范机场、铁路、港口码头经营性收费项目等；七是提高企业资金周转效率，包括对科技创新创业企业开展投贷联动试点，鼓励企业通过资产证券化、金融租赁方式盘活存量资源，清理规范工程建设领域保证金等；八是鼓励和引导企业内部挖潜，开展技术、管理和营销模式创新，推广应用先进技术，加强目标成本管理等。

【拓展文本】

《降低成本工作方案》提出了推进体制机制改革、推进创新活动、发挥"互联网+"作用、立足国际国内两个市场、加强和改进管理、降低监管成本、改善公共服务、优化产业布局、分行业降本增效等方面的配套措施。该方案指出，要加强组织领导和工作协调，加强对落实情况的督促检查，适时评估总结和推广经验，建立和完善降低实体经济企业成本的长效机制。

(资料来源：http://news.xinhuanet.com/fortune/2016-08/22/c_1119434086.htm.)

1.5 相关的物流理论

1.5.1 "第三利润源"学说

"第三利润源"的说法是日本早稻田大学教授、日本物流成本学说的权威学者西泽修先生在1970年提出的。

从历史发展来看，人类历史上曾经有过两个大量提供利润的领域。在生产力相对落后、社会产品处于供不应求的历史阶段，由于市场商品匮乏，制造企业无论生产多少产品都能销售出去。于是就大力进行设备更新改造、扩大生产能力、增加产品数量、降低生产成本，以此来创造企业剩余价值，即"第一利润源"。当产品充斥市场，转为供大于求，销售产生困难时，也就是第一利润达到一定极限、很难持续发展时，便采取扩大销售的办法寻求新的利润源泉。人力领域最初是廉价劳动，其后则是依靠科技进步来提高劳动生产率，降低人力消耗或采用机械化、自动化来降低劳动耗用，从而降低成本、增加利润，称为"第二利润源"。然而，在前两个利润源潜力越来越小、利润开拓越来越困难的情况下，物流领域的潜力被人们所重视，于是出现了西泽修教授的"第三利润源"学说。同样的解释还反映在日本另一位物流学者谷本谷一先生编著的《现代日本物流问题》和日本物流管理协会编著的《物流管理手册》中。

第三利润源是对物流潜力及效益的描述。经过半个世纪的探索，人们已肯定物流是"黑大陆"，虽然对它还不清楚，但绝不是不毛之地，而是一片富饶之源。

这3个利润源着重开发生产力的3个不同要素：第一个利润源挖掘对象是生产力中的劳动对象；第二个利润源挖掘对象是生产力中的劳动者；第三个利润源主要挖掘对象则是生产力中劳动工具的潜力，同时注重劳动对象与劳动者的潜力，因而更具全面性。

对第三利润源理论的最初认识基于以下几个方面。

(1) 物流是可以完全从流通中分化出来的，自成体系，有目标，可以进行管理，因而能进行独立的总体判断。

(2) 物流和其他独立的经济活动一样。它不是总体的成本构成因素，而是单独赢利因素。物流可以成为"利润中心"。

(3) 从物流服务角度来说，通过有效的物流服务，可以给接受物流服务的生产企业创造更好的赢利机会，成为生产企业的"第三利润源"。

(4) 通过有效的物流活动，可以优化社会经济系统和整个国民经济的运行，降低整个社会的运行成本，提高国民经济的总效益。

经济界的一般理解，是从物流可以创造微观经济效益来看待"第三利润源"的。

1.5.2 物流成本冰山理论

物流成本冰山理论也是由日本早稻田大学的西泽修教授提出的。它的含义是说人们并没有掌握物流成本的总体内容，提起物流成本大家只看到露出海水上面的冰山一角，而潜藏在海水里的整个冰山却看不见，海水中的冰山才是物流成本的主体部分。西泽修教授指出，企业在计算盈亏时，"销售费用和管理费用"项目所列支的"运输费用"和"保管费用"的现金金额一般只包括企业支付给其他企业的运输费用和仓储保管费用，而这些外付费用只不过是企业整个物流成本的冰山一角。

一般情况下，在企业的财务统计数据中，只能看到支付给外部运输和仓库企业的委托物流成本，而实际上，这些委托物流成本在整个物流成本中确实犹如冰山一角。因为物流基础设施的折旧费、企业利用自己的车辆运输、利用自己的库房保管货物、由自己的工人进行包装和装卸等自家物流成本都记入了"原材料""生产成本（制造费用）""销售费用""管理费用"和"财务费用"等科目中。一般来说，企业向外部支付的物流成本是很小的一部分，真正的大头是企业内部发生的物流成本。从现代物流管理的需求来看，当前的会计科目设置使企业难以准确把握物流成本的全貌。美国、日本等国家的实践表明，企业实际物流成本的支出往往要超过企业对外支付物流成本额的5倍以上。

图1.1反映的是我国当前会计核算制度下一个典型制造企业中物流成本的核算现状。其中，整个冰山可以视为该企业的整个物流成本部分，露在水面之上的部分是委托物流成本，这部分物流成本是企业可以统计出来的，而隐藏在水面之下的大部分物流成本却不能通过当前的会计核算得到统计。

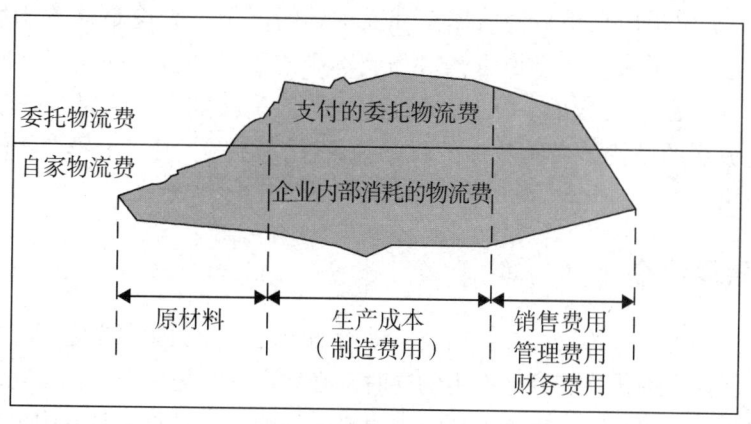

图1.1 物流成本冰山

"物流成本冰山说"之所以成立，除了现行会计核算制度本身没有考虑物流成本之外，还有以下3个方面的原因：第一，物流成本的计算范围太大，包括原材料物流、工厂内物流、从工厂到仓库和配送中心的物流、从配送中心到商店的物流、退货物流和废弃物物流等。这么大的范围，涉及的单位非常多，牵涉的面也很广，很容易漏掉其中的某一部分。第二，运输、保管、包装、装卸、信息等各种物流环节中，以哪几种环节作为物流成本的计算对象问题。如果只计运输费用和保管费用，不计其他费用，与计算运输、保管、装卸、包装、信息等全部费用，两种计算结果差别相当大。第三，选择哪几种费用列入物流成本的问题。例如，向外部支付的运输费、保管费、装卸费等费用一般都容易列入物流成本，可是本企业内部发生的物流成本，如与物流相关的人工费、物流设施建设费、设备购置费，以及折旧费、维修费、电费、燃料费等是否也列入物流成本中？此类问题都与物流成本的大小直接相关。因而说物流成本确实犹如一座海里的冰山，露出水面的仅是冰山一角。

1.5.3 "黑大陆"学说

由于物流成本在财务会计核算中被分别计入生产成本、管理费用、营业费用、财务费用和营业外费用等项目，这样，在损益表中所能看到的物流成本和整个销售额中只占极少的比重。因此，物流的重要性当然不会被认识到，这就是物流被称为"黑大陆"的一个原因。

由于物流成本管理存在的问题及有效管理对企业赢利和发展的重要意义，1962年著名的管理学家彼得·德鲁克在《财富》杂志上发表了题为《经济的黑色大陆》的文章，他将物流比做"一块未开垦的处女地"，强调应高度重视流通及流通过程中的物流管理。彼得·德鲁克曾经讲过："流通是经济领域的黑暗大陆。"彼得·德鲁克泛指的是流通，但由于流通领域中物流活动的模糊性特别突出，它是流通领域中人们认识不清的领域，所以"黑大陆"学说主要针对物流而言。"黑大陆"学说主要是指尚未认识、尚未了解。在"黑大陆"中，如果理论研究和实践探索照亮了这块"黑大陆"，那么摆在人们面前的可能是一片不毛之地，也可能是一片宝藏之地。

"黑大陆"学说指出在市场经济繁荣和发达的情况下，无论是科学技术还是经济发展，都没有止境。"黑大陆"学说也是对物流本身的正确评价，即这个领域未知的东西还很多，理论与实践皆不成熟。从某种意义上看，"黑大陆"学说是未来学的一种研究结论，是战略分析的结论，带有较强的哲学抽象性，这一学说对于研究物流领域起到了启发和带头作用。

1.5.4 效益背反理论

效益背反又称为二律背反、交替损益，是指物流的若干功能要素之间存在着损益的矛盾，即某一功能要素的优化和利益发生的同时，必然会存在另一个或几个功能要素的利益损失，反之也如此。效益背反是物流领域中很普遍的现象，是物流领域中内部矛盾的反映和表现。物流系统的效益背反包括物流成本与服务水平的效益背反和物流各功能活动之间的效益背反。

物流成本与服务水平的效益背反是指物流服务的高水平必然带来企业业务量的增加、收入的增加，同时也带来企业物流成本的增加，使企业效益下降，即高水平的物流服务是由高水平的物流成本作保证的，在没有较大的技术进步情况下，物流企业很难做到既提高了物流服务水平，同时又降低了物流成本。一般来讲，提高物流服务水平，物流成本即上升，两者之间存在着效益背反的规律。而且，物流服务水平与物流成本之间并非呈线性关系。

物流功能之间的效益背反是指物流各项功能活动处于一个统一且矛盾的系统中，在同样的物流总量需求和物流执行条件下，一种功能成本的削减会使另一种功能成本增加。因为各种费用互相关联，必须考虑整体的最佳成本。

物流的基本功能主要是指对货物的包装、装卸、保管以及运输配送等职能，这些基本职能之间存在着此消彼长的效益背反。例如，从配送中心的数量与运输配送费和保管费的关系来看，一个企业如果在配送范围内建立多个配送中心，运输配送成本必然下降，因为运输距离变短，但是同时，由于单个配送中心必须配备一定数量的保管人员、车辆，且保持一定数量的商品库存，必然导致企业整体的工资费用、保管费用、库存资金占用利息等大大增加。也就是说，运输成本和保管费用之间存在着二律背反关系，二者交替损益。

物流系统是以成本为核心，按最低成本的要求，使整个物流系统化，它强调调整各要素之间的矛盾，强调各要素之间的有机结合。这要求必须从总成本的角度出发，系统地看问题，追求整个物流系统总成本的最低。企业物流管理肩负着"降低企业物流成本"和"提高服务水平"两大任务，这是一对相互矛盾的对立关系。整个物流合理化，需要用总成本评价，这反映出企业物流成本管理的效益背反特征及企业物流对整体概念的重要性。美国学者用"物流森林"的结构概念来表述物流的整体观念，指出物流是一种结构，对物流不能只见功能要素而不见结构，即不能"只见树木，不见森林"，物流的总体效果是森林的效果。

对这种总体观念的描述还有许许多多的提法，诸如物流系统观念、多维结构观念、物流一体化观念、综合物流观念和物流的供应链管理等，都是这种思想的另一种提法或是同一思想的延伸和发展。

1.5.5　其他物流成本学说

除了上述较有影响的物流理论学说之外，还有一些物流成本学说在物流学界广为流传。

1. 服务中心说

服务中心说代表了美国和欧洲等一些国家学者对物流的认识。这种认识认为，物流活动最大的作用，并不在于为企业节约了资源，降低了成本或增加了利润，而是在于提高企业对用户的服务水平进而提高了企业的竞争能力。因此，他们在使用描述物流的词汇上选择了"logistic"一词，特别强调其服务保障的职能。通过物流的服务保障，企业以其整体能力来压缩成本，从而增加利润。

2. 成本中心说

成本中心说的含义是：物流在整个企业战略中，只对企业营销活动的成本发生影响。物流成本是企业成本的重要组成部分，因而解决物流的问题，重要的是通过物流管理降低成本。所以，成本中心既是指物流是主要成本的产生点，又是指物流是降低成本的关注点，物流是"降低成本的宝库"等说法正是这种认识的形象表述。

3. 利润中心说

利润中心说的含义是：物流可以为企业提供大量直接和间接的利润，是形成企业经营利润的主要活动。非但如此，对国民经济而言，物流也是国民经济中创利的主要活动。物流的这一作用，被表述为"第三利润源"。

本 章 小 结

国家标准《企业物流成本构成与计算》(GB/T 20523—2006) 对物流成本是这样定义的:"企业物流活动中所消耗的物化劳动和活劳动的货币表现,包括货物在运输、储存包装、装卸搬运流通加工、物流信息、物流管理等过程中所耗费的人力、物力和财力的总和以及与存货有关流动资金占用成本、存货风险成本和存货保险成本。"这里的物流成本包括两方面的内容:一方面是直接在物流环节产生的支付给劳动力的成本、耗费在机器设备上的成本以及支付给外部第三方的成本;另一方面是在物流环节中因持有存货等所潜在的成本,如占有资金成本、保险费等。

物流成本管理是以物流成本信息的产生与利用为基础,按照降低物流成本的要求进行计划、组织、领导、分析和控制等一系列活动的过程。

物流成本相关理论学说主要有物流成本冰山学说、"黑大陆"学说、"第三利润源"学说、效益背反理论和成本中心说等。

物流成本冰山理论是由日本早稻田大学的西泽修教授提出的。它的含义是说人们并没有掌握物流成本的总体内容,提起物流成本大家只看到露出海水上面的冰山一角,而潜藏在海水里的整个冰山却看不见,海水中的冰山才是物流成本的主体部分。西泽修教授指出,企业在计算盈亏时,"销售费用和管理费用"项目所列支的"运输费用"和"保管费用"的现金金额一般只包括企业支付给其他企业的运输费用和仓储保管费,而这些外付费用不过是企业整个物流成本的冰山一角。

"黑大陆"学说指出在市场经济繁荣和发达的情况下,无论是科学技术还是经济发展,都没有止境。"黑大陆"学说也是对物流本身的正确评价,即这个领域未知的东西还很多,理论与实践皆不成熟。从某种意义上看,"黑大陆"学说是未来学的一种研究结论,是战略分析的结论,带有较强的哲学抽象性,这一学说对于研究物流领域起到了启发和带头作用。

效益背反又称为二律背反、交替损益,是指物流的若干功能要素之间存在着损益的矛盾,即某一功能要素的优化和利益发生的同时,必然会存在另一个或几个功能要素的利益损失,反之也如此。效益背反是物流领域中很普遍的现象,是物流领域中内部矛盾的反映和表现。物流系统的效益背反包括物流成本与服务水平的效益背反和物流各功能活动之间的效益背反。

成本　物流成本　物流成本管理　物流成本冰山　第三利润源　效益背反

习 题

一、选择题

1. 国家标准《企业物流成本构成与计算》发布实施的时间是（　　）。
   A. 2006 年　　　B. 2007 年　　　C. 2008 年　　　D. 2009 年
2. 物流成本计划数字化的工作被称为物流成本（　　）。
   A. 规划　　　　B. 决策　　　　C. 预测　　　　D. 预算
3. 物流系统中存在的制约关系也称为（　　）。
   A. 一律背反原理　　　　　　　　B. 二律背反原理
   C. 三律背反原理　　　　　　　　D. 四律背反原理
4. 美国、日本等国家的实践表明，企业实际物流成本的支出往往要超过企业对外支付物流成本额的（　　）倍以上。
   A. 2　　　　　B. 3　　　　　C. 4　　　　　D. 5
5. 据统计，国外制造企业物流成本占总成本的比例为 7%，中国为（　　）。
   A. 10%　　　　B. 15%　　　　C. 20%　　　　D. 25%

二、简答题

1. 什么是物流成本？物流成本有哪些特点？
2. 什么是物流成本管理？简述物流成本管理的发展历程。
3. 效益背反与交替损益的含义是什么？
4. "第三利润源"学说的主要观点是什么？
5. 降低物流成本的意义有哪些？
6. 成本中心说的主要内容是什么？

案例分析

德邦物流发展对策

1. 德邦物流发展基本情况分析

德邦物流始创于 1996 年，主营国内公路零担运输业务，多年来德邦凭借自身竞争优势和实力在中国物流行业迅速崛起，并成功跻身于我国"AAAAA"级物流企业行列中。它的经济效益在近几年国内经济稳定发展大背景下以 60%的速度在持续提升。如今德邦已经在国内 31 个省级行政区开设有直营网点 1 800 余家，服务网络在国内 550 多个城市地区有分布，营运车辆多达 4 700 多辆，全国转运中心总面积超过 73 万平方米，日吞吐货量近 3 万吨，德邦物流竞争实力可见一斑。德邦物流基于现代高速公路及高等级公路，通过灵活的经营方式与货运模式，借助一流的货运装备与信息化管理技术优势，逐步发展成为上海、天津、武汉、西安、广州等地为枢纽中心的货运网络体系。在服务系统方面，德邦物流始终坚持客户为中心的原则，时刻待命准备出发，始终坚持创新性策略，自建网络营业点，搭建最优线路，最终为客户提供便捷高效的服务体验，力求为从客户角度出发创造最大价值。德邦物流始终秉承信任助力成功的服务理念，坚持锐意进取、强化人才的发展战略，力求实现技术上的不断革新与信息化系统搭建，运输网络与制度体系的优化创造相应的运载模式，客户安全性得到有效提升，双方共赢的物流服务实现快速专业的效果。德邦与员工共同成长、人气双赢是最终目标。

2. 德邦物流存在问题分析

1) 物流成本偏高

德邦物流在货损率、准时性、事故率、货差率等方面具有明显优势，但德邦物流成本与同行相比明显偏高，使其在竞争中处于不利地位。造成其成本偏高的因素主要有以下4个：一是德邦物流货物装载量低。装载率与货物性质、货物配载、货物包装、装载人员的积极性与技术等方面有关，低装载率导致德邦物流在使用单车、挂车和货柜车装载时费时耗力而投入比较大的成本；二是德邦物流车辆自营成本较高。德邦物流为了方便在旺季时及时进行调配各种货物，购置了大量的自营车辆，但在淡季时，这些车辆会处于闲置状态，由于对车辆的不合理配置，德邦物流不仅浪费了物流资源，还投入了太多且不必要的成本。因此，德邦物流要想在竞争中抢占先锋，必须先降低其物流成本。

2) 缺少物流联盟

行业发展离不开企业之间的合作与联盟，唯有在竞争中求生存、在发展中求合作，物流市场才会不断发展壮大，企业才能在发展的大背景下进入更高水平的发展阶段。我国物流行业发展历史周期较短，各项规章制度亟待完善，行业管理弊端重重。物流公司在评价机制和管理机制方面存在差异，企业之间难以达成共识。因此，德邦物流在物流市场缺少联盟也是阻碍其快速发展的因素之一。

3. 德邦物流发展对策

1) 引进先进管理理念

德邦物流应首先引入先进管理理念，根据自身实际及市场需求，制定公司发展规划和发展战略，并完备物流信息系统，统一有效地在信息资源上实现共享化，在信息网络上实现一体化，使其及时关注物流发展动态。德邦物流对物流市场要有敏锐的洞察力和首当其冲的勇气和魄力，审时度势，及时更新管理理念，根据自身实际情况，分析发展优势和劣势，完善管理模式和管理体系，从而实现稳定高效可持续发展的目标。同时要加大对员工的培训力度，从而提升物流服务效率与员工服务质量，公司运转速率的提升对经营绩效有直接影响。

2) 提高专业人才素质

物流行业的发展急需培育大量专业化人才，高校与企业要肩负起培育物流人才的重任，物流行业的可持续发展是最终目标。德邦物流不同阶段经营目标的实现需要决策层领导依据公司实际发展情况，招聘高素质物流人才，并且对员工进行培训，提高物流人员业务能力和服务意识，帮助员工朝着企业需求方向继续发展，最终成为企业发展的核心推动力。

3) 降低公司物流成本

第一，增加货物装载率。首先，应加强员工培训，加强员工对于企业文化的认可程度，员工工作积极性的提升有利于提升工作效率与积极性。其次，提高员工装载技术水平，优化货物装载配置，探索货物包装技巧，使车辆空间得到充分利用，从而增加货物的装载率，降低物流成本。第二，减少物流货运车辆。德邦物流闲置车辆较多，公司各部门应做好统筹规划工作，淡旺季不同目标规划的实施，科学计算购置车辆的总数，尽可能避免不必要的浪费，照顾到旺季的货物运输。第三，最大化减少非必要营业部数量。公司要有计划地建立营业部，构建成本要尽力实现节约，规划与预算是关键，从而实现公司赢利。第四，德邦物流总部迁移工作已基本完成，但是也应尽可能地减少迁移成本，制定迁移与资金周转规划，为公司经营效益做出部门贡献。

4) 大力发展物流联盟

德邦物流应积极寻求以联盟方式加大合作深度与广度，基于标准化管理模式加大联盟企业共性，矛盾差异的减少有利于企业融合与共同发展。物流企业可通过资源与信息共享方式来改善物流运作模式，工作效率的提升有利于降低企业风险。因此，德邦物流可优先引进电商平台，统筹各大企业信息资源，促进物流联盟的有效发展，从而实现物流企业高效快速发展。

5) 加强对分公司的管理

德邦物流要加强对分公司的管理，应着手于以下几个方面：首先，要调整网点分布，减少网点密度。同时在成本更加低廉的地方开设网点。近几年，政府对中西部地区的发展更加重视，出台了一系列优惠政策，这为德邦创造了良好的投资环境。因此，将东部的密集网点适当减少，调头进入中西部地区，平衡网点分布，既没有实施阻碍，又可以降低成本，有利于公司长远发展。其次，德邦物流要进行客户划分，合理合并网点。这样可以有效解决网点与网点之间客户的重合问题。再次，针对成本偏高的问题，德邦物流可以采取以下措施：一是差异化定价。例如在保证货物安全到达的同时，用最快的速度送至客户手中，如果没有按时送达，则可以免除运费，从而吸引大批高端客户。当然，为了保证送货的及时性和安全性，德邦物流也要通过购入先进的运输设备加强硬件设施。二是合理转移网点可使德邦物流有效利用公司资金，在发展壮大自身的同时为公司注入新鲜血液，提供强大后备市场，还可避免东部迅速扩张带来的问题，消除隐患，使公司得以稳健地持续发展下去。而实行差异化定价则有效地解决了德邦物流在价格上的劣势，突出了德邦时效性和安全性这两大优势。

(资料来源：侯章一. 德邦物流发展困境分析及相关对策探讨 [J]. 商场现代化，2015(32)：33-34.)

思考：德邦物流目前存在哪些问题？解决的对策是什么？

阿米巴经营模式

阿米巴经营模式是日本稻盛和夫独创的量化分权经营模式。稻盛和夫创建了两家世界500强企业——京瓷和第二电信(KDDI)，正是阿米巴经营模式让这两家企业茁壮成长，长盛不衰，京瓷更是创造了神话一般的业绩——50余年从不亏损，越是经济危机越是大发展。

阿米巴经营有3个要点：第一，分割为非常细小的组织。如果是粗放的组织，在哪里发生问题，将很难被发现。组织划分得越细，也就能看得越细致。第二，展示自己的成果。通过单位时间核算表，把各个部门每个月的工作结果用经营数字的方式表现出来。第三，迅速及时的经营信息。阿米巴领导为了经营，需要各种各样的信息，因此管理部门将经营所需的各种信息收集整理，提供给阿米巴领导。

京瓷公司就是运用这个模式经营的一个成功范例。整个公司由3 000多个"阿米巴小组"构成。每一个"阿米巴"指的是工厂、车间中形成的最小的工作单位，指的是一个部门、一条生产线、一个班组。

每个阿米巴都是一个独立的利润中心,就像一个中小企业那样活动,虽然需要经过上司的同意,但是经营计划、业绩管理、劳务管理等所有经营上的事情都由他们自行运作。

2010年2月1日,稻盛和夫接盘申请破产保护的日航,截至2011年3月,日航赢利创造全球航空公司第一的纪录。

第一,砍掉50%的航线。亏本的航线,是社会不需要的航线,应该立刻砍掉,这个决定难下。很难有人如稻盛和夫这般拥有绝对权威。日本人不容易下决断。日本的企业体制,有点终身雇佣制的味道。日本人可以没有多少钱,但是不能没工作。砍掉50%的航线,肯定伴随着一个谁都不愿意面对的困难:裁员。稻盛和夫在这个层面用足了心思。他内在的慈悲,源源不断涌了出来。

第二,裁员17 000名,只有170人没有工作。裁员不是愿不愿意,而是为了生存必须这样做。稻盛发动6 000多家公司,积极为日航下岗员工安排工作。最后,只有170人因为自己的原因没有安排。稻盛和夫对走的人说,你们是拯救日航的功臣,你们做出了巨大的牺牲,让日航赢得了重新上路的机会。这些人拿足了下岗补贴,又有工作等着,还有稻盛和日航员工的一片深情,自然不生乱子。稻盛跟日航人共同发誓,争取早一天让那些下岗的人回来。

第三,不换思维就换人,换掉50%高管。稻盛和夫分部门给高管开会。他会把心放平,听到有问题的地方会直接指出来,而不顾及参会者的面子。你如果不换思维,那么下面还有许多人跃跃欲试。你就暂时靠边站,工资待遇不少你的。稻盛和夫可以否定你的工作态度,但绝对不会去借此否定这个人。上午开会劈头盖脸地批,晚上稻盛和夫花自己的钱请他们喝酒,给他们平平气。

第四,让每一个员工醍醐灌顶。整合日航的难点在于,稻盛和夫如何能够把他的思维与精神贯彻到每一个一线员工。这对于许多企业家来说,都会感觉很难,而稻盛和夫却是手到擒来。所有能抽出来的时间,他都会走到一线员工之间,跟他们交流、握手、倾听。

(资料来源:http://business.sohu.com/20111227/n330314753.shtml.)

思考: 阿米巴经营模式对企业物流成本管理有哪些启示?

第 2 章 物流成本的构成与分类

【教学目标与要求】

掌握我国社会物流成本的构成。

掌握企业物流成本的构成。

了解企业物流成本的分类。

了解影响企业物流成本的主要因素。

导入案例

2016年物流运行情况分析与2017年展望

2016年物流运行总体平稳，物流需求结构优化，物流运行环境改善，物流企业经营有所好转。社会物流总费用与GDP的比率明显下降，物流运行质量提升，物流领域"降成本"取得了积极成效。

1. 2016年物流运行情况

1) 物流需求结构优化

2016年，全国社会物流总额229.7万亿元，按可比价格计算，比2015年增长6.1%，增速比2015年提高0.3个百分点。分季度看，一季度50.7万亿元，上半年107.0万亿元，前三季度167.4万亿元，比2015年同期增长6.0%、6.2%、6.1%，增速比2015年同期分别提高0.4个、0.5个、0.3个百分点。总体来看，全年社会物流总额呈现稳中有升的发展态势，物流需求结构持续改善（见图2.1）。

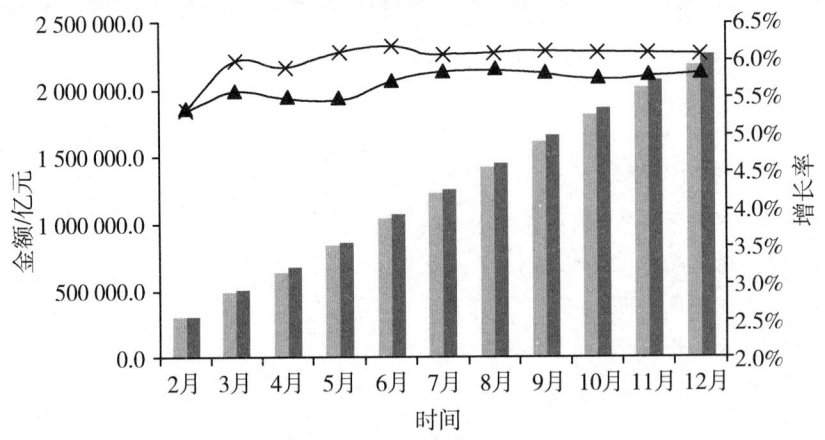

图2.1 2016年社会物流总额及增长变化情况

注：■社会物流总额(2015年)；■社会物流总额(2016年)；▲可比增长(2015年)；✕可比增长(2016年)。

(1) 工业品物流需求缓中趋稳。2016年，工业品物流总额按可比价格计算，比2015年增长6.0%，增速比2015年回落0.1个百分点；12月当月增长6.0%，较11月回落0.2个百分点。从各季度情况看，一季度增长5.8%，上半年增长6.0%，前三季度增长6.0%，增速比2015年同期分别回落0.6个、0.3个、0.2个百分点，年内增速呈现缓中趋稳的发展态势。从不同工业品物流需求来看，经济结构持续优化、新旧动能转换加快。一是采矿业、高耗能行业物流需求增速回落。采矿业物流需求由增转降，由2015年增长2.7%转为下降1%；六大高耗能行业物流需求逐季回落，一季度增长6.3%、二季度增长6.1%、三季度增长5.1%、四季度增长3.6%。二是装备制造业、高技术产业物流需求增速持续加快。装备制造业和高技术产业物流需求分别比2015年增长9.5%和10.8%，增速分别高于整个工业物流需求3.5个和4.8个百分点，较2015年分别加快2.7个和0.6个百分点。

(2) 进口物流需求增速逐季回稳。2016年进口物流总额同比增长7.1%，增速比2015年提高6.9个百分点。从各季度情况看，一季度增长6.3%，上半年增长7.6%，前三季度增长7.1%，全年增速呈现前低后高、逐季回稳的向好态势（见图2.2）。

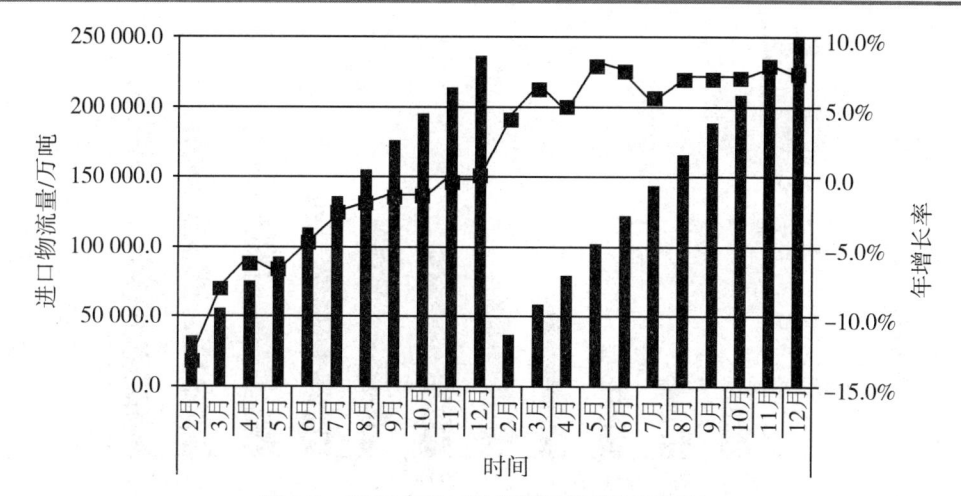

图 2.2　2016 年进口物流量及增长变化情况

注：■ 进口物流量；─■─ 年增长率。

从品种看，在需求回升等因素带动下，大宗商品及高新技术产品进口物流量均有不同程度增长。其中，进口铁矿石 10.24 亿吨，增长 7.5%；钢材 1 321 万吨，增长 3.4%；涡轮喷气发动机进口增长 26.8%；计量检测分析自控仪器及器具增长 10.7%。

(3) 单位与居民物流需求保持快速增长。2016 年，消费对物流需求的拉动效应进一步显现。全年单位与居民物品物流总额同比增长 42.8%，增速比上年提高 7.3 个百分点，高于社会物流总额增长 36.7 个百分点。其中，一季度增长 45.6%，上半年增长 46.1%，前三季度增长 44.4%，各季度呈加快增长态势。

电商等新业态物流需求持续高速增长。中国电商物流运行指数显示，2016 年电商物流总业务量指数平均达到 156.1 点，12 月达到 228.1 点，总业务量达到基期两倍以上。另据国家邮政局数据显示，我国快递服务企业业务量全年累计完成 312.8 亿件，同比增长 51.4%，在"双十一"等促销活动的强力拉动下，11 月快递业务量完成 37.6 亿件，日均快递业务量超过 1.25 亿件，是 2015 年同期的 1.4 倍。

2) 物流运行质量提升

2016 年，社会物流总费用为 11.1 万亿元，同比增长 2.9%，增速比 2015 年提高 0.1 个百分点，继续保持低速增长。

在社会物流总费用中，运输费用 6.0 万亿元，增长 3.3%，增速比 2015 年提高 0.2 个百分点；保管费用 3.7 万亿元，增长 1.3%，回落 0.3 个百分点；管理费用 1.4 万亿元，增长 5.6%，提高 0.6 个百分点 (见图 2.3)。

社会物流总费用与 GDP 的比率为 14.9%，比 2015 年下降 1.1 个百分点，表明 2016 年每万元 GDP 所消耗的社会物流总费用为 1 490 元，比 2015 年下降 6.9%。经济运行中的物流成本有所下降，物流运行的质量有所提升，物流领域"降成本"取得了积极成效。

2. 2017 年物流走势分析

2017 年物流运行的宏观经济环境总体向好，政策环境不断改善。物流业作为支撑国民经济发展的基础性、战略性产业，面临诸多发展机遇与挑战，产业转型升级、降本增效举措也将稳步推进。

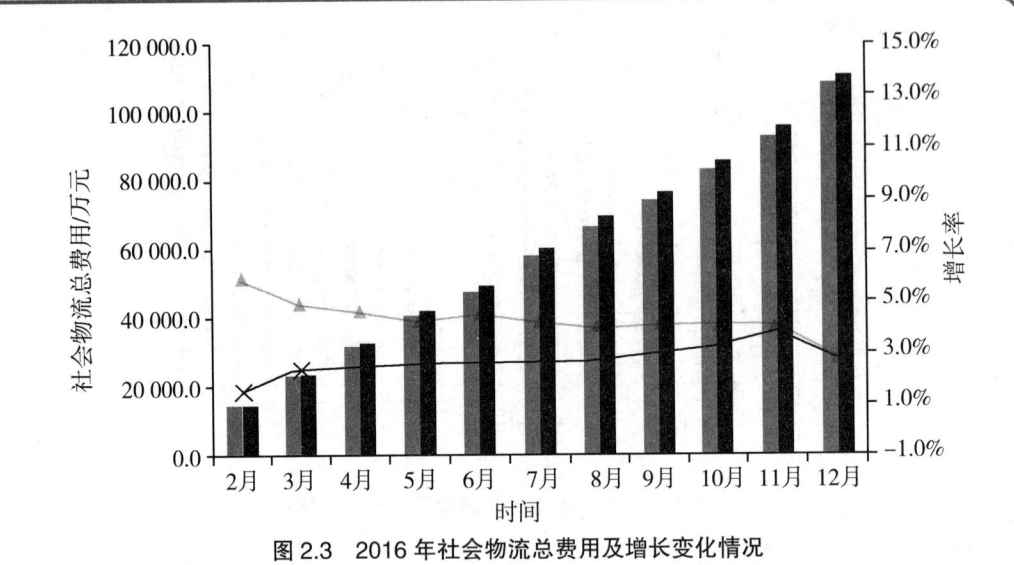

图 2.3　2016 年社会物流总费用及增长变化情况

注：■ 2015 年；■ 2016 年；—▲— 2015 年；—✕— 2016 年。

从宏观看，根据中央经济工作会议精神，2017 年一方面要进一步巩固经济趋稳基础，另一方面要加快推进供给侧结构性改革，着重提高微观经济活力，改善经济发展质量和效益。1 月份 PMI 指数延续了 2016 年四季度以来的向好发展态势，2017 年经济开局良好，全年有望延续缓中趋稳、稳中向好基本态势。

从物流需求看，2017 年投资、消费及出口对物流需求增长的拉动有望保持平稳，结构性调整将稳步推进。第一，随着消费结构升级和消费模式创新，消费潜力会进一步释放，消费总体上仍有望保持平稳增长，与之相关的电商、冷链、快递、配送等物流需求继续保持中高速增长。第二，投资增速总体可能缓中趋稳。其中受调控政策及去产能、去库存等因素影响，钢铁、煤炭、房地产、建筑业等的大宗商品物流需求增长可能进一步放缓。第三，2017 年外贸环境依然复杂严峻，不确定、不稳定因素增多。随着"一带一路""走出去"等国家战略的深入实施，我国与世界其他国家贸易广度和深度不断增强，国际物流需求有望止跌回升。

第一，以创新促进物流产业升级。坚持创新发展，技术创新、业态创新、模式创新为物流产业转型升级开辟新道路。一是随着物联网、云计算、移动互联网、大数据等新一代信息技术产业发展，立足物流业发展实际，物流信息化及物流管理水平也将随之提升。二是快递物流、电商物流等创新业态不断发展，融入生产、流通和消费等各个环节。据有关机构预测，快递物流业务量未来仍将保持 40% 的增长。三是兼并重组、联盟合作等创新模式不断增多，战略联盟、加盟合作走向深化。

第二，以协调发展促进物流业与相关行业深度融合。坚持协调发展，增强物流与国民经济发展的协调性，促进供应链各环节之间均衡发展。物流业顺应智能制造、服务制造新要求，主动适应"制造强国"所需要的供应链服务。统计数据显示，我国工业和商贸业与物流产业的融合度约六成左右（融合度是相关产业采用专业物流服务所占的比例），发达国家多在 70% 以上，与供应链发展程度相对较高的发达国家相比，未来我国物流业与相关行业协调发展，深度融合的潜力依然较大。

第三，以开放发展提升物流企业国际竞争力。坚持开放发展，物流业要顺应我国经济深度融入世界经济的趋势，积极参与全球经济治理和公共产品供给，以"一带一路"战略为契机，提升物流企业国际竞争力，与相关产业一同"走出去"，加强沿线国家物流资源布局和业务梳理，融入国际物流服务体系。未来"全球买、全球卖"将为电商物流国际化带来巨大发展机遇。

综合来看，我国物流业2017年仍将保持缓中趋稳、稳中向好的基本态势。全年全国社会物流总额增速在6%左右，社会物流总费用增速在4%左右，社会物流总费用与GDP的比率继续保持稳中有降态势。

(资料来源：http://www.chinawuliu.com.cn/lhhkx/201703/10/319687.shtml.)

从以上资料可以看出，我国物流业发展迅速，经济运行中的物流成本有所下降，物流运行的质量有所提升，物流领域"降成本"取得了积极成效，但与供应链发展程度相对较高的发达国家相比，未来物流业与相关行业协调发展，降低物流成本的潜力依然较大。

2.1 社会物流成本的构成

社会物流成本是核算一个国家在一定时期内发生的物流总成本，是不同性质企业微观物流成本的总和。事实上，一个国家物流成本总额占国内生产总值(Gross Domestic Product，GDP)的比例，已经成为衡量各国物流服务水平和物流发展水平高低的标志。

美国、日本等发达国家对物流成本的研究工作非常重视，已经对物流成本持续进行了必要的调查与分析，建立了一套完整的物流成本收集系统，并将各年的资料加以比较，随时掌握国内物流成本变化情况以供企业和政府参考。与美国、日本等国家相比，我国对社会物流成本核算的研究较为迟缓，直到2004年国家发展和改革委员会、国家统计局发布了《社会物流统计制度及核算表式(试行)》的通知后，相对完善的社会物流成本统计计算体系才面世。

2.1.1 美国社会物流成本的构成

美国社会物流成本占GDP的比重在20世纪80年代大体保持在11.4%~11.7%的范围内，而进入20世纪最后10年，该比重有了显著下降，由11%以上下降到10%左右，甚至达到了9.9%。必须指出的是，美国物流成本的绝对数量是一直在上升的，但是由于其上升的幅度低于国民经济的增长幅度，所以占GDP的比例在缩小，从而成为经济效益提高的源泉。

美国的物流成本主要由3个部分组成：一是存货持有成本；二是运输成本；三是物流行政管理成本。比较近20年来的变化可以看出，运输成本在GDP中比例大体保持不变，而库存费用降低是导致美国物流总成本比例下降的最主要原因，该比例由过去接近5%下降到不足4%。由此可见，降低库存成本、加快周转速度是美国现代物流发展取得的突出成绩。也就是说，利润的源泉更集中在降低库存、加速资金周转方面。

1. 存货持有成本

存货是指企业在日常活动中持有以备出售的产成品或商品，处在生产过程中的在产品，在生产过程或提供劳务过程中耗用的材料、物料等。存货区别于固定资产等非流动资产的最基本的特征是企业持有存货的最终的目的是为了出售。

存货持有成本除了包括仓储成本、残损、人力费用、保险和税收费用外，还包括库存占用资金的利息。其中，利息是当年美国商业利率乘以全国商业库存总额得到的，把库存占用资金的利息加入物流成本，这是现代物流费用计算与传统物流费用计算的最大区别，只有这样，降低物流成本和加速资金周转速度才能从根本上统一起来。

全国商业存货总额涵盖了农业、采矿业、建筑业、服务业、制造业、批发零售业等所有行业门类的数据，其数据来自于美国商务部《国民收入和生产核算报告》、《当前商业状况调查》和《美国统计摘要》。

仓储成本包括公共仓库和自有仓库成本。公共仓库的成本数据可以从美国商务部《服务业年度调查报告》中获取；自有仓库的仓储成本数据则是根据相关资料统计测算得到。

2. 运输成本

运输成本是直接从美国 ENO 运输基金会出版的《美国运输年度报告》中得到的货运数据。分为道路运输费用、其他运输方式产生的费用和货主费用。道路运输费用包括公路运输费用与城市内运输费用；其他运输费用包括铁路运输费用、水运运输费用、航空运输费用、油气管道运输费用；货主费用包括运输管理部门的运作及装卸费用。近10年来，美国的运输费用占 GDP 的比重大体为 6%，并一直保持着这一比例，这说明运输费用与经济的增长是同步的。

3. 物流行政管理成本

物流行政管理成本是按照美国的历史情况由专家确定一个固定比例，乘以存货持有成本和运输成本的总和得出的，分别包括订单处理及 IT 成本、市场预测、计划制订及相关财务人员发生的管理费用。美国物流行政管理成本在物流成本总额中的比例约为 4%。

2.1.2 欧洲社会物流成本的构成

物流产业在欧洲已经步入成熟的发展阶段，但社会物流成本的测算尚没有固定的范式，相关的研究主要是根据调查和预测的资料。

从现有的资料看，欧洲社会物流成本的核算并没有把管理费用单列，而是将其分散在仓储、包装和搬运等各个方面，但测算方法基本与美国相同。

2.1.3 日本社会物流成本的构成

1. 运输费

运输费分为营业运输费和企业内部运输费，前者又包括卡车货运、铁路货运、内海航运货运、国内航空货运费用及货运站收入等。

2. 保管费

保管费是将经济企划厅编制的《国民经济计划年报》中的国民资产、负债余额中原材料库存余额、产品库存余额及流通库存余额的总数乘以日本资材管理学会调查所得的库存费用比例而得。

3. 管理费

管理费依据《国民经济计划年报》中的"国内各项经济活动生产要素所得分类统计",将制造业和批发、零售业的产出总额,乘以日本物流协会根据行业分类调查的各行业物流管理费用比例 0.5% 得出。

相关链接

国内外物流成本管理模式及发展趋势比较分析

世界各国成本管理模式上体现了各具特色。美国没有一个集中统一管理物流的专职政府部门,政府机构按其职能对物流的基本环节进行分块管理;美国的物流管理体制,倾向于通过法律和市场激发企业创新活力,对物流企业实施调控。日本强调按照多种标准对物流成本进行划分,通过综合的成本测算来全面核算物流成本。欧洲的组织形式采取协调政策,大力促进物流体系的标准化、集约化和协同化。中国的物流成本核算有待完善,企业物流成本的数据主要来源于整个经济的综合数据,调研层面和数据支撑只是来源于部分企业的市场调研,而不是全部企业上报的数据。

物流成本管理发展总的趋势是国际化、信息化、智能化、现代化。具体包括以下几个方面。

(1) 以多式联运为核心的综合运输服务方式得到迅速发展。
(2) 以第三方物流为代表的专业化物流服务方式迅猛发展。
(3) 以供应链管理为核心的系统化物流服务方式正在快速兴起。
(4) 电子商务物流、绿色物流等概念的广泛应用。

(资料来源:http://csl.chinawuliu.com.cn/html/19888422.html.)

【拓展文本】

【拓展文本】

【拓展文本】

2.1.4 我国社会物流成本的构成

根据国家标准《社会物流统计指标体系》(GB/T 24361—2009),我国社会物流成本是指我国全部常住单位因社会物流经济活动而发生的总费用。

1. 运输费用

运输费用是指社会物流经济活动中,国民经济各部门由于物品运输而支付的全部费用。包括支付给物品承运方的运费(即承运方的货运收入);支付给装卸搬运保管代理等辅助服务提供方的费用(即辅助服务提供方的货运业务收入);支付给运输管理与投资部门的,由货主方承担的各种交通建设基金、过路费、过桥费、过闸费等运输附加费用。其计算公式为

$$运输费用 = 运费 + 装卸搬运等辅助费 + 运输附加费$$

2. 保管费用

保管费用是指社会物流经济活动中，物品从最初的资源供应地(生产环节、海关)向最终消费地流动过程中，所发生的除运输费用和管理费用之外的全部费用。包括物流过程中因流动资金的占用而需承担的利息费用；仓储保管方面的费用；流通中配送、加工、包装、信息及相关服务方面的费用；物流过程中发生的保险费用和物品损耗费用等。其计算公式为

保管费用 = 利息费用 + 仓储费用 + 保险费用 + 货物损耗费用 + 信息及相关服务费用
　　　　＋配送费用 + 流通加工费用 + 包装费用 + 其他保管费用

3. 管理费用

管理费用是社会物流经济活动中，物品供需双方的管理部门，因组织和管理各项物流活动所发生的费用。主要包括管理人员报酬和福利、办公费用、教育培训、劳动保险、车船使用等各种属于管理费用科目的费用。其计算公式为

管理费用 = 社会物流总额 × 社会物流平均管理费用率

其中，社会物流平均管理费用率，是指报告期内，各物品最初供给部门完成全部物品从供给地流向最终需求地的社会物流活动中，管理费用额占各部门物流总额比例的综合平均数。

2015 年我国社会物流总费用结构分析

从 2015 年社会物流总费用的结构上来看，运输费用 5.8 万亿元，同比增长 3.1%，占社会物流总费用的比率为 53.3%；保管费用 3.7 万亿元，同比增长 1.6%，占社会物流总费用的比率为 34.1%；管理费用 1.4 万亿元，同比增长 5.0%，占社会物流总费用的比率为 12.6%(见图 2.4)。从管理费用的增速为三大费用中最快，可以看出我国的物流发展阶段已从传统的运输功能转向综合式的物流服务发展。

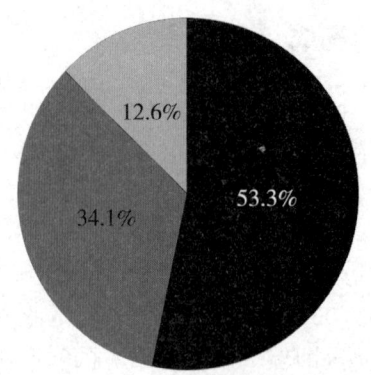

图 2.4　2015 年我国社会物流总费用结构

注：■ 运输费用；■ 保管费用；■ 管理费用。

国际通行以全社会的物流总费用占 GDP 的比例来评价整个经济体的物流效率，社会物流总费用占 GDP 的比例越低表示该经济体物流效率越高、物流发展水平越发达。以此指标计算，2015 年我国社会物流总费用与 GDP 的比例为 16.0%(见图 2.5)。近年来总体呈缓慢下降的趋势，体现我国物流效率逐渐提高。一般而言，发达国家物流总费用占 GDP 比例都在 10% 左右，与欧美和日本等发达国家相比，我国物流成本占 GDP 的比例仍然较高，物流发展水平与发达国家仍有较大差距，未来仍有较大的发展空间。

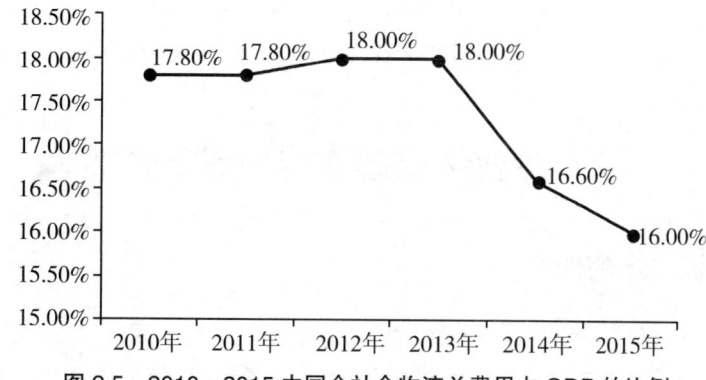

图 2.5　2010—2015 中国全社会物流总费用占 GDP 的比例

公开的统计数据表明，2008—2015 年，反映物流需求总规模的全社会物流总额从 89.9 万亿元增加到 219.2 万亿元，增长了 2.4 倍，平均年增长速度为 16.0%，高于同期国内生产总值 13.5% 的增长速度。与此同时，单位 GDP 对物流的需求从 2008 年的 1∶2.84 上涨到了 2015 年的 1∶3.24，每单位 GDP 产出对单位物流总额的需求上升了 14.1%，可见国民经济的发展对社会物流的需求是不断加速的，社会的发展对物流的依赖越来越强。并且，随着国民生活水平的提高、城镇化进程的加速和大城市集群建设的不断深入，预计未来一段时间内将会保持该种增长趋势。

伴随全社会物流总额的增长，物流行业的增加值和费用也随之增长。但是，从统计数据看，物流增加值增长速度远低于物流总额的增长速度，物流总费用增长速度基本与物流总额增长同步，这表明中国的物流系统效率相对较低，降低物流成本有较大的空间。2008—2015 年中国社会物流总费用情况分析如表 2-1 所示。

表 2-1　2008—2015 年中国社会物流总费用情况分析

年份	社会物流总额 / 万亿元	物流总费用 / 万亿元				占物流总额的比例 /(%)	物流总费用构成		
		运输费用	保管费用	管理费用	小计		运输费用 /(%)	保管费用 /(%)	管理费用 /(%)
2008	89.9	2.87	1.9	0.69	5.46	6.07	52.56	34.80	12.64
2009	96.65	3.36	2	0.72	6.08	6.29	55.26	32.89	11.84
2010	125.4	3.8	2.4	0.9	7.1	5.66	53.52	33.80	12.68
2011	158.4	4.4	2.9	1	8.3	5.24	53.01	34.94	12.05
2012	177.3	4.9	3.3	1.2	9.4	5.30	52.13	35.11	12.77
2013	197.8	5.4	3.6	1.3	10.3	5.21	52.43	34.95	12.62
2014	213.5	5.6	3.7	1.3	10.6	4.96	52.83	34.91	12.26
2015	219.2	5.8	3.7	1.4	10.8	4.93	53.30	34.10	12.60

随着世界贸易一体化的深入，现代物流产业的发展往往决定一个国家的经济增长能力和行业结构调整的成败。2016年8月，国务院印发了《降低企业成本方案》，从8个方面提出了降低实体经济企业成本的具体措施：一是合理降低企业税费负担；二是有效降低企业融资成本；三是着力降低制度性交易成本；四是合理降低企业人工成本；五是进一步降低企业用能用地成本；六是较大幅度降低企业物流成本；七是提高企业资金周转效率；八是鼓励和引导企业内部挖潜，开展技术、管理和营销模式创新，推广应用先进技术，加强目标成本管理等。政府不断提出一系列的政策支持为物流行业的发展提供了良好的支持和保障。

(资料来源：http：//www.chyxx.com/industry/201606/426829.html.)

2.2 企业物流成本的构成与分类

2.2.1 企业物流成本的构成

物流成本按其所处领域的不同可分为生产企业物流成本、流通企业物流成本和物流企业物流成本。生产企业包括生产企业、制造企业、装配企业等；流通企业包括批发企业、零售企业等；物流企业包括仓储型、运输型、综合型物流企业等。

企业物流成本主要指生产企业物流成本和流通企业物流成本，又称为货主企业物流成本。企业物流成本是将企业因物流活动而引发的成本从企业总体成本中分离出来，即一般企业(非专业物流企业)的物流成本，货主企业物流成本包括自营物流成本和外付物流成本(称为委托物流成本，就是第三方物流企业的营业收入)。不同企业物流成本的构成和管理方式是大致相同的。物流企业是为客户提供专业物流服务的，其全部运营成本都可称为物流成本。

根据国家标准《企业物流成本构成与计算》(GB/T 20523—2006)，企业物流成本构成包括企业物流成本项目构成、企业物流成本范围构成、企业物流成本支付形态构成3种类型，如图2.6所示。

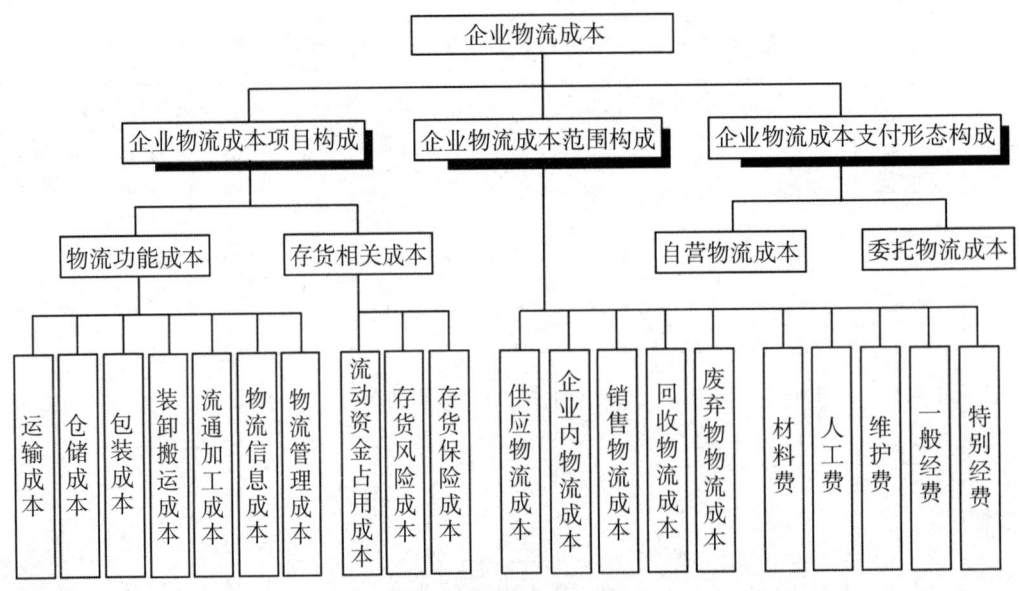

图2.6 企业物流成本构成

企业类型不同，其物流成本构成内容都会有所不同，但是，从物流功能角度来谈物流成本的基本构成，不同类型的企业基本是趋同的。表2-2、表2-3、表2-4分别介绍了企业物流成本项目构成、企业物流成本范围构成、企业物流成本支付形态构成的具体内容。

1. 企业物流成本项目构成

企业物流成本项目构成包括物流功能成本和存货相关成本两大类，具体内容如表2-2所示。

表2-2 物流成本项目构成内容

成本项目			构成内容
物流功能成本	物流运作成本	运输成本	一定时期内，企业为完成货物运输而发生的全部费用，包括人工费用、车辆燃料费、折旧费、维修保养费、租赁费、养路费、路桥费、年检费、事故损失费、相关税金等
		仓储成本	一定时期内，企业为完成货物存储而发生的全部费用，包括人工费用、仓储设施的折旧费、维修保养费、水电费、燃料动力费等
		包装成本	一定时期内，企业为完成货物包装业务而发生的全部费用，包括人工费用、包装材料费、设施折旧费、维护费、包装技术设计费等
		装卸搬运成本	一定时期内，企业为完成装卸搬运业务而发生的全部费用，包括人工费用、设施折旧费、维护保养费、燃料和动力消耗等
		流通加工成本	一定时期内，企业为完成流通加工业务而发生的全部费用，包括人工费用、材料消耗、设施折旧费、维护保养费、燃料和动力费等
	物流信息成本		一定时期内，企业为完成物流信息的采集、传输和处理而发生的全部费用，包括人工费用、软硬件折旧费、维护保养费、通信费等
	物流管理成本		一定时期内，企业物流管理部门及物流作业现场所发生的管理费用，包括管理人工费用、差旅费、办公费、会议费等
存货相关成本	资金占用成本		一定时期内，企业物流的负债融资所发生的利息支出(显性成本)和占用内部资金所发生的机会成本(隐性成本)
	物品损耗成本		一定时期内，企业物流活动中所发生的物品贬值、跌价、变质、损耗、损毁、盘亏等损失
	保险和税收成本		一定时期内，企业支付的与存货相关的财产保险费以及因购进和销售物品应缴纳的税金支出

2. 企业物流成本的范围构成

企业物流成本的范围构成包括供应物流成本、企业内物流成本、销售物流成本、回收物流成本，以及废弃物流成本见表2-3。

表 2-3 物流成本范围构成内容

成本范围	构成内容
供应物流成本	指经过采购活动,将企业所需原材料从供应者运送到企业仓库的物流过程中所发生的物流费用
企业内物流成本	从原材料入库开始,经过出库、产品制造、产品进入成品库,直到产品从成品库出库为止的物流过程中所发生的物流费用
销售物流成本	从产品出成品库开始,经过流通加工环节,直到运至中间商的仓库或消费者手中完成销售为止的物流过程中所发生的物流费用
回收物流成本	指退货、返修物品,周转使用的包装容器等从需方退回供方的物流过程中所发生的物流费用
废弃物流成本	将经济活动中失去原有使用价值的物品根据需要进行收集、分类、加工、包装、搬运、储存等,并分送到专门处理场所的物流过程中所发生的物流费用

【拓展文本】

 相关链接

日本:"从摇篮到摇篮"的循环经济

日本最近几年兴起"从摇篮到摇篮"这个资源循环概念,以日本富士施乐为例,其复印机在生产过程中做到了零污染,随后送到消费者手中使用,待客户使用完毕,又通过物流公司回收到工厂,富士施乐对已经完成生命周期的复印机进行拆解,通过检测,保留合格的零件,实现了资源的有效循环利用。再以丰田汽车的一家全自动化回收工厂为例,回收工厂依据重力、磁力、离心力等各种物理学以及化学原理设计了一套几乎全自动化的分类回收系统,使得一辆汽车92%的零部件都可以实现循环利用,剩下8%的废弃物被焚烧后用于发电,最后残留的坚硬残渣被运往海边围海造田。

显然,日本企业扮演着资源循环利用的重要角色,生产企业不仅负责生产产品,还是电子垃圾变废为宝的参与者。在电子垃圾问题上,日本规定了生产者的责任延伸制度。日本法律规定:生产者在其产品使用和废弃后,应对产品的正确再生循环利用和处置负一定责任;生产者有责任改进产品的设计和材质,提供产品的相关信息,以便对使用过的产品进行回收及循环利用。

除了政府和企业的努力外,消费者的参与也十分重要。假如消费者随意丢弃电子垃圾,则肯定会使垃圾回收成本大大增加,生产企业就会难以收集到足量的废弃产品进行再生循环利用。为此,日本规定消费者在电子垃圾的再生循环利用过程中也要承担一定责任,不得随意丢弃电子垃圾。

所以,日本电子垃圾的回收和处理责任是企业、零售业和消费者共同分担。具体地说,就是一旦家庭使用的电子产品完成了其生命周期,消费者有义务自己花钱将其送到回收场所,并根据电器类型承担相应费用;零售业者则必须开展回收业务;生产厂家或进口商则承担再商品化的义务。

(资料来源:http://blog.sina.com.cn/s/blog_a44c972901017jk8.html。)

3. 企业物流成本的支付形态构成

企业物流成本的支付形态构成包括自营物流成本和委托物流成本两大部分，具体内容如表 2-4 所示。

表 2-4 物流成本支付形态构成内容

成本支付形态		构成内容	备注
自营物流成本	材料费	材料费、工具费、器具费等	
	人工费	工资、福利、奖金、津贴、补贴、住房公积金等	
	维护费	土地、建筑物及各类物流设施设备的折旧费、维护维修费、租赁费、保险费、税金、燃料与动力消耗费等	
	一般经费	办公费、差旅费、会议费、通信费、水电费、煤气费等	
	特别经费	存货资金占用费、物品损耗费、存货保险费和税费	
委托物流成本		企业向外部物流机构所支付的各项费用，如包装费、运输费、手续费、保管费、出入库装卸费等	

2.2.2 企业物流成本的分类

1. 按经济内容不同分类

按劳动对象、劳动手段、劳动者 3 个方面将成本进行以下分类。

(1) 固定资产折旧及大修费：固定资产应计提折旧和大修费。
(2) 材料费：物料购置、包装物、备品备件和低值易耗品等的花费。
(3) 燃料动力费：燃料费和水电费等。
(4) 人工费：职工工资、福利费、教育培训费和工会费等。
(5) 利息支出：借款利息的支出净额 (属于财务费用)。
(6) 税金：房产税、车船使用税、土地使用税和印花税 (凭证税) 等 (属于管理费用)。
(7) 其他支出：办公费、差旅费、租赁费、外部加工费和保险费等。

2. 按经济用途不同分类

(1) 运输成本：一定时期内，企业为完成货物运输业务而发生的全部费用。包括人工费用 (工资、奖金、住房公积金、职工教育培训费等)、运输工具相关费用 (燃料费、折旧费、维修保养费、过路过桥费、保险费等)、其他费用 (除人工费用、运输工具相关费用以外的与运输业务有关的费用，如办公费、差旅费等)。

2016年全国收费公路通行费收入4 548.5亿元

根据交通运输部最新的全国收费公路统计公报显示，截至2016年年底，全国收费公路里程为17.11万公里，占公路总里程469.63万公里的3.6%，当年通行费收入4 548.54亿元，收支缺口高达4 143.3亿元。与2010年至2015年相比，收支缺口进一步扩大3 187.3亿元。事实上，在2010年时收费公路还处在赢利的状态。2010年全国收费公路收支盈余32.5亿元，但随后转为缺口并逐年扩大，2015年的收支缺口甚至是2014年的两倍。

高达4 000多亿元的通行费收入并不低，但收费公路为何亏损的如此严重呢？原因在于修建收费公路时欠下的高额债务。根据公报数据，2015年每收100元通行费时需要支出177.8元，其中偿还债务本金支出85.4元，偿还债务利息支出55元，运营管理12.9元，道路养护12.3元，税费7.2元，公路及附属设施改扩建工程4.6元。除去道路运营维护相关费用和税费，通行费收入远不够偿还欠款的本息。

"贷款修路，收费还贷"本是为了解决20世纪80年代中国基础设施落后而又财政困难时制定的政策，融资方式的改变让地方政府可以更加容易地筹集到修建公路的资金。以2015年为例，全国收费公路建设中举借银行贷款本金44 012.8亿元，占总投资的63.3%；而财政性资本金投入为12 045.8亿元，仅占总投资的17.3%。

(资料来源：http://www.gov.cn/shuju/2016-09/20/content_5110000.htm.)

(2) 仓储成本：一定时期内，企业为完成货物存储业务而发生的全部费用。包括人工费用(工资、奖金、住房公积金、职工教育培训费等)、仓储设施、设备相关费用(能源消耗费、折旧费、维修保养费、保险费等)、其他费用(除人工费用、仓储设施、设备相关费用以外的与仓储业务有关的费用，如办公费、差旅费等)。

分拣机器人

据国外媒体报道，2016年在亚马逊分拣货物挑战赛上，来自荷兰的代尔夫特理工大学，因其研发的独臂机器人最有可能接替亚马逊仓库员的工作，而赢得了5万美元的奖金。BBC新闻报道，荷兰的团队击败了15个来自其他国家的不同对手，因为他们的独臂机器人有分拣功能，能快速精确地从仓库中找到20个指定的货物，然后将货物放回货架并保持完整无损，重复来回都没有问题。这个独臂机器人由吸盘、"两指"夹持器和3D深度感应摄像机等组装。

(资料来源：http://www.dutchcn.com/thread-3631-1-1.html.)

(3) 包装成本：一定时期内，企业为完成货物包装业务而发生的全部费用。包括包装材料费(主要指包装业务所耗用的材料费)、人工费用(工资、奖金、住房公积金、职工教育培训费等)、包装设备相关费用(能源消耗费、折旧费、维修保养费、保险费等)、其他费用(除材料费、人工费用、包装设备相关费用以外的与包装业务有关的费用,如包装标记标志的设计费、印刷费、办公费、差旅费等)。

(4) 装卸搬运成本：一定时期内,企业为完成装卸搬运业务而发生的全部费用。包括人工费用(工资、奖金、住房公积金、职工教育培训费等)、装卸搬运设备相关费用(能源消耗费、折旧费、维修保养费、保险费等)、其他费用(除人工费用、装卸搬运设备相关费用以外的与装卸搬运业务有关的费用,如办公费、差旅费等)。

(5) 流通加工成本：一定时期内,企业为完成流通加工业务而发生的全部费用。包括材料费(主要指流通加工过程中所耗用的包装材料、辅助材料等材料费)、人工费用(工资、奖金、住房公积金、职工教育培训费等)、设备相关费用(能源消耗费、折旧费、维修保养费、保险费等)、其他费用(除材料费、人工费用、设备相关费用以外的与流通加工业务有关的费用,如办公费、差旅费等)。

(6) 物流信息成本：一定时期内,企业为完成物流信息的采集、传输和处理而发生的全部费用。包括人工费用(工资、奖金、住房公积金、职工教育培训费等)、软硬件系统及设备相关费用(折旧费、维修保养费等)、其他费用(除人工费用、软硬件系统及设备相关费用以外的费用,如办公费、会议费、差旅费等)。

(7) 物流管理成本：一定时期内,企业物流管理部门及物流作业现场所发生的管理费用。包括人工费用(工资、奖金、住房公积金、职工教育培训费等)、设备相关费用(能源消耗费、折旧费、维修保养费、保险费等)、其他费用(除人工费用、设备相关费用以外的与物流管理业务有关的费用,如办公费、差旅费等)。

(8) 配送成本。配送是指在经济合理区域范围内,根据客户要求,对物品进行整理作业,并通过仓储、加工、包装、运输等环节,按时送达指定地点的物流活动。一般来说,配送是根据用户要求,在物流节点内进行分拣、配货等作业,并将配好的货物在指定的时间交给收货人的过程。同时,配送的主体活动区别于一般的物流活动,一般物流的主体活动是运输及保管,而配送则重视运输和分拣配货,分拣配货建立在集成化运作的基础上,是配送的独特要求。

国家标准《企业物流成本构成与计算》将配送成本包括在运输、仓储、包装装卸搬运和流通加工成本中去,不单独将配送成本作为物流功能成本的构成内容。

 **相关链接**

末端配送成本已经占到物流行业总成本的30%以上

商务部商业流通司司长王选庆说："我国物流业在城际间的干线运输效率已经大大提高。现在真正的难题集中在城市配送的'最后一公里',配送难、配送贵的问题越来越突出。"数据显示,末端配送成本已经占到物流行业总成本的30%以上。大量的社会资源消耗在"最后一公里"上,加重了城市的交通和环境压力,却未能带来配送效率的提高。

(资料来源：http://acftu.people.com.cn/n/2014/0308/c67502-24571986.html.)

【拓展文本】

3. 按物流成本计入成本对象的方式不同分类

(1) 直接成本(可追溯成本)：与某一特定对象(产品、服务、设计、客户、商标、作业、部门)有直接关系，可以直接计入该成本对象名下的成本。大部分的直接材料成本、直接人工成本属于直接成本。

(2) 间接成本(不可追溯成本)：与某一特定对象没有直接关系，而是几种成本对象共同消耗的费用。例如，房产折旧费、管理人员工资、行政管理费和期间费用都属于间接成本。间接成本是不能用经济合理的方式追溯到成本对象的那一部分费用。所谓"不能用经济合理的方式追溯"有两种情况：一是不能合理地追溯到成本对象；二是不能经济地追溯到成本对象。间接成本一般应先按地点或用途进行归集，然后按照适当合理的标准进行分配、分摊计入各种成本对象。

4. 按物流成本是否具有可控性分类

按物流成本是否具有可控性，分为可控物流成本与不可控物流成本。成本的可控性具有一定的相对性，它与成本发生的空间与时间范围有关。某个责任单位不可控制的成本，往往对另一个单位来讲是可控的；下一级责任单位不可控制的成本，对于上一级责任单位来讲往往是可控的。例如，从事装卸搬运业务的员工不能控制自己的工资收入，而人力资源管理部门可以控制。了解可控成本的这种空间范围上的相对性，有助于分清各责任单位或个人的经济责任，以利于正确评价与考核其业绩，提出切实有效的建议与措施，使可控成本不断降低。

5. 按物流成本与业务量的依存关系不同分类

(1) 固定成本：在一定范围内，成本总额保持稳定，不随业务量的变化而变化，如固定资产折旧费、机器设备租金和管理人员工资等。固定成本又分为约束性固定成本和酌量性固定成本。约束性固定成本(经营能力成本)包括折旧费、保险费和基本工资等；酌量性固定成本(随意性固定成本)包括广告费、研发费和培训费等。单位业务量的固定成本随着业务量的增加而降低。

(2) 变动成本：在一定范围内，成本总额随业务量(如购进量、配送量)的增减变化而近似呈正比例增减变化。如直接材料、包装材料、直接人工等。但是一般而言，单位业务量的变动成本又是固定的，不受业务量增减变动的影响。

(3) 混合成本：全部成本中介于固定成本和变动成本之间，既有随业务量变动成本，又有不随业务量成正比例变动的那部分成本。把企业的全部成本分为变动成本和固定成本两大类，是管理会计规划与控制企业经济活动的前提。但是，在实务中，往往有很多成本项目不能简单地将其归类于固定成本或变动成本，一些成本明细项目同时兼有变动成本和固定成本两种不同的特性。它们既非完全固定不变，也不随业务量成正比例的变动，不能简单地把它们列入固定成本或变动成本，因而统称为混合成本。在实际工作中，有许多成本的明细项目属于这类成本。混合成本和业务量之间的关系比较复杂，按照其变动趋势的不同特点，常见的混合成本有半变动成本、半固定成本和延期变动成本等类型。

6. 按物流成本是否在会计核算中反映分类

物流成本按其在会计核算中是否反映分为显性物流成本和隐形物流成本。显性成本是在会计核算中反映的、计入企业实际成本费用的各项支出，如实际发生的人工费、材料费、水电费、折旧费、保险费等都属于显性成本（所有显性成本数据来源于财务会计资料）；隐性成本是在会计核算中没有实际发生，但在物流成本管理决策中需要考虑的成本支出，如存货占用自有资金所产生的机会成本，由于物流服务不到位所造成的缺货损失，存货的贬值损失，车辆回程空载损失等（管理会计既要考虑显性成本又要考虑隐性成本）。

加强显性成本管理，可以减少实际发生的成本支出，是一种绝对成本管理观念；加强隐性成本管理是减少未实际记录的成本损失，考虑资金的时间价值、风险价值的成本管理，是一种相对的成本节约观念。

7. 按物流成本管理对象不同分类

物流成本按管理对象不同，可以分为事业部物流成本、营业网点物流成本、部门物流成本和作业物流成本等。

大型企业的主要组织结构形式——事业部制

【拓展文本】

事业部制是中外大型企业普遍采用的一种组织结构形式。通常企业按产品、按地区、按顾客（市场）等来划分部门，设立若干事业部。事业部是在企业宏观领导下，拥有完全的经营自主权，实行独立经营、独立核算的部门，既是受公司控制利润中心，具有利润生产和经营管理的职能，同时也是产品责任单位或市场责任单位，对生产经营负有统一领导的职能。

事业部主要具有以下优点。

(1) 每个事业部都有自己的产品和市场，能够规划其未来发展，也能灵活自主地适应市场出现的新情况迅速作出反应，所以，这种组织结构既有高度的稳定性，又有良好的适应性。

(2) 权力下放，有利于最高领导层摆脱日常行政事务和直接管理具体经营工作的繁杂事务，而成为坚强有力的决策机构，同时又能使各事业部发挥经营管理的积极性和创造性，从而提高企业的整体效益。

(3) 事业部经理虽然只是负责领导一个比所属企业小得多的单位，但是，由于事业部自成系统，独立经营，相当于一个完整的企业，所以，他能经受企业高层管理者面临的各种考验。显然，这有利于培养全面管理人才，为企业的未来发展储备干部。

事业部主要具有以下缺点。

(1) 由于各事业部利益的独立性，容易滋长本位主义。

(2) 由于总公司与分公司职能部门重复设置，一定程度上增加了费用开支。

(3) 对公司总部的管理工作要求较高，否则容易发生失控。

2.3 影响企业物流成本的主要因素

2.3.1 物流系统优化程度

物流系统优化是指确定物流系统发展目标，并设计达到该目标的策略以及行动的过程。它依据一定的方法、程度和原则，对与物流系统相关的因素，进行优化组合，从而达到优化的目的。美国领先的货运计划解决方案供应商 Velant 公司的总裁和 CEO 唐纳德·拉特利夫博士集 30 余年为企业提供货运决策优化解决方案的经验，提出了"物流优化的 10 项基本原则"，并认为通过物流决策和运营过程的优化，企业可以获得降低物流成本 10%~40% 的商业机会。这种成本的节约必然转化为企业投资回报率的提高。物流系统是由运输、仓储各个子系统所构成的，它的优化也涉及各个子系统的优化及整体的优化。例如，多式联运作为一种集约高效的运输组织方式，能够充分发挥各种运输方式的比较优势和组合效率，对于推动交通运输行业转型升级、支撑经济提质降本增效意义重大，发展多式联运是运输系统优化的一个重要方面。

2.3.2 物流运作模式

物流运作模式是指企业物流业务是由企业自己来完成还是借助外界力量，这些应从战略层次上来考虑，企业选择的物流运作模式不同，对物流成本的高低也会有影响。目前物流模式通常有以下几种。

1. 第三方物流模式

第三方物流是指由供需双方外的第三方提供物流服务的业务模式。它以签订合同的方式，将企业物流业务委托给专业的物流企业来完成。第三方物流已越来越成为物流市场的主体，在美国有 57% 的物流量是通过第三方物流业完成的，在社会化配送发展得最好的日本，第三方物流业占整个物流市场更是高达 80%。

第三方物流的主要特征

从发达国家物流业的状况看，第三方物流在发展中已逐渐形成鲜明特征，突出表现在以下 5 个方面。

(1) 关系合同化。首先，第三方物流是通过契约形式来规范物流经营者与物流消费者之间关系的。物流经营者根据契约规定的要求，提供多功能直至全方位一体化物流服务，并以契约来管理所有提供的物流服务活动及其过程。其次，第三方物流发展物流联盟也是通过契约的形式来明确各物流联盟参加者之间权责利相互关系的。

(2) 服务个性化。首先，不同的物流消费者存在不同的物流服务要求，第三方物流需要根据不同物流消费者在企业形象、业务流程、产品特征、顾客需求特征、竞争需要等方面的不同要求，提供针对性强的个性化物流服务和增值服务。其次，从事第三方物流的物流经营者也因为市场竞争、物流资源、物流能力的影响需要形成核心业务，不断强化所提供物流服务的个性化和特色化，以增强物流市场竞争能力。

(3) 功能专业化。第三方物流所提供的是专业的物流服务。从物流设计、物流操作过程、物流技术工具、物流设施到物流管理必须体现专门化和专业水平，这既是物流消费者的需要，也是第三方物流自身发展的基本要求。

(4) 管理系统化。第三方物流应具有系统的物流功能，是第三方物流产生和发展的基本要求，第三方物流需要建立现代管理系统才能满足运行和发展的基本要求。

(5) 信息网络化。信息技术是第三方物流发展的基础。物流服务过程中，信息技术发展实现了信息实时共享，促进了物流管理的科学化、极大地提高了物流效率和物流效益。

(资料来源：http://baike.so.com/doc/3187172-3358658.html.)

2. 自营物流模式

自营物流模式，是指企业着眼于企业的长远发展考虑，自行组建物流系统，并对整个企业内的物流运作进行计划、组织、协调、控制管理的一种模式。

自营物流为了满足客户的需求，以最低的成本，通过运输、保管、配送等方式，实现商品的产地到商品的消费地的计划、实施和管理的全过程。自营物流减少了物流的环节，保证最短的配送时间，满足消费者即购即得的购物心理。

3. 自营与外包相结合的模式

自营与外包相结合的模式很好地补充了企业自身能力的不足，同时还能对承包企业起到相当大程度的约束和制衡作用，让外包企业在价格谈判中具有一定优势。同时，在这种比例分摊模式下，外包企业对物流业务和流程非常清楚，在业务改善和提升需求上可以做到应用自如。例如，安利公司将广东省内的业务全部掌握在自己手中，将广东以外的物流业务均外包给其他物流公司，实施省内自营、省外外包的物流策略，各方优势互补和资源整合。在具体操作和物流的衔接上环节多，对物流的整体管理能力有很高要求。

2.3.3　物流信息化

物流信息化是现代物流的灵魂，也是现代物流发展的必然要求。众所周知物流包括很多方面，如运输、仓储、包装、装卸搬运、中途加工、信息处理、客户服务等，要想这些方面的效率最大化，都离不开信息系统，因为信息流贯穿于整个供应链过程。物流信息系统包括物资采购、销售、存储、运输等物流过程的各种决策活动，如采购计划、销售计划、供应商的选择、顾客分析等提供决策支持，并充分利用计算机的强大功能汇总和分析物流数据，在物流管理中选取、分析和发现新的机会，进而作出更好的采购、销售和存储决策，能够充分利用企业资源，增加对企业的内容挖潜和外部利用，从而能降低成本，提高生产效率，增强企业竞争优势。但由于物流信息系统具有信息源点多、分布广、信息量大、动态性强、信息的价值衰减速度快、及时性要求高的特征，因此要求对物流信息的收集、加工处理速度快，种类繁多。

 **相关链接**

【拓展文本】

货运版"滴滴"——传化易货嘀获道路运输经营许可证

2016年6月，易货嘀获得道路运输经营许可证，这也是行业内第一家获合法身份的城市网约货车平台。易货嘀是传化股份物流生态系统中重要一环，作为直接接触终端用户的"入口级应用"，易货嘀类似"货运版"的滴滴平台，货主或物流企业都可以通过易货嘀在线下单，易货嘀通过大数据应用实现智能派单。

杭州市道路运输管理局副局长李宏伟表示，将会把易货嘀作为本地货车网络预约工作试点，共同开启网约货车"杭州模式"的探索与创新。CEO秦愉表示，未来将围绕人、车、货三大商圈，形成整体解决方案，加快拓展万亿元级物流市场。分析人士指出，这将为全国城市网约货车合法、合规、安全运营和管理带来新的思路。

易货嘀获得道路交通运输许可以后，传化股份将会把杭州模式在全国其他城市进一步拓展。目前从全国市场的客户需求角度上来看，全国万亿元物流市场将会对传化股份在收益方面提供很强的发展的空间。从这点来看，传化股份在整个物流市场将会有一个非常乐观的发展前景。

(资料来源：http://news.ifeng.com/a/20160629/49265084_0.shtml.)

本章小结

社会物流成本是核算一个国家在一定时期内发生的物流总成本，是不同性质企业微观物流成本的总和。事实上，一个国家物流成本总额占GDP的比例，已经成为衡量各国物流服务水平和物流发展水平高低的标志。我国的社会物流成本是由运输成本、保管费用和管理费用三部分所构成。

企业物流成本按其所处领域的不同可分为生产企业物流成本、流通企业物流成本和物流企业物流成本。生产企业包括生产企业、制造企业、装配企业等；流通企业包括批发企业、零售企业等；物流企业如仓储型、运输型、综合型物流企业等。

企业物流成本主要指生产企业物流成本和流通企业物流成本，又称为货主企业物流成本。企业物流成本是将企业因物流活动而引发的成本从企业总体成本中分离出来，即一般企业(非专业物流企业)的物流成本，货主企业物流成本包括自营物流成本和外付物流成本(称为委托物流成本就是第三方物流企业的营业收入)。不同企业物流成本的构成和管理方式是大致相同的。物流企业是为客户提供专业物流服务的，其全部运营成本都可称为物流成本。

根据国家标准《企业物流成本构成与计算》，企业物流成本构成包括企业物流成本项目构成、企业物流成本范围构成、企业物流成本支付形态构成3种类型。根据物流成本计算及物流成本管理的要求，企业物流成本可以按经济内容、按经济用途、按物流成本计入成本对象的方式、按物流成本是否具有可控性、按物流成本与业务量的依存关系、按物流成本是否在会计核算中反映、按管理对象不同等进行分类。通过明确具体的分类，可以有针对性地采取降低物流成本的措施。

影响企业物流成本的主要因素包括物流系统的优化程度、物流运作模式和物流信息化程度等。

 关键术语

运输成本　仓储成本　装卸搬运成本　包装成本　流通加工成本　配送成本
物流信息成本　物流管理成本　存货相关成本

习　题

一、选择题

1. 我国的社会物流成本划分为（　　）分别进行核算。
   A. 运输费用、保管费用、管理费用三大部分
   B. 运输费用、保管费用两大部分
   C. 运输费用、保管费用、配送费用三大部分
   D. 运输费用、装卸费用、配送费用三大部分
2. 在国家标准《企业物流成本构成与计算》中，物流功能成本中不包括（　　）。
   A. 运输成本　　　　　　　　B. 仓储成本
   C. 装卸搬运成本　　　　　　D. 配送成本
3. 美国物流行政管理成本在物流成本总额中的比例一般为（　　）。
   A. 3%　　　B. 4%　　　C. 5%　　　D. 6%
4. 从原材料入库开始，经过出库、产品制造、产品进入成品库，直到产品从成品库出库为止的物流过程中所发生的物流费用是（　　）。
   A. 供应物流成本　　　　　　B. 企业内物流成本
   C. 销售物流成本　　　　　　D. 回收物流成本
5. 特别经费是指与（　　）有关的物流成本费用支付形态。
   A. 材料费　　B. 折旧费　　C. 办公费　　D. 存货

二、简答题

1. 我国的社会物流成本由哪几部分构成？

2. 企业物流功能成本包括哪些内容？
3. 美国的社会物流成本由哪几部分构成？
4. 影响企业物流成本的主要因素有哪些？
5. 比较各种物流运作模式的优劣势。
6. 物流成本分类的目的是什么？

我国物流成本高在哪里

国家发改委发布的《2016年全国物流运行情况通报》显示，2016年，社会物流总费用为11.1万亿元，同比增长2.9%，增速比上年提高0.1个百分点，继续保持低速增长。在社会物流总费用中，运输费用6.0万亿元，增长3.3%，增速比上年提高0.2个百分点；保管费用3.7万亿元，增长1.3%，回落0.3个百分点；管理费用1.4万亿元，增长5.6%，提高0.6个百分点。对于社会尤为关心的物流费用占GDP的比重，通报显示，社会物流总费用与GDP的比率为14.9%，比上年下降1.1个百分点，仍明显高于发达国家。但也有一些业内人士表示，"我国物流成本高"的说法值得商榷，中国无须用物流总费用占GDP比重与发达国家比较。

他们认为，中国与发达国家的经济结构迥异。中国经济主要以基础建设和制造业为主，发达国家则以服务和金融业为主，对物流的需求量不同。从单位GDP的货运量看，每万美元GDP美国只需要7.7吨货运量，而中国需要48.7吨，因此发达国家相对的单位GDP货运量较低，会对物流成本占GDP比例有下降作用。而支持中国物流成本并不高的关键理由是，中国的吨公里物流总成本低于发达国家。从衡量物流成本高低的物流费率来看，中国吨公里的物流综合成本为0.09美元，美国为0.21美元，是中国的1倍多。从该指标看，美国物流成本远远高于中国。仅用物流成本占GDP比例与发达国家相比，容易被国家间不同的经济结构等因素干扰，而用不同统计口径看待物流成本会得出明显的差异。安邦咨询研究员洪厚兴告诉记者，目前国际公认的物流成本衡量标准就是社会物流总费用占GDP的比率。由于物流成本的高低是相对值，是在比较中得出的，而这项数据的作用就是在比较中发现国家间物流成本的差异，是一项客观数据。

无论从数据比较，还是从客观实际出发，中国物流信息中心副主任何辉都认为，当前中国社会物流成本偏高是不争的事实。

"如果单从物流企业的运营看，我国每1吨货物运送1公里的价格确实比发达国家便宜，陆海空运费都比美国低，但不能就此说我国物流成本低于美国。"何辉表示，美国现代物流体系发展较好，其一体化物流可以使货物送达一次到位；而在我国，货物往往要分几个批次才能运送完毕，且中间环节多、收费项目多、周转期长，即便吨公里运费低，但总成本依然高于发达国家。我国物流成本偏高的深层次原因可以从3个方面考量。赛迪方略县域经济研究中心总经理雷玉茜认为，首先最根本的问题取决于国家的经济结构和产业布局。"由于处于工业化中后期，我国一、二产业比重较大，大宗商品对物流需求总量极大。我国产业布局也不尽合理，能源资源生产地与消费地逆向分布，致使煤炭、钢铁等大宗商品长距离、大规模运输，导致货物周转量偏高，成本居高不下。"

其次是体制性约束。何辉表示,原本铁路、公路、水路可以联合运输,但由于主管部门太多,人为地割裂运输流程,导致各种运输环节间缺乏衔接、无法联动、效率低下。

最后是发展方式落后。产业存在作业效率低、运输车辆空驶率高、物流集散中心布局不合理、信息化建设水平低、基础设备落后等问题,抬高了总成本。

(资料来源:https://club.1688.com/article/58290602.html.)

思考:采用社会物流总费用占 GDP 的比率这项指标衡量各个国家物流成本的高低是否恰当?

亚马逊降低物流成本的措施

亚马逊是美国最大的电子商务企业,是最早在互联网上经营电子商务的企业之一。亚马逊是于 1995 年 7 月 16 日在华盛顿州西雅图成立的。最初,亚马逊的实质就是一个基本的网络书店,只是在网络上销售书籍,如今则扩大了范围,还经营了许多其他产品。亚马逊这个世界最大的网上书店正式赢利是从 2002 年开始的,这对于全球电商的发展来说是一个好消息。从 1995 年 7 月于美国开业到 2002 年,美国亚马逊网上书店走过了 7 年的发展历程。亚马逊历时 5 年使得物流成本降低了近一半,正是因为在物流成本上具有这样的优势,所以亚马逊利用其优势,然后采用了减免运费的方法,使其竞争对手处于劣势的地位,从而自己扩大了销售额和市场份额的占比,以此发挥了规模效应,从而进一步地降低了企业的物流成本。亚马逊虽然是一家电子商务公司,但它的物流系统十分完善,一点也不逊色于实体公司。由于有完善、优化的物流系统作为保障,它才能将物流作为促销的手段,并有能力严格地控制物流成本和有效地进行物流过程的组织运作。在这些方面亚马逊同样有许多独到之处。

(1) 在物流运作的模式上选择上采取了部分外包的方式。亚马逊将其国内的物流业务的一部分委托给美国邮政和 UPS,将国际物流业务委托给国际海运公司等专业物流公司,自己则集中精力去发展主营和核心业务。这样可以减少投资、降低经营风险,又能充分利用专业物流公司的优势,节约物流成本。

(2) 重视自身物流中心的建设。亚马逊也比较重视自身物流中心的建设,截至 2009 年年底,亚马逊在其美国本土就已经建设了 18 个仓储物流中心,占地面积达到了 110 万平方米,另外,在海外也有约 53 万平方米的仓储物流中心。根据相关数据显示,截至 2014 年,亚马逊的物流大概有 75% 是通过自己的仓储物流配送中心来完成的。为提高配送效率,亚马逊根据商品类别分别设立配送中心,不同商品由各自对应的配送中心负责配送。配送点的分类设立,使配送作业简单化、规范化,提高了配送工作的专业化程度,降低了配送作业的管理和运转费用,从而大幅提升了配送效率。此外,在 2014 年年底,亚马逊公开了它的第八代运营中心,在新的运营中心里使用的是亚马逊在 2012 年收购的 Kiva System 公司研发的 Kiva 机器人,并同时配备了全球最大的机械手臂 Robo-Stow,用来搬运大量的货物,使仓储配送的效率明显增加。

(3) 将库存控制在最低水平,实行零库存运转。亚马逊通过与供应商建立良好的合作关系,实现了对库存的有效控制。亚马逊公司的库存图书很少,维持库存的只有 200 种最受欢迎的畅销书。一般情况下,亚马逊是在顾客买书下了订单后,才从出版商那里进货。购书者以信用卡向亚马逊公司支付书款,而亚马逊却在图书售出 46 天后才向出版商付款,这就使得它的资金周转比传统书店要顺畅得多。

(4) 采取"组合包装"技术，扩大运输批量。为了节省顾客等待的时间，亚马逊建议顾客在订货时不要将需要等待的商品和有现货的商品放在同一张订单中。这样在发运时，承运人就可以将来自不同顾客、相同类别而且配送中心也有现货的商品配装在同一货车内发运，从而缩短顾客订货后的等待时间，也扩大了运输批量，提高运输效率，降低运输成本。

(资料来源：戴君艳. 电子商务企业物流成本管理与控制研究 [D]. 蚌埠：安徽财经大学，2015.)

思考：亚马逊公司降低物流成本采取的措施有哪些？这些做法对中国企业有哪些借鉴意义？

第3章 物流成本的核算

【教学目标与要求】
掌握物流成本核算的概念与方法。
掌握物流成本核算的原则。
理解物流成本核算对象的概念及分类。
了解物流成本管理的作用与存在的问题。

导入案例

制造企业物流成本核算存在问题及优化

制造企业物流成本是剔除材料、人工成本之外的最大成本项目，降低物流成本是企业提高效益和获得竞争优势的重要途径。与其他行业的物流企业相比，制造企业物流成本有很大的隐蔽性，物流作业活动隐藏在整个经营过程中，物流成本的隐蔽性成为制造企业物流成本核算的难题。

2006年我国颁布实施了国家标准《企业物流成本构成与计算》，明确界定了物流成本的构成要素，包括产品在包装、存储、搬运装卸、流通转让、加工装配、信息、管理等流转过程中耗用的人力、物力、财力，另外还把与存货、应收账款有关的资金占用成本、物品损耗成本、保险税收费用考虑在内，核算范围远远超过现行大部分企业财务体系会计科目范围。

1. 制造企业成本核算存在的问题

由于制造企业的物流成本渗透于各项经营活动中，与一般专业物流企业相比，物流成本占有的比重较低，而且不容易独立表现。现阶段制造企业对物流成本核算上普遍存在方法不精的问题。当前的物流成本核算体系比较明确反映显性物流费用，而对于隐性的物流费用往往忽略。制造企业在设置物流成本核算科目时考虑不够周全，物流成本的归集和分配方法欠妥，最后报告反映出的物流成本信息往往不够充分，主要表现在以下几个方面。

(1) 物流成本核算不全面。制造型物流企业生产经营中通常只关注生产和销售两个环节，经常忽略供、产、销、回收、废弃等环节之间发生的物流费，这在很大程度上使得会计核算时仅仅把呈现在外部的运输物流费用纳入核算内容，而隐藏在生产经营内部的物流费用并没用考虑在内，导致了经营中物流成本核算的不全面。

(2) 物流成本核算标准不统一。部分制造企业在物流成本核算时考虑到了隐性成本的存在性，但在界定核算内容和范围时并不明确，每个经营环节的构成比重并不能明确清晰明见，每个环节中物流成本的比例通常是一个范围，很难有一个较准确的数据确认值。

(3) 物流成本信息失真。制造企业的物流成本通常贯穿于整个生产经营活动过程，生产制造商品会产生一些多而繁杂的采购费、运输费、装载费、包装费、仓储费等费用开支，这些费用中往往有些隐性的物流成本隐藏在其中很难加以区分。

2. 优化制造型物流成本费用的核算方法

(1) 会计科目优化设计。在分析各国物流成本的构成及制造企业物流成本费用核算存在问题的基础上，可以在原有成本核算体系的框架下，对制造企业成本核算科目做适当优化，一级科目在原有科目的基础上添加物流成本与费用两个科目。

(2) 会计核算步骤优化设置。针对已经产生的显性物流成本，物流账务的核算步骤应分直接成本和间接成本分别核算。第一步，物流成本的归集。把与物流功能作业活动中消耗的相关性大的费用支出直接计入物流成本中，把与物流作业功能相关性较小的耗费以及一些非物流活动过程中产生的耗费计入间接物流成本。第二步，费用分配。归集完物流成本，按照对应标准把费用分配到不同的产品上，计入产品的成本。

(3) 物流成本信息报告统计。为加强物流成本的管控，制造企业在出具物流成本信息报告的同时应在原有财务报表的基础上添加物流成本费用报表。物流成本费用报表的构成要素构成包括物流费用核算项目、核算范围、收支方式。

(资料来源：徐萍.制造企业物流成本核算方法优化探析 [J]. 商场现代化，2017(1)：36-37.)

制造企业物流成本核算中存在着物流成本核算不全面、物流成本核算标准不统一、物流成本信息失真等问题，流通企业、物流企业也存在此类的问题。只有优化成本核算方法，解决物流成本核算存在的问题，才能保证物流成本分析及控制工作的顺利进行。

3.1 企业物流成本核算的作用及存在的问题

3.1.1 企业物流成本核算的作用

企业物流成本核算是指根据物流成本的概念，对分散于成本费用类会计科目的显性物流成本进行整理与分析；对隐性物流成本进行计算，为企业成本管理提供依据，为完善社会物流统计制度奠定基础。企业物流成本核算主要具有以下作用。

1. 为企业物流运作模式的选择提供依据

企业的物流运作基本模式包括自营、外包、部分自营与部分外包 3 种，而物流成本是企业选择物流运作模式的重要依据。准确、及时地计算物流成本，可以使企业全面了解自身物流成本的高低，并对自营和外包的物流成本进行比较，在综合考虑其他相关因素的基础上，对企业物流运作模式作出科学合理的决策。近年来，很多生产流通企业更加专注于提供核心竞争力，而把不具备竞争优势的物流业务外包出去，物流成本是企业需要考虑的重要因素。

企业核心竞争力

核心竞争力这一概念最早出现在 1990 年美国密歇根大学教授普拉哈拉德 (C.K.Prahalad) 和伦敦商学院教授哈默尔 (Gary Hamel) 在《哈佛商业评论》(5—6 月号) 上发表的《企业核心竞争力》(*The Core Competence of the Corporation*) 一文，其认为"核心竞争力是能使组织为消费者带来一定利益的一类独有技能与技术"。它体现在企业的产品与服务之中，是企业扩大经营的基础，为竞争对手所难以模仿，能够给企业的发展与顾客利益的实现提供最大的贡献。

核心竞争力作为企业竞争力的中心，对于企业占有更大的市场份额，获得超额利润具有无可替代的作用。根据企业战略管理中的帐篷理论，只有当帐篷的核心支柱不断增高时，整个帐篷空间才能够不断扩大，核心支柱在其中起着至关重要的作用；同理，当代企业面临激烈的市场竞争环境，构建具有本企业特点，优于竞争对手的核心竞争力日趋重要。

企业的核心竞争力具有以下几个特点（见图 3.1）。

(1) 难以模仿性。作为企业的核心竞争力，主要体现在其胜过他人的特点之上，所以其必须难以被竞争对手轻易模仿复制，借此来保证企业本身的竞争优势与市场占有率。

(2) 企业特有性。企业的核心竞争力虽然有着一定程度上的共同点，但具体来说，每个企业的核心竞争力都具有唯一性，没有任何两家企业的核心竞争力是完全相同的，或多或少都会体现企业自身的一些独有特点。

(3) 系统集成性。核心竞争力往往不是企业某一方面竞争能力的单独体现，而是更多地体现在多种竞争能力的融合发展，形成核心竞争力体系。系统性、集成性是核心竞争力的两个重要特征。

(4) 动态变化性。企业的核心竞争力是处在不断成长与变化之中，一定时期内的核心竞争力并不能长远存在下去，外部市场的变化与企业自身实力的消长会带来核心竞争力的动态反应。所以，企业必须做到与时俱进，在与市场的互动中获得持续的核心竞争力。

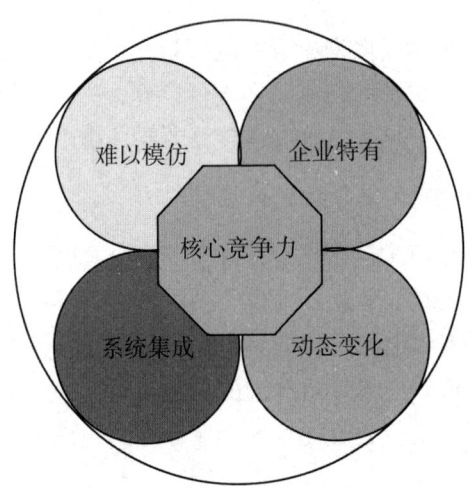

图 3.1　企业核心竞争力的特点

2. 为物流企业制定物流服务价格提供依据

成本导向定价法是以产品单位成本为基本依据，再加上预期利润来确定价格的定价方法，是企业最常用、最基本的定价方法。建立成本核算制度，全面、准确地核算企业物流成本，为物流企业制定合理物流服务价格提供了依据。

3. 有助于完善宏观社会物流统计制度

2004 年我国《社会物流统计制度及核算表式试行》发布后，社会物流成本的计算有了统一的标准。社会物流成本是一个国家一定时期发生的物流总成本，各国通常使用物流成本总额占 GDP 的比例来衡量一个国家物流发展的水平。建立完善的企业物流成本核算体系，将有助于完善社会物流统计制度，对于制定科学合理的物流政策、提高国民经济运行质量和效率具有非常重要的意义。

3.1.2 企业物流成本核算存在的问题

由于物流成本本身就比较复杂,加上我国的物流成本管理发展比较慢,理论成果和实践经验都比较少,所以增加了物流成本管理的难度。目前企业物流成本计算主要存在以下问题。

1. 物流成本计算内容不全面

正是因为物流活动的复杂性,导致物流成本内容具有多样性,物流成本涉及的因素很多,物流成本的计算结果也各不相同。物流成本管理的重要性大多数企业还没有真正意识到,仍然按照传统的会计核算的方式来计算物流成本,把对外支付的物流费用计入营业费用,内部发生的物流费用按照用途分别计入生产采购成本、成本及营业费用,"物流费用冰山说"因此形成了。虽然有的企业单独计算物流成本,但也只是从某一方面、某一角度计算物流成本,不能全部反映物流成本的内容。

2. 物流成本的核算标准不统一

尽管中国在2006年发布实施了国家标准《企业物流成本构成与计算》,统一了物流成本的构成的内容与计算方法,但当前企业很难完全按照国家标准来执行,物流成本核算标准仍旧无法完全统一。企业之间物流成本核算采用不同的标准,得到的物流信息不统一,使企业之间的物流成本的比较也就失去意义,这一问题是存在于整个物流行业的。

3. 物流成本计算复杂

由于缺乏明确的物流费用确认、计量标准,企业在物流成本的归集、分配与计算不尽相同,物流成本计算复杂,许多企业难以计算和把握真实的物流成本,对物流成本常常是"雾里看花"。因为企业缺乏对物流成本的了解,所以很多企业都做不到对物流成本的有效管理,只能大致估算物流成本,作为物流管理的依据。

4. 物流成本管理目的不明确

许多企业没有充分考虑物流成本管理的复杂特性,把物流成本管理目的仅仅定位于是管理物流成本,而不是通过成本去管理物流。这两者的区别在于,管理物流成本只重视物流成本的计算,把物流成本作为需要支付的费用,没有把它看成资源加以有效的利用。管理过程主要由物流部门和财务部门所实施,缺乏与采购、生产和销售等其他部门的协调。而后者则是把成本作为一种管理手段来对待,重视各部门之间工作的协调性。

3.2 企业物流成本核算的原则与对象

3.2.1 企业物流成本核算的原则

1. 客观性原则

客观性原则是指物流成本核算应当以成本费用会计核算资料为依据，如实反映物流成本状况，做到内容真实、数字准确、资料可靠。客观性原则包括真实性、可靠性和可验证性3个方面，是对物流成本核算工作和成本信息的基本质量要求。真实的物流成本信息对国家宏观经济管理、投资人决策和企业内部管理都有重要意义。

2. 相关性原则

相关性原则是指物流成本信息应当符合国家宏观管理的要求，满足有关各方了解企业物流成本状况的需要，满足企业加强内部经营管理的需要。

物流成本核算的主要目标就是向有关各方提供对决策有用的信息，如提供的信息与进行决策无关，不仅对决策者毫无价值，而且有时还会妨碍他们作出正确决策，所以物流成本核算提供的信息资料必须对决策者有用才行。

3. 一致性原则

一致性原则是指物流成本计算方法和程序前后各期应当一致，不得随意变更，这样才便于同一企业的不同会计期间的会计信息进行比较，从而对企业不同期间的经营管理成果有一个直观的了解。

一致性原则并不否定企业在必要时对物流成本核算方法作适当变更。当企业的经营活动或国家的有关政策规定发生重大变化时，可以根据实际情况变更物流成本计算方法，但要将变更的情况、变更的原因及其对企业财务状况和经营成果的影响，在物流成本表批注中加以说明。

4. 可比性原则

可比性原则是指物流成本核算应当按照规定的核算方法进行，各项指标应当口径一致。只有遵循可比性原则，一个企业才可以同本行业的不同企业进行比较，了解自己在本行业中的地位，存在哪些优势和不足，从而制定出正确的发展战略。

另外指明一点，一致性和可比性实际上是同一问题的两个方面。一致性原则解决的是同一企业纵向可比问题；而可比性原则解决的是企业之间横向可比的问题。广义上说，两者均可称为可比性。

5. 及时性原则

及时性原则是指物流成本核算应当及时进行，按期编制物流成本报表，以利于决策者使用。特别是在如今瞬息万变的信息时代，会计资料如果不及时记录，物流成本信息如果不及时加工、生成和报送,就会失去时效,变成一堆没用的信息,对进行决策也就不会有任何帮助。

6. 清晰性原则

清晰性原则是指物流成本记录和物流成本报表都应当清晰明了,便于理解和利用,能清楚地反映企业物流成本状况。根据清晰性原则,成本记录应准确清晰,文字摘要清楚,数字金额准确,手续齐备,程序合理,以便信息使用者准确完整地把握信息的内容,更好地加以利用。

3.2.2 企业物流成本的核算对象

物流成本核算对象,是指在核算企业物流成本过程中,确定归集与分配物流成本的承担客体。为了正确核算产品成本,首先就是要确定成本核算对象,以便按照每一个成本核算对象,分别设置物流成本辅助账户,来归集各个对象所应承担的物流成本,计算出各对象的物流总成本和单位成本,有针对性地提出控制成本的措施。因此,正确确定成本核算对象,是保证企业物流成本核算质量的关键问题。

1. 以物流功能作为物流成本核算对象

物流功能成本包括运输成本、仓储成本、包装成本、装卸搬运成本、流通加工成本、物流信息成本和物流管理成本。以物流功能作为物流成本核算对象可以掌握各功能成本的构成状况,发现成本管理中存在的问题,提出改进措施。

2. 以物流活动发生的范围作为物流成本核算对象

企业物流成本按物流活动发生的范围可以分为供应物流成本、企业内物流成本、销售物流成本、回收物流成本和废弃物物流成本。以物流活动发生的范围作为物流成本核算对象,可以得出各个阶段物流成本的构成,为作出科学合理的物流成本决策提供依据。

3. 以支付形态分类的成本作为物流成本的核算对象

企业物流成本的支付形态构成,包括自营物流成本和委托物流成本两大部分。自营物流成本可以分为5类:材料费用、人工费用、设备与设施相关费用、其他费用、特别经费。材料费用包括包装材料费等;人工费用包括工资、福利、奖金、津贴、补贴、住房公积金等;设备与设施相关费用包括各类物流设施设备的折旧费、维护维修费、租赁费、保险费、税金、燃料与动力消耗费等;其他费用包括办公费、差旅费、会议费、通信费、水电费、煤气费等;特别经费是指与存货有关的费用支出,包括存货资金占用费、物品损耗费、存货保险费和税费。委托物流成本指企业将物流业务外包所支付的各项物流活动费用。

以支付形态分类的成本作为物流成本的核算对象,企业可以掌握材料费用、人工费用、设备与设施相关费用、其他费用、特别经费各项开支数额的多少,也

【拓展文本】

能够掌握委托物流成本的有关数据，为编制物流成本预算、进行成本分析提供依据。

【拓展文本】

4. 以客户作为物流成本核算对象

物流企业在核算物流成本时，经常以客户作为物流成本核算对象，可以掌握为各类客户提供服务所发生的成本支出，这种核算方式对于加强客户服务管理，制定有竞争力且合理的服务价格，或者为不同客户提供差别化的物流服务等提供决策的依据。

5. 以产品作为物流成本核算对象

生产企业及流通企业在核算物流成本时，经常以产品作为物流成本核算对象，以便于掌握各种产品的物流成本状况，发现物流成本管理中存在的问题，有针对性地提出改进措施。

6. 以运输、仓储等部门作为物流成本核算对象

以运输、仓储等部门作为物流成本核算对象，明确了物流成本责任中心，便于了解各责任中心成本管理状况，有利于做好各部门的绩效考核工作，降低各部门的物流成本。

7. 以营业网点作为成本核算对象

以营业网点作为成本核算对象，可以了解各网点物流成本的构成，是对各网点进行绩效考核和物流成本控制的重要依据。

企业可以根据物流成本管理的实际需要，选择物流成本核算对象。其中用得较多的是以物流功能、以物流范围、以支付形态作为物流成本核算对象，也是物流成本是最基本的计算方式。

3.3　企业物流成本的核算方法

从物流成本的核算过程来看，物流成本的核算实际上就是物流成本的归集与分配的过程。物流成本的归集是对企业生产经营活动中发生的各种物流费用按照一定的成本对象所进行的成本数据的收集或汇总；物流成本的分配是在有多个成本计算对象的情况下，为求得各成本计算对象的费用，在按照费用发生的地点和用途归集后，按一定的分配标准将成本划分后计入成本对象。

企业物流成本的基本核算方法包括会计方式、统计方式，以及会计和统计相结合的方式。

3.3.1　会计方式的物流成本核算方法

会计方式核算企业物流成本，是要通过凭证、账户、报表对物流成本进行连

续、系统、全面的记录和计算。具体包括两种形式：一是将物流成本核算与现有的会计核算体系分开，建立完全独立的物流成本核算体系，每项物流耗费在物流成本账户和现有的会计核算体系中同时得到反映。这种形式提供的物流成本信息较为全面与准确，但是财务人员的工作量较大。二是将物流成本核算与现有的会计核算体系相结合，增设"物流成本"账户，当各项费用发生时，与物流成本相关的部分直接记入"物流成本"账户，而与物流成本无关的的各项费用，直接记入相关的成本费用类账户。会计期末，再将各个物流成本账户归集的物流成本余额按照一定的标准分摊到相应的成本费用类账户中，以保证成本费用类账户的完整性和真实性。这种形式财务人员的工作量比第一种方式要少，提供的成本信息也较为准确、全面，但是需要对现有的成本核算体系做较大的调整，也为这种方式的实施带来了较大的难度。

3.3.2 统计方式的物流成本核算方法

统计方式核算物流成本，是在不改变现有的会计核算体系的基础上，通过对企业现行成本核算资料的整理与分析，分离出物流成本部分，按不同的物流成本计算对象进行重新归类、分配和汇总，获得物流成本管理所需的成本信息。

与会计方式的物流成本核算相比较，由于统计方式的物流成本核算没有对物流耗费进行连续、全面、系统的跟踪，据此得来的信息，与会计核算方式相比，其精确程度不够高。但由于它不需要对物流耗费作全面、系统、连续的反映，所以运用起来比较简单、方便。

3.3.3 会计方式与统计方式相结合的物流成本核算方法

会计方式与统计方式相结合核算物流成本，即物流耗费的一部分内容通过会计方式予以核算，另一部分内容通过统计方式予以核算。运用这种方法，也需要设置一些物流成本账户，但不像第一种方法那么全面、系统；而且这些物流成本账户不纳入现行成本核算的账户体系，不需要对现有的成本核算体系做调整，对现行成本核算体系来说，它是一种账外核算，具有辅助账户记录的性质。

从实践操作来看，企业的物流成本有显性和隐性之分。显性成本是指在企业现行成本核算体系中已经反映但分散于各个会计科目之中的物流成本；而隐性成本是在企业现行成本核算体系中没有反映但应计入物流成本的费用，主要表现为企业存货占用自有资金所产生的机会成本。考虑到上述两种物流成本各自的含义和特征，以及目前我国企业物流成本管理水平与要求、会计管理与核算的基础工作的现状、会计电算化的普及程度等因素，会计与统计相结合的方法模式是我国企业在进行物流成本核算时的一个必然选择。

【拓展文本】

由于在会计与统计相结合的模式下，企业物流成本核算包括显性成本核算和隐性成本核算两个方面，其中隐性物流成本核算是在现行的会计核算体系之外，通过统计存货的相关资料，按一定的公式计算得出。计算方法相对简单，不涉及会计科目的选取和物流成本账户的设置问题。这里涉及的会计科目选取和"物流成本"账户的设置问题，主要是针对显性物流成本的核算而言的。

一般来说，在会计核算中，生产制造企业的成本费用类科目主要包括管理费用、销售费用、财务费用、生产成本、制造费用、其他业务成本、营业外支出等，同时由于我国会计核算中对于采购原材料成本的确认通常包括运输费、装卸费等与物流成本有关的内容，而这部分内容连同存货本身的采购价格一并记入"材料采购"账户。所以，计算企业物流成本时，除了从上述成本费用类会计科目入手计算外，还应考虑材料采购科目中所包含的物流成本信息。

3.4 企业物流成本核算步骤

以下分别对显性成本和隐性成本的核算步骤进行分析。

3.4.1 显性物流成本核算步骤

1. 设置物流成本辅助账户

显性物流成本往往需要设置物流成本辅助账户，究竟需要设置哪些物流成本账户，应根据物流成本计算对象的选取和物流成本管理的要求确定。基本的物流成本计算对象主要包括3个维度，即以物流成本功能、物流活动发生的范围和物流成本支付形态作为成本计算对象。根据这3个维度，以"物流成本"作为一级账户，以物流成本功能所包括的具体成本作为二级账户，以各物流范围成本作为三级账户，以各支付形态物流成本作为四级账户，按照以上思路，设置物流成本辅助账户。例如，物流成本中自营运输成本的核算可以设置下列明细账户：

①"物流成本——运输成本——供应物流成本"账户；②"物流成本——运输成本——企业内物流成本"账户；③"物流成本——运输成本——销售物流成本"账户；④"物流成本——运输成本——回收物流成本"账户；⑤"物流成本——运输成本——废弃物物流成本"账户。

根据需要在每个第三级明细科目下可分别设置第四级明细科目：人工费用、设备相关费用、其他费用。

仓储成本、包装成本、流通加工成本等物流成本明细账户的设置可参照"物流成本——运输成本"账户的设置，不再一一列举。总之，物流成本明细账户的设置只是开辟了一条核算物流成本的通道或者说是一种方法，明细账户设置本身不是目的，目的是通过这样一个方式来核算物流成本。

会计科目与会计账户

【拓展文本】

会计科目是对于会计对象的具体内容进行分类核算的标志或项目,是账户的名称。设置会计科目,需要将会计对象中具体内容相同的归为一类,设立一个会计科目,凡是具备这类信息特征的经济业务,都应该在这个科目下进行核算。设置会计科目时,要为每一个具体的类别规定一个科目名称,并且限定在该科目名称下包括的内容,如"库存现金""银行存款"等科目。会计科目是设置账户、账务处理所遵循的规则和依据,是正确组织会计核算的一个重要条件。

会计账户是根据会计科目设置的,具有一定的结构和格式,用来对会计对象的具体内容进行分类核算和监督的一种工具。任何一个账户都可以分为左右两方,这就是账户的基本结构。实际工作中,账户格式的设计一般包括以下内容:账户名称、日期和摘要、凭证号数、增加和减少金额。

1. 会计科目与会计账户的联系

(1) 会计账户是根据会计科目设置的,会计科目是会计账户的名称。

(2) 二者开设的目的一致,都是为了对经济业务进行分类、整理,以提供管理所需要的会计信息。

(3) 二者的内容相同。

2. 会计科目与会计账户的区别

(1) 会计科目和账户的具体作用不同。会计科目的具体作用主要表现为将会计对象的具体内容分为若干个相对独立的项目,而会计账户则是在会计科目的基础上,再赋予一定的结构,能指明记账的方向,以核算各会计要素的增减变动和余额。

【拓展文本】

(2) 会计科目和账户制定或设置的方法不同。会计科目由国家统一制定,是会计制度的组成部分。而会计账户则是由各单位根据会计科目的要求,结合本单位的实际情况开设的。实际工作中,先有会计科目,后有会计账户。

(资料来源: http://baike.so.com/doc/6677082-6890954.html。)

设置物流成本辅助账户,应注意以下几个问题。

(1) 物流成本二级、三级、四级账户的设置顺序可以根据企业的实际情况来确定,一旦确定下来应保持相对稳定,以保证物流成本具有可比性。

(2) 物流成本辅助账户可以按物流成本功能、物流活动发生的范围和物流成本支付形态设置,也可以按客户、营业网点、部门来设置,企业可以根据实际情况来确定。

(3) 物流企业基本的成本核算对象是物流功能成本、物流支付形态二维的,物流成本账户也按物流功能成本和物流成本支付形态设置即可。

2. 分析成本费用科目,确认物流成本的内容

对企业会计核算的成本费用科目(包括"管理费用""销售费用""财务费用""生

产成本""制造费用""其他业务成本""营业外支出"以及"材料采购"等科目及明细项目)逐一进行分析,确认物流成本的内容。

3. 登记物流成本辅助账户

对于应计入物流成本的内容,企业可根据本企业实际情况,选择在期中与会计核算同步登记物流成本辅助账户,或在期末(月末、季末、年末)集中归集物流成本,分别反映出按物流功能、物流范围和物流成本支付形态作为归集动因的物流成本数额。

3.4.2 隐性物流成本核算步骤

1. 统计存货账面余额

期末(月末、季末、年末)对存货按采购在途、在库和销售在途3种形态分别统计出账面余额。无论按在途或在库哪种状态统计,均以存货正在占用自有资金为统计标准,对于存货已购在途或在库但企业尚未支付货款以及企业已收到销售货款但存货仍在库或在途的,不计入统计范围。

2. 计算机会成本

【拓展文本】

存货占用自有资金所产生的机会成本的计算公式为

存货资金占用成本 = 存货账面余额(存货占用自有资金) × 行业基准收益率

其中,对于生产制造和流通企业而言,若企业计提了存货跌价准备,则存货账面余额为扣除存货跌价准备后的余额;对于物流企业,由于不发生与存货相关的业务,只是在接受物流业务时需要垫付一定的押金与备用金,这部分资金可以视同存货占用的自有资金,也应计算其产生的机会成本。

企业如果无法取得行业基准收益率的有关数据,可以使用1年期银行贷款利率或企业内部收益率来计算。

3.5 物流成本核算案例

3.5.1 生产制造企业物流成本核算案例

【例3-1】甲公司是一家汽车零配件加工企业。截至2015年年底,该公司资产总额6 350万元,2015年实现销售收入1.52亿元,实现利润总额6 520万元。公司内部设有会计部(兼做信息工作)、人事部、采购部、生产部、质量部、仓储部和销售部7个部门,共有员工145人,其中采购人员5人,生产人员60人,营销人员20人,其余为管理人员。该公司有一个总面积为10 000平方米的仓库,用于储存汽车零配件等存货,而运输业务和装卸搬运业务均由外部人员承包,公司支付运费和装卸搬运费。

本案例以甲公司 2015 年 12 月有关成本费用资料为依据，计算 2015 年 12 月的物流成本。甲公司的成本费用科目有"生产成本""制造费用""销售费用""管理费用""财务费用""营业外支出"和"其他业务成本"，其中"营业外支出"2015 年 12 月无发生额。经查阅明细资料，甲公司的"生产成本""制造费用""销售费用""管理费用""财务费用"等科目均与物流成本相关，这里仅计算与"制造费用"账户相关的物流成本及存货占用自有资金所产生的机会成本。

1. 分析与物流成本相关的费用

获取甲公司 2015 年 12 月制造费用发生额及明细资料(见表 3-1)并逐项分析哪些与物流成本相关。

表 3-1　2015 年 10 月甲公司制造费用部分明细及物流成本相关性分析表

制造费用明细项目	发生额/元	是否与物流成本相关	备 注
折旧费	58 654.90	是	含车间包装设备折旧费
修理费	61 841.90	是	含车间包装设备修理费
水费	10 345.81	否	主要为车间制造耗用水费
差旅费	5 813.30	否	主要为车间人员支出费用
邮电费	1 510.00	否	主要为车间人员支出费用
保险费	21 684.00	是	含库存和包装设备保险费用
劳动保护费	3 358.50	否	主要为车间人员支出费用
职工福利费	1 025.95	否	主要为车间人员支出费用
试验检验费	2 906.42	否	主要为制造产品而发生的费用
低值易耗品摊销	99.00	否	主要为车间低值易耗品摊销
办公费	447.38	是	为车间管理人员办公费(含包装业务)
其他	989.37	否	
合计	168 676.53		

2. 计算相关物流成本并记入物流成本辅助账户

(1) 经查明细资料，折旧费 58 654.90 元中含有包装设备折旧费 4 800 元，修理费 61 841.90 元中含有包装设备修理费 6 092 元。据此，相关物流成本计算如下：

包装作业的设备相关费用 =4 800+6 092=10 892(元)

将上述物流成本信息记入物流成本辅助账户：

物流成本——包装成本——企业内部物流成本——维护费　　　　　　　　　10 892

(2) 经查明细资料，保险费 21 684.00 元中含有采购存货保险费用 6 872 元，包装设备保险费用 3 241 元。

将上述物流成本信息分别记入物流成本辅助账户：

物流成本——包装成本——企业内部物流成本——维护费　　　　　　　3 241

物流成本——存货保险成本——供应物流成本——特别经费　　　　　　6 872

(3) 经查明细资料，办公费用447.38元为车间管理人员所耗用办公费，车间管理人员4人，其中包括包装作业管理人员1人。据此，相关物流成本计算如下：

包装作业管理人数占车间管理人员人数比例 =0.25

物流管理作业办公费用 =447.38 × 0.25=111.85(元)

将上述计算结果记入有关物流成本辅助账户：

物流成本——物流管理成本——企业内部物流成本——其他费用　　　　111.85

2. 计算机会成本

该公司2015年12月底仓库存货结余价值总额29 683 696.65元，月初结余价值总额为29 342 319.27元(一年期银行贷款利率为6.25%)，据此，相关物流成本计算如下：

存货占用自有资金所产生的机会成本 =(29 342 319.27+29 683 696.65) ÷ 2 × 6.25% ÷ 12= 153 713.58(元)

将上述物流成本信息记入有关物流成本辅助账户：

物流成本——流动资金占用成本——企业内部物流成本——特别经费　　153 713.58

3.5.2　流通企业物流成本核算案例

【例3-2】乙公司是某集团下属分公司，主要负责服装的销售工作。截至2015年12月底，资产总额8 900万元，负责总额2 200万元。该公司的运输业务和装卸搬运业务均委托第三方物流公司完成，同时在本部租赁3个仓库，总面积约20 000平方米，用于产品的临时储存和市内周转，无本公司的仓库保管人员，有关费用统一在仓库租赁费支付。公司还有一部分自有运输车辆，主要用于各地市内的周转运输，包括仓库之间的运输以及仓库和港口码头之间的运输。该公司的主要工作流程如下：根据客户订单从集团下设另一服装制作公司采购服装，其中有关的物流运作包括运输和装卸搬运等工作均外包给专业的物流公司。为了满足临时订货和销售的需要，在采购总额中约有15%的货物储存于仓库用于市内周转和应急所需。

本案例中以乙公司2015年10月有关成本费用资料为依据，计算2015年12月的物流成本。乙公司的成本费用类科目主要有"销售费用""管理费用""主营业务成本"和"财务费用"。

1.分析与物流成本相关的费用

获取2015年10月主要成本费用发生额及明细资料，并逐项分析哪些与物流成本相关(见表3-2)。

表 3-2 2015 年 12 月销售费用部分明细及物流成本相关性分析表

制造费用明细项目	发生额/元	是否与物流成本相关	备注
运输车辆折旧	566 200	是	运输车辆少量用于物流业务运输
办公用房设备折旧	15 200	否	主要用于办公用房及设备折旧
运费	7 380 000	是	为对外支付物流运输费用
搬运费	1 845 000	是	为对外支付运费
广告费	186 200	否	为对外支付宣传费用

2. 物流成本计算

根据会计明细账、记账凭证、原始凭证及其他相关资料,对表 3-2 中与物流成本有关的费用逐项进行分析,并设物流成本辅助账户按 3 个维度计算物流成本。

(1) 运输车辆折旧 566 200 元。经查阅有关资料,自有车辆主要用于各地市内的周转运输包括仓库之间的运输以及仓库和港口码头之间的运输,10 月份运输总里程数为 343 200 公里,其中物流业务运输里程为 27 456 公里 (其中:采购环节运输里程数为 5 491 公里,仓库之间调拨发生运输里程数为 13 728 公里,销售环节运输里程数为 8 237 公里)。据此,相关物流成本计算如下:

采购环节运输里程数占运输总里程数比例 =5 491÷343 200≈0.016
企业内物流阶段运输里程数占运输总里程数比例 =13 728÷343 200=0.04
销售环节运输里程数占运输总里程数比例 =8 237÷343 200≈0.024
运输作业在供应阶段负担的折旧费 =566 200×0.016=9 059.2(元)
运输作业在企业内物流阶段负担的折旧费 =566 200×0.04=22 648(元)
运输作业在销售阶段负担的折旧费 =566 200×0.024=13 588.8(元)
将上述计算结果分别记入有关物流成本辅助账户:

物流成本——运输成本——供应物流成本——维护费　　　　　　　　9 059.2
物流成本——运输成本——企业内物流成本——维护费　　　　　　　22 648
物流成本——运输成本——销售物流成本——维护费　　　　　　　　13 588.8

(2) 运费 7 380 000 元、搬运费 1 845 000 元为对外支付的费用,将上述计算结果记入物流成本辅助账户:

物流成本——运输成本——委托　　　　　　　　　　　　　　　　7 380 000
物流成本——装卸搬运成本——委托　　　　　　　　　　　　　　1 845 000

(3) 经了解,公司为了满足临时订货和销售的需要,在采购总额中约有 15% 的货物储存于仓库,用于市内周转和应急所需。2015 年 10 月的采购总额为 123 000 000 元,一年期银行贷款利率为 6.25%。根据上述有关资料,相关物流成本计算如下:

存货占用自有资金产生的机会成本 =123 000 000×15%×6.25%÷12=96 093.75(元)
将上述计算结果记入物流成本辅助账户:

物流成本——流动资金占用成本——企业内物流成本——特别经费　　96 093.75

3.5.3 物流企业汽车运输成本的核算

1. 账户设置

物流企业汽车运输成本核算的账户可分为3类："主营业务成本——运输支出"账户、"辅助营运费用"账户、"营运间接费用"账户。

2. 成本的归集与分配

企业经营运输业务所发生的各项费用，应按成本计算对象和规定的成本项目予以归集；能直接计入成本项目的费用，借记"主营业务成本——运输支出"账户，贷记"燃料""轮胎"等账户。不能直接计入成本对象的间接费用月末可按一定标准进行分配。其他运输方式运输成本的核算与汽车运输成本的核算类似。

【例3-3】某物流公司车辆大修由外部专业修理厂进行，大修费在发生时一次计入本期运输成本。2009年5月以银行存款支付车辆大修费8 200元，其中货运一队车辆大修费3 700元，货运二队大修费3 000元，公司管理部门用车大修费1 500元。编制会计分录如下：

```
借：主营业务成本——运输支出——货运一队（大修费）      3 700
                            ——货运二队（大修费）      3 000
    管理费用——大修费                                  1 500
    贷：银行存款                                              8 200
```

3.6 企业物流成本表

企业物流成本核算出来后，需要通过一种载体披露物流成本信息，这个载体就是企业物流成本表。按披露物流成本信息内容的不同，企业物流成本表可以设计成企业物流成本主表和企业自营物流成本支付形态表两张报表。

3.6.1 企业物流成本主表

企业物流成本主表是按物流功能项目、物流范围和成本支付形态三维形式反映企业一定期间各项物流成本信息的报表。它是根据物流成本的三维构成，按一定的标准和顺序，把企业一定期间的功能物流成本、范围物流成本和支付形态物流成本予以适当的排列，并对在日常工作中形成的大量成本费用数据进行整理计算后编制而成的(见表3-3)。

表 3-3　企业物流成本主表

项目		供应物流成本		生产物流成本		销售物流成本		逆向物流成本		物流总成本	
		自营	委托	自营	委托	自营	委托	自营	委托	自营	委托
物流功能成本	运输成本										
	仓储成本										
	装卸搬运										
	流通加工										
	包装成本										
	物流管理成本										
	物流信息成本										
存货相关成本	资金占用成本										
	存货风险成本										
	存货保险成本										
物流总成本											

3.6.2　企业自营物流成本支付形态表

企业自营物流成本支付形态表是对企业物流成本主表的补充说明。物流成本按支付形态划分为自营物流成本和委托物流成本，自营物流成本又有其具体的支付形态。企业在物流成本管理过程中，除了要了解自营物流成本和委托物流成本的数额，还需要了解不同支付形态下的各项自营物流成本数额。企业自营物流成本支付形态表对企业物流成本主表中的自营物流成本作了进一步的诠释和细化，使相关信息使用者可以更详尽地了解企业内部不同支付形态下的成本发生额以及不同成本项目的支付形态构成(见表 3-4)。

表 3-4　企业自营物流成本支付形态表

项　目		材料费	人工费	维护费	一般经费	特殊经费
物流功能成本	运输成本					
	仓储成本					
	装卸搬运成本					
	流通加工成本					
	包装成本					
	物流管理成本					
	物流信息成本					
存货相关成本	资金占用成本					
	存货风险成本					
	存货保险成本					
物流总成本						

本章小结

企业物流成本核算是指根据物流成本的概念，对分散于成本费用类会计科目的显性物流成本进行整理与分析；对隐性物流成本进行计算，为企业成本管理提供依据，为完善社会物流统计制度奠定基础。企业物流成本核算主要具有以下作用。

(1) 为企业物流运作模式的选择提供依据。

(2) 为物流企业制定物流服务价格提供依据。

(3) 有助于完善宏观社会物流统计制度。

企业物流成本核算对象是指成本计算过程中归集、分配物流费用的对象，即物流费用的承担者。企业可以根据物流成本管理的实际需要，选择物流成本核算对象。企业通常是以物流功能、以物流范围、以支付形态作为物流成本核算对象，也可以选取以客户、部门、营业网点等作为成本计算对象。

企业物流成本的核算方法包括会计方式、统计方式，以及会计和统计相结合的方式。企业通常采用会计方式与统计方式相结合核算物流成本。这种方式物流耗费的一部分内容通过会计方式予以核算；另一部分内容通过统计方式予以核算。运用这种方法，也需要设置一些物流成本账户，但这些物流成本账户不纳入现行成本核算的账户体系，不需要对现有的成本核算体系做调整，对现行成本核算体系来说，它是一种账外核算，具有辅助账户记录的性质。

企业物流成本核算出来后,需要通过一种载体披露物流成本信息,这种载体就是企业物流成本表。按披露物流成本信息内容的不同,企业物流成本表可以设计成企业物流成本主表和企业自营物流成本支付形态表两张报表。

关键术语

物流成本核算对象　机会成本　一致性原则　可比性原则　清晰性原则　行业收益率

习　题

一、单项选择题

1. 计算显性物流成本必须依赖于现行会计核算体系,完整准确的会计核算资料是物流成本计算的基础。实践中,计算显性物流成本应从(　　)入手。
   A. 原始凭证　　　　　　　　　　B. 企业物流成本主表
   C. 企业自营物流成本支付形态表　　D. 会计科目

2. 实践中,通常采用(　　)核算物流成本。
   A. 会计方法　　　　　　　　　　B. 统计方法
   C. 会计与统计相结合的方法　　　D. 建立独立的物流成本核算体系

3. 物流成本基本计算对象分为(　　)。
   A. 一维　　　　　　　　　　　　B. 二维
   C. 三维　　　　　　　　　　　　D. 四维

4. 复式记账法对发生的经济业务都以相等的金额登记在(　　)。
   A. 一个账户中　　　　　　　　　B. 两个账户中
   C. 两个或两个以上的账户中　　　D. 相关的账户中

5. 下列关于会计账户和会计科目的说法正确的是(　　)。
   A. 会计科目是开设账户的依据,账户的名称就是会计科目
   B. 二者都是对会计对象具体内容的科学分类,口径一致,性质相同
   C. 没有账户,会计科目就无法发挥作用
   D. 会计科目不存在结构,账户则具有一定的格式和结构

二、简答题

1. 企业物流成本核算的作用有哪些?
2. 企业物流成本核算的方法有哪些?
3. 会计与统计相结合的方式核算物流成本有哪些优点?
4. 简述企业物流成本的核算步骤。
5. 企业物流成本表包括哪些内容?

案例分析

传化物流打造干线网络无车承运人平台，推出的"千·万车队培育计划"

2016年9月，交通运输部办公厅印发了《关于推进改革试点，加快无车承运物流创新发展的意见》，提出在全国开展道路货运无车承运人试点工作。

传化物流将着力打造具有标杆意义的全国干线网络无车承运人平台。传化物流精准运力所推出的"千·万车队培育计划"产品，已吸纳100余家优质专线企业、车队加盟。

针对我国生产性服务业落后的现状，传化物流正致力于通过"端—网—云"系统构建中国智能公路物流网络运营系统，为产业链条上的不同主体提供普惠、开放、统一标准的公共服务，实现对物流行业各要素的共享和高效利用，并逐步形成"物流行业大数据"，为国家、行业和企业提供决策支持和综合服务。

传化物流以平台运营、联盟、战投"三驾马车"驱动，聚集全国的物流人，实现整个物流行业的高效、集约、标准化发展，共同改变物流行业小、散、乱、差的局面。

现实运力的分散是"罗宾逊"模式在中国落地的难题之一。一方面，因货源不足造成的闲置运力，亟待整合提高效率和竞争力；另一方面，大量的货源也急于找到可靠的高质量的物流供应商。如何解决这些难题？

(1) 联合。联合是趋势，需要有资本、有实力的行业巨头带动。传化精准运力通过培育车队，实现运力资源的优化配置，提升满足大型货主可视化、网络化、规模化、标准化服务的能力，提供运力一体化解决方案。在传化物流精准运力的规划中，运力资源的整合配置将通过"千·万车队培育计划"实现。该计划目前已吸纳100余家优质专线企业、车队等，基本覆盖华南、华东、西南、华北、东北、西北区域。

(2) 货源。对于平台型物流企业，得货源者得天下，"无车承运人"的市场定位、赢利模式使得集货能力的重要性凸显。这也是传化物流精准运力打造"无车承运人"模式的优势之一。基于实体公路港平台的建设，传化物流正逐步实现全国性网络布局。遍布全国80多个城市的"公路港城市物流中心"，为导入高质量的货主资源、拓展上游货源提供了渠道，形成了丰富而稳定的货源保障。

(3) 信息化与互联互通。对实体资源的有效整合之外，传化物流大规模智能信息系统的开发建设，更是精准运力的核心利器。而在传化物流智能信息系统中，通过交易平台化、物流管理信息化、终端智能化和服务O2O化，实现平台上人、车、货、港信息的全面信息采集与在线化，并实现对全网物流资源的智能化调配、运输过程的透明化管理和运输业务的安全监控。这为打造网络化、标准化、可视化的公路干线精准运力提供了技术支撑，也提升了风险控制能力、资源优化与整合能力以及业务管理能力。

传化物流全国公路干线运力一体化运营的模式：①能力培养。组建车队联盟，进行千万车队培育，形成联合的力量；组建专线联盟，进行专线整合，补充货源和专线线路。②专业化服务。输出标准化的运营和管理体系，实现标准化运力体系；提升业务能力，形成平台和品牌效应。③骨干网络。线路和运力通过平台形成链接，形成网络，平台做好承运商的资质审核体系，统一调度管理，各地之间形成点到点的直达运输。④甩挂体系。实行网络干线甩挂作业，提高运作效率，降低干线运输成本，形成中国公路运力新生态。

(资料来源：http://business.sohu.com/20160921/n468872232.shtml)

思考：
(1) 传化物流的核心竞争力体现在哪些方面？
(2) 传化物流全国公路干线运力如何一体化运营？

我国第三方物流企业成本构成与特点分析

1. 第三方物流企业界定及特点

第三方物流企业也称3PLs，是指专门为客户提供全部或部分物流服务的外部供应商。其提供的物流服务一般包括运输、仓储管理、配送等。在此过程中第三方物流企业不是生产方和销售方，而是在从生产到销售的整个物流过程中进行服务的第三方。它一般不拥有商品，而只是为客户提供仓储、配送等物流服务。从服务范围上看，第三方物流企业提供的服务不仅包括仓储运输等传统类型服务，还包括加工、配送、报关、财务结算等增值服务。此外，信息系统自动化和网络化也是其显著特点。

2. 第三方物流企业的成本构成及特点

第三方物流企业成本是指企业提供物流服务过程中所耗费的各种劳动的货币表现。目前，第三方物流企业提供的物流服务有仓储、拣货、装卸搬运、运输、配送、包装、流通加工、报关、财务结算等。借鉴制造企业的成本结构划分物流企业的成本，可以将其分为营运成本和非营运成本两大类。其中，营运成本是指与提供的物流服务直接相关成本，它主要包括直接材料、直接人工和间接费用；非营运成本主要包括销售费用、管理费用和其他费用。直接材料是指物流企业提供某项具体的物流服务时所耗费的材料；直接人工是指物流企业提供某项具体的物流服务时所耗费的人工费用；间接费用是指营运成本中除直接材料和直接工人以外的成本统称，包括水电、维修、保安、物业、信息开发等费用。销售费用是指企业取得物流合同过程中发生的费用；管理费用是指企业的管理层所有的开销；其他耗费主要指物流企业经营的税金支出、存货风险成本等。

按照物流企业生产经营特点，第三方物流企业成本与服务水平之间、物流企业内部各功能成本之间存在效益背反。此外，间接费用占成本比例较大。

3. 我国第三方物流企业成本核算存在的问题

目前企业成本核算主要存在以下问题。

(1) 成本核算意识不强。对于我国第三方物流企业而言，成本一直是影响企业发展的瓶颈问题。这表现在一方面物流整个行业的成本水平居高不下，据相关资料显示，我国的第三方物流企业成本远高于美国、日本等发达国家，美国的物流成本占GDP的比例为10%左右，日本的物流成本占GDP的比例为8%左右，而我国的物流成本占GDP的比例不低于15%；另一方面能源、劳动力价格上升导致企业运营成本过高，赢利困难或经营难以维持。

但是，在这种情况下，很多物流企业成本核算意识还不是很高。许多企业高层非常重视硬件建设及客户营销，对于成本核算，有些企业常认为会计有账就行，无须投入太大的精力。员工更认为成本核算与己无关，加强核算如果带不来好处还要增加麻烦。种种思想使得成本核算的改革举步维艰。

(2) 成本核算口径不恰当。物流企业在我国还处于发展阶段，由于我国的第三方物流企业大多数是由企业中运输仓储部门独立出来的，或是由功能单一的运输、仓储企业发展壮大的，因此大多数物流企业

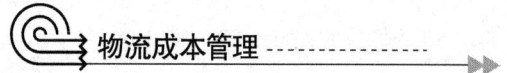

成本核算依然沿用原先的标准——由制造企业的仓储运输部门发展而成的物流企业依然使用制造企业成本核算制度，由商业流通企业的仓储运输部门发展而成的物流企业依然沿用商业会计成本核算制度。

(3) 成本核算平台有待完善。现在很多第三方物流企业非常重视信息化建设，对信息系统的引进包括仓库管理系统、配送管理系统、供应链管理系统等都做得不错。通过计算机技术与物流技术的结合，大大提高了物流业的效率和作用。但因为物流成本核算的复杂性和特殊性，多数企业的管理信息系统没有和会计核算系统集成。而仓储、配送管理系统以管理库存数量和配送情况为主，大量作业过程的记录只是辅助数据，并未得到充分利用。作业数据的统计、归集口径不同，使得信息系统强大的运算、处理优势无法展现。所以，需进一步改进、完善管理信息系统的设计，实现管理信息系统和会计核算系统的集成，以实现信息共享，促进先进成本方法，如作业成本法的实施，进而提高企业的经营运作的效率。

4. 我国第三方物流企业成本核算的改进建议

根据以上对第三方物流企业成本核算中存在问题的分析，建议在对成本核算的过程中，首先要做好企业实际情况(如企业规模、企业业务量等)的分析，以决定企业物流成本核算的复杂程度；其次，根据企业实际情况，采用适合企业自身的成本核算方法以及成本核算平台；最后，对成本核算的效果进行评价，以不断改进核算方式，达到真正帮助企业降低成本的目的。

(资料来源：http://www.lwlm.com/wuliuguanli/201107/558420.htm.)

思考： 我国第三方物流企业成本核算存在哪些问题？如何改进？

第4章 基于作业成本法的物流成本核算

【教学目标与要求】

理解作业成本法的概念与原理。

掌握物流作业成本法的计算步骤。

了解物流作业成本法的适用条件。

了解实施物流作业成本法的必要性与可行性。

东风汽车股份有限公司实施作业成本法

东风汽车股份有限公司(以下简称"东风汽车")于1997年7月15日创立。东风汽车主营业务是设计、制造和销售东风系列轻型商用车、东风康明斯发动机及相关零部件。东风轻型商用车已形成东风小霸王、东风金霸、东风多利卡、东风之星、东风金刚、东风皮卡、东方快车等多系列上千个品种。东风汽车的产品结构覆盖轻型卡车、轻客、客车底盘、皮卡、SUV等车型,是中国最大的轻型商用车生产基地。

1. 成本核算存在的问题

随着企业业务的发展,东风汽车发现传统的成本核算方法存在着成本数据失真等问题。随着汽车行业内的竞争愈发激烈,企业的多元化经营,公司的产品及耗费材料品种越来越多,东风汽车耗费材料的品种达到上万钟。由于传统的成本计量方法对工人工时、机器台时的分配非常欠缺,以往总是笼统地收集所有的本期发生的工时、台时然后统一分摊,这样的方法无法满足现代管理上的需要,对于各个车间的工时、台时的分配更是欠缺。传统成本法提供的会计数据已经完全没有办法满足管理的需求,改革势在必行。

2. 调研分析选定改革方向

传统的成本计算方式已经完全没有办法满足企业管理的需要,那么如何改革、改进后的系统需要有哪些功能,这都是切切实实摆在东风汽车面前的。东风汽车采用了调研分析的方法最终确定了选定实施作业成本法。

3. 实际推行改革

1) 选择试点对象

东风汽车先以车架作业部为试点,对作业成本管理进行试用,在积累了一定得管理经验后再在整个企业推广。因为,如果一开始就在全企业范围内推广作业成本法这一对于企业来说一个全新的成本管理方法,势必会对企业的正常管理运作造成巨大的冲击。车架作业部在股份公司的作业部中工艺流程较为复杂,但过程非常清晰。生产的产品是东风汽车所生产的各种车辆配套车架,产品主要在公司内部转移,不对外销售。综合考虑了车架作业部的相对典型简单的特点,决定选择车架作业部作为试点。

2) 实施步骤

在确定了以东风汽车车架作业部为试点以后,首先进行的就是车架作业部的作业成本法设计,包括原始数据的收集、作业中心的确定、成本动因分配率的确定等步骤。在设计的过程中,作业中心的划分非常重要,它是对班组内作业的确认和描述,包括定义一个部门内的作业,划分明确、清晰、相互独立的作业及作业中心,每一个作业要耗用什么资源,什么经营数据最好地反映作业的绩效,作业对班组有多少价值等。作业中心的划分可以通过面谈、问卷调查、观察和对工作实务记录的检查得以完成。

3) 完善作业成本管理

完成了一个阶段的试点,并对试点产生的问题进行改进,那就可以在整个企业慢慢地推广开来,最终达到整个企业的作业成本管理的实施应用的目的。在整个推广过程中,逐步建立责任成本中心,以责任成本中心为对象推行作业成本管理,慢慢构建以战略成本管理理念为指导,以预算成本为标准,作业成本与责任成本相结合、成本管理与价值管理相结合、成本中心与利润中心相统一的新型成本管理体系。

4. 经验与启示

1) 在推行作业成本法时，先进行成本效益的分析

东风汽车对于作业成本法的推行可以说是非常谨慎的。在整体推行之前先对整个企业目前面临的问题，企业今后发展的目标做了一个很具体详细的分析，然后针对企业目前的状况做了调研分析发现需要实行作业成本法。

推行作业成本法是需要付出较大成本的，包括设计成本、运行成本、核算成本、培训人员的相关费用等相关成本费用都是要跟上配套的，如果因为实行作业成本法所获得的收益没有推行作业成本法所付出的成本大，那就需要仔细考虑是否要实行改革。因为可能时机还不是特别成熟，不计后果的强行实行作业成本法可能得不偿失。因此，在实行作业成本法时，事前调研、成本效益分析是非常必要的，尤其是在目前国内普遍实践经验比较缺乏的时候，更是要加倍小心、加倍谨慎。

2) 管理层的全力支持

在东风汽车的案例中，不难看出，从头至尾都贯穿着管理层对本次改革的支持，从制定以作业为基础的考核制度到整体企业对作业成本法应用的调整。因为作业成本法的实行实际上是为作业成本管理做的铺垫，是为作业成本管理提供数据信息的一个成本系统。如果没有管理层的全力支持在整个企业范围内统筹兼顾，那作业成本法的推行是几乎不可能实现的，所以在推行作业成本法时一定要取得管理层的大力支持。

3) 先点后面，循序渐进的推行

在东风汽车的案例中，该公司并没有首先就在全公司铺开实行作业成本法，而是选择了比较具有代表性又不是特别复杂的车架作业部作为试点先推行作业成本法。在试点的过程中及时发现问题、解决问题，而作业成本法在企业内的推行本来就是一种不断发现问题不断改进的一个过程。对于每个企业来说作业成本法都是特殊的，都是独一无二的。

(资料来源：http://www.kanzhun.com/lunwen/580286.html。)

东风汽车实施作业成本法有效地解决了传统成本计算方法存在成本数据不准确等问题。作业成本法将间接费用按相互之间的内在联系划归到若干个不同的成本库，再按各自的成本动因将它们分配到产品(服务)上去，这比传统的分配间接费用方法更为科学，提供的成本信息也更为准确。

4.1 作业法成本法概述

4.1.1 作业成本法的概念

作业成本法(Activity Based Costing，ABC 法)是一种以作业(活动)作为基准的成本计算与管理方法，是更准确计算间接成本和辅助费用的一种成本计算方法，其精髓在于"作业消耗资源，产品消耗作业"。作业成本法形象地揭示了成本形成的动态过程。该理论以资源流动为线索，每完成一项作业就要消耗一定的资源，作业的产出又形成一定的价值，资源和作业通过作业成本法联系起来，形成这样一种关系——"作业消耗资源，产品消耗

作业，生产导致作业的发生"。它反映了资源的消耗与成本的产生之间的因果关系，能直观地体现成本形成的过程，成本核算及时、准确，范围也拓宽了，提供的成本信息也比较准确。

4.1.2 作业成本法的产生与发展

作业成本法的产生，最早可以追溯到20世纪杰出的会计大师、美国人埃里克·科勒教授。科勒教授在1952年编著的《会计师词典》中，首次提出了"作业""作业账户""作业会计"等概念。1971年，乔治·斯托布斯教授在《作业成本计算和投入产出会计》中对"作业""作业成本""作业会计""作业投入产出系统"等概念作了全面系统的讨论，这是理论上研究作业会计的第一部宝贵著作。但是，当时作业成本法却未能在理论界和实业界引起足够的重视。20世纪80年代后期，随着以制造资源计划(Manufacturing Resource Planning, MRPII)为核心的管理信息系统(Management Information System, MIS)的广泛应用，以及集成制造(Computer Integrated Manufacturing System, CIMS)的兴起，美国实业界普遍感到产品成本信息与现实脱节，成本扭曲普遍存在，且扭曲程度令人吃惊。美国芝加哥大学的青年学者罗宾·库伯和哈佛大学教授罗伯特·卡普兰注意到这种情况，在对美国公司调查研究之后，发展了斯托布斯的思想，提出了以作业为基础的成本计算(Activity Based Costing, ABC)，又称作业成本计算，受到广泛的关注，会计理论界对其研究日益深入，实业界对之应用也在不断拓展。理论上，作业成本法已超越了提高成本计算精确性这一最初动机，从成本的确认、计量方面转移到企业管理的诸多方面，深入企业作业链—价值链重构，乃至企业组织机构设计问题，一种以"作业"为中心的现代企业管理思想—作业管理(Activity Based Management, ABM)正在形成和发展。实务中，作业成本法应用的领域已由最初的制造行业扩展到商业、金融、保险、医疗、物流产业等领域，在范围上已由产品制造加工扩展到产品销售定价、零部件设计、物流管理、战略决策等方面，新型的咨询公司已经扩展了作业成本法的应用范围并研发出相应的软件。

作业成本法在西方企业的应用呈飞速发展的趋势。有关学者称："在会计史上，从未有过某个观念是像以作业为基础的成本计算法这样，能迅速地从概念转入应用实施的。"1992年，作业成本法还处于实验阶段，而到1997年，美国管理会计师协会的成本管理组的一份调查报告表明，到1996年美国被调查企业中已有49%的企业用了作业成本法。英国、加拿大的调查也表明，作业成本法在这些国家的应用有基本相同的比例。同时，调查也表明绝大多数被调查企业对作业成本法应用效果感到表示满意。与作业成本法在西方国家广泛应用形成对比的是，我国企业还没有真正认识到实行作业成本法的重要性，很少有企业在应用和正在考虑应用作业成本法。

目前，作业成本法被认为是确定和控制成本最有前途的方法。

4.1.3 作业成本法的基本原理

作业成本法的基本原理可概括为产品消耗作业、作业消耗资源并导致成本的发生。作业成本法把成本核算深入到作业层次，它以作业为单位收集成本。具体计算步骤是：先将资源经资源动因分配到作业，再将作业成本经成本动因分配到成本对象。作业成本法的基本原理如图 4.1 所示。

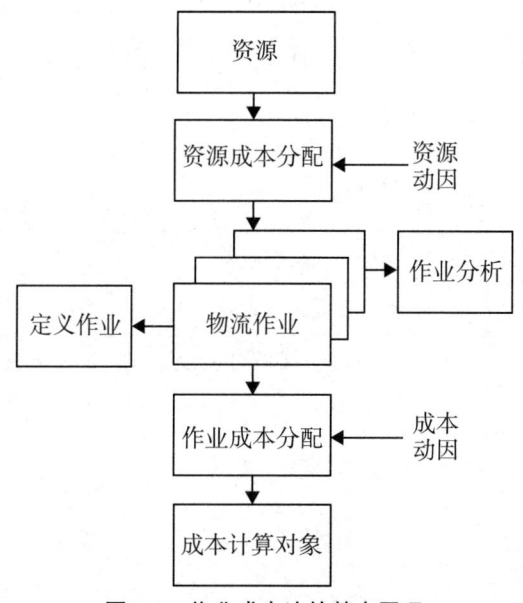

图 4.1　作业成本法的基本原理

4.1.4　作业成本法与传统成本计算方法的比较

作业成本法相对于传统成本法的主要区别在于对间接费用采用了更精确的分配方法，具体区别如图 4.2 所示和表 4-1 所示。

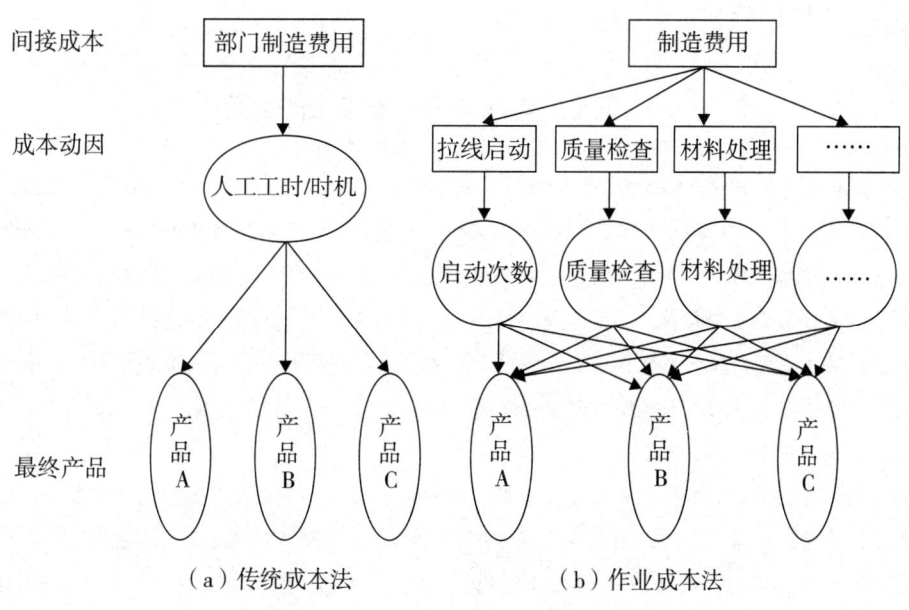

（a）传统成本法　　　　　　（b）作业成本法

图 4.2　作业成本法与传统成本法的区别

表 4-1　作业成本法与传统成本法的区别

比较项目	成本核算方法	传统成本计算方法	ABC
产生背景		常规化、批量化生产	小批量、个性化生产
成本内涵		所耗资金的对象化	资源的耗用
成本对象		产品	产品、服务合同、客户、资源、作业、作业中心等
费用分配标准	直接费用 — 直接材料	直接计入成本对象	直接计入成本对象
费用分配标准	直接费用 — 直接人工	直接计入成本对象	直接计入成本对象
费用分配标准	间接费用 — 制造费用	根据单一标准分配至成本对象	根据多个资源动因分配至作业，再根据多个作业动因分配至成本对象
费用分配标准	间接费用 — 期间费用	不计入产品成本	根据多个资源动因分配至作业，再根据多个作业动因分配至成本对象
成本计算结果		成本信息不够准确	成本信息相对准确

4.1.5　实施物流作业成本法的主要意义

物流作业成本法是全新的物流成本的计算方法，与传统的完全成本法和变动成本法相比，实施物流作业成本法主要有以下意义。

【拓展文本】

完全成本法与变动成本法的区别

完全成本法亦称全部成本法、归纳成本法或吸收成本法，就是在计算产品成本和存货成本时，把一定期间内在生产过程中所耗用的直接材料、直接人工、变动制造费用和固定制造费用的全部成本都归纳到产品成本和存货成本中去。由于完全成本法是将所有的制造成本，不论是固定的还是变动的，都吸收到单位产品上，所以这种方法也称为归纳（或吸收）成本法。在完全成本法下，单位产品成本受产量的直接影响，产量越大，单位产品成本越低，能刺激企业提高产品生产的积极性。但该法不利于成本管理和企业的短期决策。

1. 采用完全成本法的原因

虽然固定性制造费用只是与企业生产能力的形成有关，不与产品生产直接相联系，但它仍是产品最终形成必不可少的，所以应当成为产品成本的组成部分。在完全成本法下，单位产品成本受产量的直接影响，产量越大、单位产品成本越低，这样就能刺激企业提高产品生产的积极性。但是采用完全成本法计算出来的单位产品成本不仅不能反映生产部门的真实业绩，反而会掩盖或夸大它们的生产实绩；在产销量不平衡的情况下，采用完全成本法计算确定的当期税前利润，往往不能真实反映企业当期实际发生的费用，从而会促使企业片面追求高产量，进行盲目生产；另外，采用这种方法不便于管理者进行预测分析、参与决策，以及编制弹性预算等。

2. 完全成本法与变动成本法的区别

1) 理论依据不同

变动成本法的理论依据：固定制造费用与特定会计期间相联系，与企业生产经营活动持续经营期的长短成比例，并随时间的推移而消逝。其效益不应递延到下一个会计期间，而应在其发生的当期，全额列入损益表，作为该期销售收入的一个扣减项目。

传统的完全成本法则强调成本补偿的一致性，其理论依据是：固定制造费用发生在生产领域，与产品生产直接相关，其与直接材料、直接人工和变动制造费用的支出并无区别，应当将其作为产品成本的一部分，从产品销售收入中得到补偿。

2) 应用前提与成本构成的内容不同

变动成本法是在成本性态分析的基础上，对产品成本按其与产量变动间的线性关系划分为变动成本与固定成本，并进行粗略估计。其中，变动成本包括直接材料、直接人工、变动性制造费用和变动性销售及管理费用；固定成本包括固定性制造费用和固定性销售及管理费用。

完全成本法将成本按其用途不同分成生产成本与非生产成本两大类。其中，生产成本包括直接材料、直接人工和制造费用；非生产成本包括销售和管理费用等期间费用。

3) 产品成本构成内容不同

由于上述两个方面的差异，使两种成本计算方法在产品成本构成内容方面也有所不同：完全成本法下，产品成本中包含直接材料、直接人工和为生产产品而耗费的全部制造费用(包括变动制造费用和固定制造费用)，成本随着产品的流转而结转；而变动成本法则将制造费用中的固定部分视作当期的期间费用，随同销售和管理费用一起全额扣除，而与期末是否结余存货无关，产品成本中只包含直接人工、直接材料和变动制造费用。

4) 存货估价及成本流程不同

采用变动成本法，无论是在产品、库存产成品还是已销产品，其成本都只包含变动成本，故期末结余存货只按变动成本计价而不包括固定成本。

3. 完全成本法的优点

1) 符合公认的会计原则

完全成本法是从价值补偿角度计算成本的，不论是变动成本还是固定成本都计入产品成本中，反映生产过程中的全部耗费，因而符合传统的成本概念，便于编制财务报表，是财务会计核算中确定盈亏的重要依据。

2) 强调成本补偿上的一致性

完全成本法把固定制造费用分配到了每一单位产品。因为只要是与产品生产有关的耗费，均应从产品销售收入中得到补偿，固定制造费用也不例外。从成本补偿的角度讲，用于直接材料的成本与用于固定制造费用的支出并无区别。所以，固定制造费用应与直接材料、直接人工和变动制造费用一起共同构成产品的成本，而不能人为地将它们割裂开来。因此，完全成本法可以促进企业积极扩大生产，降低单位产品的成本，提高经济效益。

3) 强调生产环节对企业利润的贡献

由于完全成本法下固定制造费用也被归集于产品而随产品流动，因此本期已销售产品和期末未销售产品在成本负担上是完全一致的。在一定销售量的条件下，产量大则利润高，所以，客观上完全成本法有刺激生产的作用。这也就是说，从一定意义上讲，完全成本法强调了固定制造费用对企业利润的影响。

(资料来源：http://baike.baidu.com/link?url.)

1. 物流作业成本法实现了成本核算的灵活性，拓展了成本核算范围

传统的成本核算方法在选择成本核算对象时，自始至终局限在资源耗费和产品耗费的联系与转换上，始终没有摆脱生产组织和工艺过程对成本核算的约束，没有按照费用发生与成本核算对象之间最为直接、最为实质的联系因素进行归集和分配。作业成本法克服了上述缺点，突出选择作业来反映成本动因，使成本核算更为合理准确。

2. 改进了成本分配方法，对物流间接成本的分配更为合理

从物流作业成本法的核算过程来看，它对直接费用的确认和分配，与传统的成本核算方法并无不同，所不同的只是对间接费用的分配。作业成本法将间接费用按相互之间的内在联系划归到若干个不同的成本库，再按各自的成本动因将它们分配到产品(服务)上去。这比传统的以直接人工时或机器工时等单一标准在全企业范围内统一分配间接费用更为科学。

作业成本法与传统物流成本核算方法相比，物流作业成本核算的分配基础(成本动因)发生了质的变化。物流作业成本法不再采用单一的数量分配基准，而是采用多元分配基准；并且集财务变量与非财务变量为一身，强调采用非财务变量作为分配基准，如订单处理次数、质量检验次数、运输距离等。因此，物流作业成本核算法所提供的成本信息比传统成本核算法准确得多。

总而言之，物流作业成本法通过设置多样化的作业成本库和采用多种成本动因，使间接费用也按产品(服务)对象化，从而成本的可归属性明显提高。因而，采用物流作业成本法得出的产品(服务)成本能较为准确地反映产品(服务)消耗资源的真实情况。

3. 更好地满足企业内部管理的需要

作业成本法的计算，能追踪产品成本的形成和积累过程，由此大大提高了计算过程的精细化程度和成本核算结果的精确度；从成本控制的角度来看，作业成本法通过对作业成本的确认、计量，为尽可能消除不增值作业提供有用信息，从而促使这类作业减少到最低限度，达到降低成本的目的。同时，由于作业成本法提供的成本信息相对更为准确，有利于管理部门正确决策，进行成本管理和评价经济业绩。

传统的成本核算方法强调产成品的核算，因而只能进行被动的事后成本控制；而作业成本法找到了产品与成本费用发生的联结点即作业，使其所提供的成本信息可以深入到作业层次。因而可以在生产过程中根据实际生产的需要，控制作业的数量。通过减少不增值作业来减少成本费用发生的动因，切断成本费用发生的源头，使成本费用的发生得到有效控制，达到事前、事中成本控制的目的。此外，从责任会计角度来讲，计算作业成本实际上就是计算责任成本。因而对作业成本的核算，既可达到责任会计控制成本的目的，又实现了财务会计核算、监督成本的职能。

4.2 物流作业成本法的计算程序

物流作业成本计算的具体步骤如图 4.3 所示。

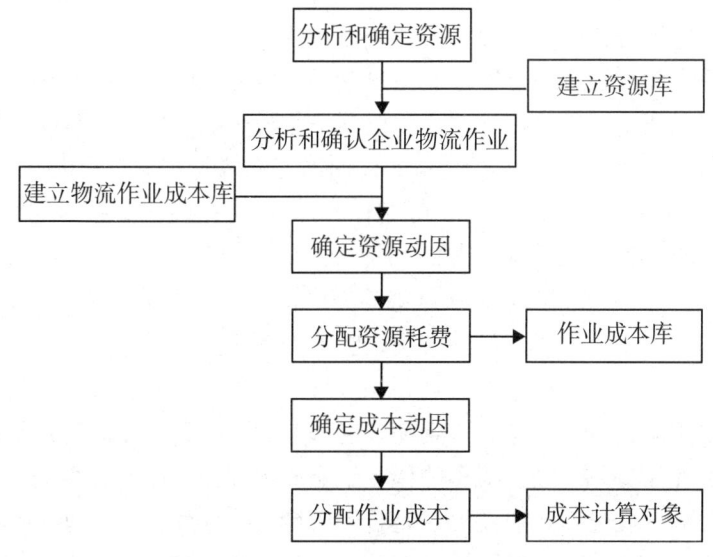

图 4.3 物流作业成本法的计算程序

1. 分析和确定资源，建立资源库

资源指支持作业的成本、费用来源，它是一定期间内为了生产产品或提供服务而发生的各类成本、费用项目。通常，在企业会计明细账中可清楚地得到各种资源项目，例如对于装卸作业而言，其发生的装卸人员的工资及其他人工费支出、装卸设备的折旧费、维修费、动力费等都是装卸作业的资源费用。一般来说，资源可分为货币资源、材料资源、人力资源、动力资源，以及厂房设备资源等。通常，资源的界定是在作业界定的基础上进行的，每项作业必定涉及相关的资源，与作业无关的资源则应从物流成本核算中剔除。这些资源数据可以在企业原有的成本信息系统中提取，经过加工处理后加以利用。资源是物流作业得以进行的基础，是成本消耗的源泉，物流作业成本计算首先要分析各项物流活动都消耗了哪些资源。企业各项资源被确认后，要为每类资源设立资源库，并将一定会计期间的资源耗费归集到各相应的资源库中。资源库设置时，有时需要把一些账目或预算科目结合组成一个资源库，有时需要把一些被不同作业消耗的账目或预算科目进行分解。例如，发出订货单是采购部门的一项作业，那么相应办公场地的折旧、采购人员的工资和附加费、电话费、办公费等都是订货作业的资源费用。

【拓展文本】

2. 分析和确认企业物流作业，建立物流作业成本库

作业是企业为了某一特定目的而进行的资源耗费活动，是连接资源耗费和成本计算对象的桥梁。企业经营过程中的每个环节或每道工序都可以视为一项作业，企

业的经营过程就是由若干项作业构成的。作业有两个基本特点：一是作业作为最基本的成本计算对象，必须具有可以量化的特点；二是作业贯穿于企业经营的全过程，作业的定义根据管理需要可粗可细，但必须囊括全部经营活动。

【拓展文本】

物流作业是由运输、仓储、包装、装卸搬运、流通加工、信息管理等一系列基本作业构成的，它们是连接资源和成本对象的桥梁。首先，采用业务职能分析法、作业流程法、价值链分析法等确定各项物流作业。其中，业务职能分析法是将企业各业务职能部门的活动进行分解，确定每个部门应完成的作业有几种、多少人参与该项作业，以及作业耗费的资源；作业流程法是通过绘制作业流程图来描述企业各部门的作业以及它们之间的相互联系，以便确定完成特定业务所要求的各项作业、各项作业所需要的人员以及所要消耗的时间。然后，在确认作业的基础上对各项物流作业进行筛选和整合，将同质物流作业合并，形成物流作业成本库(又称物流作

【拓展文本】

业中心)。作业流程图法的具体做法是把为完成特定业务所要求的各种作业步骤画成一张张系统的流程图，根据流程图来选定物流作业。在确定作业时，作业既不能过于细又不能过粗，必须把握好作业合并和分解的平衡。作业合并是指把所有性质相同的业务集合起来组成一个具有特定功能的作业的分析过程。以特定功能对作业进行合并，目的在于将单个的、细小的作业组合成可以作为成本计算对象的作业。例如，检验发票作业和付款作业就可以整合为会计这一大作业来管理。作业分解是指把一个较大作业分解成为具有不同功能的作业的过程，它与作业合并过程相反，如运输作业可分解为调度作业、运行作业、到达作业等；获取原材料作业可以分解为购货、验货和收货作业等。该过程的作用就是深入活动内部，分析组成特定活动的作业，分析各个作业的成本动因，选择更合理的成本动因分配作业成本。物流作业经分析、确认后，要为每一项作业设立一个作业成本库，然后以资源动因为标准将各项资源耗费分配至各作业成本库。

3. 确定资源动因，分配资源耗费至作业成本库

资源动因是指资源被各项作业消耗的方式和原因，它反映了作业对资源的消耗情况，是把资源库资源分配到各作业成本库的依据。确认作业、建立作业成本库后，应观察、分析物流资源，为各项物流资源确定动因，以资源动因为标准将各项资源耗费分配至各作业成本库。确定物流资源动因应按资源被消耗的情况而定，主要有以下几种情况。

(1) 如果某一项资源能直观地确定被最终的成本计算对象(产品或物流服务)所消耗，如材料消耗，那么资源动因则按传统的方法确定，如消耗量等。

(2) 如果某项资源被某项作业所消耗，这种资源具有专属性，如特定的固定资产折旧被特定的作业所消耗，特定的人工费用被特定的作业所消耗，这种情况下资源动因按作业消耗资源的关系确定，如按所使用的设备的价值、按人数、按消耗量等作为资源动因。

(3) 如果某项资源被多项作业所消耗，如各作业中心发生的信息费、办公费等，按多收益、多分摊的原则确定资源动因。

物流作业资源动因确定之后，各资源库要根据资源动因一项一项分配到各作业中去，形成作业成本库。每个成本库可以归集人工、材料、机器设备折旧、管理性费用等，如设备调整人员的工资、福利，调整所用的物料、工具的损耗等。

【例 4-1】某企业 2017 年 3 月间接人工费支出为 60 000 元，主要的作业为采购、生产、仓储、装卸搬运，从事上述 4 项作业的人数分别为 4 人、7 人、5 人、6 人。计算各项作业耗费的人工费如下。

$$人工费支出分配率 = 60\ 000 \div 22 \approx 2\ 727.28(元)$$
$$采购作业的人工费 = 4 \times 2\ 727.28 = 10\ 909.12(元)$$
$$生产作业的人工费 = 7 \times 2\ 727.28 = 19\ 090.96(元)$$
$$销售作业的人工费 = 5 \times 2\ 727.28 = 13\ 636.4(元)$$
$$管理作业的人工费 = 6 \times 2\ 727.28 = 16\ 363.68(元)$$

4. 确认成本动因，将作业中心的作业成本分配到最终产品

成本动因是将作业成本库的成本分配到成本对象中去的标准，它反映了成本对象对作业消耗的逻辑关系。由于物流服务过程中所需作业的数量很多，因此，从经济上看，为每一项作业确定一个成本动因是不可行的；反之，将许多作业综合起来，共用一个成本动因又会造成成本计算的误差。所以，物流作业成本计算中成本动因的确定，即选择哪些成本动因和确定成本动因的数目需要认真分析。成本动因的选择主要应遵循 3 个原则：①选定的成本动因与实际作业消耗之间的相关性较强，应从现有资料中易于分辨；②选择容易获得信息的成本动因，以降低获取信息的成本；③为避免作业成本计算过于复杂，要筛选具有代表性和重要影响的成本动因。对于成本动因数量的确定，取决于其要达到的成本核算结果的准确程度及物流的复杂性，管理所需信息越准确、物流越复杂，物流成本动因数量应越多；另外，成本效益原则决定了作业成本库并非越多越好，相应地限制了成本动因的数量。

5. 计算物流成本

根据计算出的成本动因分配率和产品(或服务)所消耗的作业动因种类、数量可计算出该产品(或服务)的物流作业成本，即将作业成本库归集的作业成本按成本动因率分配到各个成本计算对象上。将成本对象中分摊的各项物流作业成本相加，即是该成本对象应负担的间接物流成本，再加上直接物流成本，就是各成本对象的物流总成本，并可以计算单位物流成本。

【例 4-2】某企业采购作业的人工费为 10 909.12 元，该企业生产甲、乙、丙 3 种产品，这 3 种产品当月的采购次数分别为 2 次、3 次、4 次，将采购作业成本分配到各产品。计算过程如下。

$$成本动因分配率 = 10\ 909.12 \div 9 \approx 1\ 212.12(元)$$
$$甲产品应分配的采购作业成本 = 2 \times 1\ 212.12 = 2\ 424.24(元)$$
$$乙产品应分配的采购作业成本 = 3 \times 1\ 212.12 = 3\ 636.36(元)$$
$$丙产品应分配的采购作业成本 = 4 \times 1\ 212.12 = 4\ 848.48(元)$$

4.3 作业成本法在企业物流成本核算中的实例分析[①]

【例 4-3】某公司主要生产两种品牌的商品：一种是高档品牌，主要销往各大城市；另一种是大众化品牌的商品，主要销往一些中小城市。该公司的管理人员过去对这两种商品的物流成本一直没有太准确详细的了解，一直是按两种商品的销售额比例来直接分配各种物流成本的。但是随着企业的发展，以及物流成本的逐渐加大，企业的管理人员越来越感到两种商品的物流成本似乎被某种程度扭曲了，但是又找不到准确的证据来说明问题，于是企业的管理人员决定采用作业成本法对企业的物流成本进行一番深入的分析。经过企业管理人员的仔细分析研究，他们将企业的物流活动分为以下几项活动，并对各种资源费用进行了归集。

1. 采购活动

采购活动包括挑选供应商、谈判、签订合同、发订单等方面的具体工作。由于两种产品所经历的采购程序基本相同，而且每次的采购批量也大致相当，所以将采购活动作为一个作业成本库归集费用，以采购次数作为成本动因来分配费用。采购作业的一些专属费用归集如表 4-2 所示。

表 4-2 采购作业费用归集表

项目	人工费	差旅及业务招待费	订单处理费	其他杂费	小计
金额/元	30 000	32 000	8 000	18 000	88 000

2. 运输活动

运输活动包括运输货物和维修车辆两项作业。车辆行驶距离越长，所耗油费一般也就越多。另外，车辆的折旧费本身就是按车辆的工作量（也就是行驶里程）来提取的，因此运输货物所耗的费用都可以看成是与车辆的行驶距离成正比的。在一般情况下，车辆行驶距离越长，车辆的磨损也就越大，其需要维修的概率也越大，维修所需要花费的费用也越多，因此维修车辆的费用也可以看成是与车辆的行驶距离成正比的。为此，由于两项作业具有同质成本库的性质，企业管理人员决定将其合并成一项运输作业，以运输里程数作为成本动因来分配。运输作业的一些专属费用归集如表 4-3 所示。

表 4-3 运输作业费用归集表

项目	人工费	汽油及养路费	车辆折旧费	车辆维修费	小计
金额/元	21 000	85 000	96 000	31 000	233 000

[①] 资料来源：王雍欣. 基于作业成本法的企业物流成本核算的研究与应用 [D]. 镇江：江苏大学，2010.

3. 存储活动

存储活动主要包括出入库检验和成品仓储两项作业。由于这两项作业不具有同质成本库的性质，不能进行合并，因此必须分开归集两项作业的成本。由于该企业一共有 3 名职工来共同负责这两项作业，所以这 3 名职工的 24 000 元人工费属于共同费用，需要在这两项作业之间进行分配。经过企业管理人员的统计分析，这些工人 60% 的工作时间和精力花费在成品仓储上，另外 40% 的时间和精力花费在出入库检验上，因此出入库检验作业所耗费的人工费为 9 600 元 (24 000×40%)，成品仓储作业所耗费的人工费 14 400 元 (24 000×60%)。出入库检验以检验次数作为成本动因来分配费用，其费用归集如表 4-4 所示。

表 4-4 出入库检验作业费用归集表

项 目	人工费	检验费	小 计
金额/元	9 600	34 000	43 600

成品存储则以托盘数作为成本动因来分配费用，其费用归集如表 4-5 所示。

表 4-5 成品存储作业费用归集表

项 目	人工费	仓库租金	设备折旧费	小 计
金额/元	14 400	100 000	82 000	196 400

选择托盘数作为存储成品作业的成本动因，是因为仓库内的货品都是以托盘存放的，仓库的租金是由容积决定的，而仓库的容积也可以用托盘数来衡量，因此可以认为在此过程中托盘数可以作为成本驱动因素。另外，仓库工作人员的工资是由工作量决定的。在完全托盘化作业的仓库中，不论托盘存放哪种产品，仓库人员进行收发货、盘点、记账等日常工作的工作量都是和托盘数成正比的，所以也可以将托盘数认定为人工费的驱动因素。

4. 装卸搬运

装卸搬运包括装货和卸货两项作业。经过企业管理人员的统计分析，由于企业平时装货和卸货的次数大致相当，装卸货的过程和所耗费的时间也差不多。为了简化核算，装货和卸货作业也合并成一个同质成本库，以装货次数作为成本动因来分配费用。装卸搬运作业费用归集表如表 4-6 所示。

表 4-6 装卸搬运作业费用归集表

项 目	人工费	装卸搬运设备折旧费	商品在装卸搬运过程损耗	小 计
金额/元	30 000	30 000	8 000	68 000

5. 流通加工活动

流通加工活动分为包装商品和分拣商品两项作业。该企业一共有 10 名职工负责包装和分拣商品，所以这 10 名职工的人工费用 60 000 元是属于包装商品和分拣商品两项作业的共同费用，应根据职工在两项作业上花费的人工小时来分配。经过企业的统计分析，这

些职工在包装商品上花费的时间占配送活动总工时的65%；在分拣商品上花费的时间占配送活动总工时的35%，则有

包装商品所消耗的人工费 =60 000×65%=39 000(元)

分拣商品所消耗的人工费 =60 000×35%=21 000(元)

另外，流通加工车间的房屋折旧费每个月为20 000元，由于包装和分拣商品都是在同一车间内进行的，因此车间的房屋折旧费也属于两项作业的共同费用，应该按照一定比例进行分配。经过统计分析，包装商品作业占据了车间65%的面积，而分拣商品作业只占据车间35%的面积，因此对车间的房屋折旧费进行以下分配：

分配给商品包装作业的房屋折旧费 =20 000×65%=13 000(元)

分配给商品分拣作业的房屋折旧费 =20 000×35%=7 000(元)

商品包装以包装箱数作为成本动因来分配费用，其费用归集如表4-7所示。

表4-7　商品包装作业费用归集表

项　目	人工费	房屋折旧费	包装材料费	设备折旧费	小　计
金额/元	39 000	13 000	30 000	8 000	90 000

商品分拣以分拣次数作为成本动因来分配费用，其费用归集如表4-8所示。

表4-8　商品分拣作业费用归集表

项　目	人工费	房屋折旧费	分拣费	小　计
金额/元	21 000	7 000	15 000	43 000

6. 物流信息活动

物流信息活动主要分为档案管理和信息查询两项作业。由于这两项作业都是应用同一计算机网络系统完成的，其所发生的设备折旧费、网络维护费等费用难以严格区分是为了其中哪一项作业所发生，也就是说这些费用都可以看成是两项作业的共同费用，因此企业管理人员决定以物流信息部门为成本归集对象进行成本归集，然后再在两项作业之间进行分配。物流信息活动的成本归集如表4-9所示。

表4-9　物流信息活动费用归集表

项　目	人工费	折旧费	网络维护费	材料费	小　计
金额/元	80 000	25 000	9 000	3 000	117 000

根据统计分析，物流信息工作人员80%的工作时间耗费在档案管理作业上，20%的工作时间耗费在信息查询作业上，故有

档案管理作业成本 =117 000×80%=93 600(元)

信息查询作业成本 =117 000×20%=23 400(元)

档案管理以档案数作为作业动因来分配费用，信息查询以查询次数作为作业动因来分配费用。

7. 水电费分配

另外，对于各个作业均涉及水电费，水电费共计15 000元，由于各个作业所耗费的水电费难以准确计算，如果要严格核算各个作业所消耗的水电费，其所耗费的核算成本是相当大的，而且该企业每个月在物流中所消耗的水电费只占总费用很小的一部分，因此，根据成本效益原则，采用一种近似的标准对其进行分配，既不会扭曲物流成本总体情况，也可以节省核算成本。为此，企业管理人员决定根据各项作业的成本比例对水电费进行分配。计算过程如下：

物流总成本 = 采购成本 + 运输成本 + 出入库检验成本 + 成品储存成本 + 装卸搬运成本 + 商品包装成本 + 商品分拣成本 + 档案管理成本 + 信息查询成本

= 88 000+233 000+43 600+196 400+68 000+90 000+43 000+93 600+23 400

= 879 000(元)

水电费分配情况如下：

采购作业所分配的水电费 = 15 000 × 88 000 ÷ 879 000 ≈ 1 502(元)

运输作业所分配的水电费 = 15 000 × 233 000 ÷ 879 000 ≈ 3 976(元)

出入库检验作业所分配的水电费 = 15 000 × 43 600 ÷ 879 000 ≈ 744(元)

成品储存作业所分配的水电费 = 15 000 × 196 400 ÷ 879 000 ≈ 3 352(元)

装卸搬运作业所分配的水电费 = 15 000 × 68 000 ÷ 879 000 ≈ 1 160(元)

商品包装作业所分配的水电费 = 15 000 × 90 000 ÷ 879 000 ≈ 1 536(元)

商品分拣作业所分配的水电费 = 15 000 × 43 000 ÷ 879 000 ≈ 734(元)

档案管理作业所分配的水电费 = 15 000 × 93 600 ÷ 879 000 ≈ 1 597(元)

信息查询作业所分配的水电费 = 15 000 × 23 400 ÷ 879 000 ≈ 399(元)

8. 总成本计算

各项作业的总成本如下：

采购作业总成本 = 88 000+1 502=89 502(元)

运输作业总成本 = 233 000+3 976=236 976(元)

出入库检验作业总成本 = 43 600+744=44 344(元)

成品储存作业总成本 = 196 400+3 352=199 752(元)

装卸搬运作业总成本 = 68 000+1 160=69 160(元)

商品包装作业总成本 = 90 000+1 536=91 536(元)

商品分拣作业总成本 = 43 000+734=43 734(元)

档案管理作业总成本 = 93 600+1 597=95 197(元)

信息查询作业总成本 = 23 400+399=23 799(元)

9. 作业动因量化

企业管理人员经过统计得出了两种产品各自消耗的作业动因的数量，具体数据如表4-10所示。

表 4-10　作业动因量化表

作业名称	作业动因	数　　量	产品消耗	
			高档品牌	大众化品牌
采购	采购次数	15	5	10
运输	运输公里数	30 000	12 000	18 000
出入库检验	检验次数	40	25	15
成品存储	托盘数	500	150	350
装卸搬运	装货次数	40	10	30
商品包装	包装箱数	400	120	280
商品分拣	分拣次数	20	8	12
档案管理	档案数	100	15	85
信息查询	查询次数	400	260	140

10. 物流费用分配

有了以上的数据资料，很容易就可以将各项作业成本账户归集的费用，按相应的作业动因分配到两种产品中去，进而得出两种产品各自的物流费用。以下是具体的计算过程，这里将高档品牌的商品简记为 A 产品，将大众化品牌的商品简记为 B 产品：

(1) 采购作业：

$$\text{每次采购的成本} = 89\ 502 \div 15 = 5\ 966.8(元)$$

两种产品各自应当负担的采购费用如下：

A 产品采购费用 $= 5 \times 5\ 966.8 = 29\ 834(元)$

B 产品采购费用 $= 10 \times 5\ 966.8 = 59\ 668(元)$

(2) 运输作业：

每公里运输成本 $= 236\ 976 \div 30\ 000 = 7.899\ 2(元)$

两种产品各自应当负担的运输费用如下：

A 产品运输费用 $= 12\ 000 \times 7.899\ 2 = 94\ 790.4(元)$

B 产品运输费用 $= 18\ 000 \times 7.899\ 2 = 142\ 185.6(元)$

(3) 出入库检验作业：

每次检验的成本 $= 44\ 344 \div 40 = 1\ 108.6(元)$

两种产品各自应当负担的检验费用如下：

A 产品检验费用 $= 25 \times 1\ 108.6 = 27\ 715(元)$

B 产品检验费用 $= 15 \times 1\ 108.6 = 16\ 629(元)$

(4) 成品存储作业：

每件成品的存储成本 $= 199\ 752 \div 500 = 399.504(元)$

两种产品各自应当负担的存储成本如下：
A 产品存储成本 =150×399.504=59 925.6(元)
B 产品存储成本 =350×399.504=139 826.4(元)
(5) 装卸搬运作业：
每次装卸搬运成本 =69 160÷40=1 729(元)
两种产品各自应当负担的装卸费如下：
A 产品装卸费 =10×1 729=17 290(元)
B 产品装卸费 =30×1 729=51 870(元)
(6) 商品包装作业：
每箱商品的包装成本 =91 536÷400=228.84(元)
两种产品各自应当负担的包装费如下：
A 产品包装费 =120×228.84=27 460.8(元)
B 产品包装费 =280×228.84=64 075.2(元)
(7) 商品分拣作业：
每次分拣成本 =43 734÷20=2 186.7(元)
两种产品各自应当负担的分拣费用如下：
A 产品分拣费用 =8×2 186.7=17 493.6(元)
B 产品分拣费用 =12×2 186.7=26 240.4(元)
(8) 档案管理：
每份档案的管理成本 =95 197÷100=951.97(元)
两种产品各自应当负担的管理成本如下：
A 产品管理成本 =15×951.97=14 279.55(元)
B 产品管理成本 =85×951.97=80 917.45(元)
(9) 信息查询：
每次查询成本 =23 799÷400=59.497 5(元)
两种产品各自应当负担的查询费如下：
A 产品查询费 =260×59.497 5=15 469.35(元)
B 产品查询费 =140×59.497 5=8 329.65(元)
A、B 两种产品各项物流成本汇总后如表 4-11 所示。

表 4-11　两种产品物流成本明细表　　　　　　　　　　单位：元

作业名称	A 产品	B 产品	合　　计
采购	29 834	59 668	89 502
运输	94 790.4	142 185.6	236 976
出入库检验	27 715	16 629	44 344
成品存储	59 925.6	139 826.4	199 752
装卸搬运	17 290	51 870	69 160

续表

作业名称	A产品	B产品	合计
商品包装	27 460.8	64 075.2	91 536
商品分拣	17 493.6	26 240.4	43 734
档案管理	14 279.55	80 917.45	95 197
信息查询	15 469.35	8 329.65	23 799
合计	304 258.3	589 741.7	894 000

设该企业的其他相关财务信息如表4-12所示。

表4-12 产品毛利

项目	A产品	B产品	合计
销量/件	3 000	18 000	21 000
单价/元	1 000	100	1 100
销售额/元	3 000 000	1 800 000	4 800 000
生产成本及期间费用/元	2 150 000	1 200 000	3 350 000
扣除物流成本前的税前利润/元	850 000	600 000	1 450 000

两种成本计算方法的比较如表4-13所示。

表4-13 两种成本计算方法的比较

项目	A产品		B产品	
	传统方法	作业成本法	传统方法	作业成本法
销量/件	3 000	3 000	18 000	18 000
销售额/元	3 000 000	3 000 000	1 800 000	1 800 000
生产成本及期间费用/元	2 150 000	2 150 000	1 200 000	1 200 000
扣除物流成本前的税前利润/元	8 500 000	850 000	600 000	600 000
物流成本/元	558 750	304 258.3	335 250	589 741.7
税前净利润/元	291 250	545 741.7	264 750	10 258.3
税前净利率/(%)	34.26	64.2	44.13	1.7
单位物流成本/元	139.69	76.06	13.97	24.57

注：这里的生产成本及期间费用包括除物流成本外的制造成本、管理费用、销售费用等其他一切资源的消耗，而且设这些成本信息都是准确、符合可观实际情况的。那么在传统的物流成本核算方法下，由于企业是将物流成本按产品的销售额比例进行分配的，因此，分配给A、B两种产品的物流成本计算如下：

A产品的物流成本 =894 000×3 000 000÷4 800 000=558 750(元)

B产品的物流成本 =894 000×1 800 000÷4 800 000=335 250(元)

从表 4-13 中不难看出，两种产品如果按照传统的成本核算方法进行计算，则两种产品的税前净利率相差不多，B 产品的税前净利率甚至比 A 产品还高出 10 个百分点，但如果按照作业成本法进行计算，则情况就大不相同了，A 产品的税前净利率将近翻了一番，而 B 产品的税前净利率只有可怜的不到 2%，已经接近了亏损的边缘。造成这种情形的主要原因是，由于 A 产品单价高、销售额大，而 B 产品单价低、销售额小，根据传统的成本计算方法，按产品销售额这一单一成本动因来分配企业的物流成本，这必然使销售额大的 A 产品分担了大部分的物流费用，这其中也包括了本应该由 B 产品承担的一部分物流费用，这将严重地扭曲了物流成本的实际情况。因为实际情况是 A 产品由于企业为了维护其高档产品的形象，对其销量进行了一定的控制，并且其主要市场是在各大城市；而 B 产品销量大，并且主要市场是在一些中小城市，这就造成了 B 产品与 A 产品相比起来，客户比较多而零散，货物运输路途远，收发货的次数比较频繁，因此也就造成了 B 产品的物流总成本大大超过了 A 产品的物流总成本。

然而由于 A 产品属于高档产品，企业在单位产品的存储、运输等多方面的物流活动中都要投入更多的精力和时间，以此来维护产品的形象，因此，A 产品的单位物流费用大大超过了 B 产品。正是由于以上这些原因，所以采用传统的单一的数量标准进行物流成本的分配是不合适的，而作业成本法的多动因分配体系是比较符合客观情况的，并且能较为准确地反映出企业两种产品物流成本的情况。

4.4 物流作业成本法的优势及适用条件

4.4.1 物流作业成本法的优势

物流作业成本法的优势主要表现在以下几个方面。

1. 体现了现代物流价值链的形成过程

作业成本法不仅揭示了成本的经济实质 (价值消耗) 和经济形式 (货币资金)，而且反映了成本形成的动态过程。其中，作业推移的过程也是价值在企业内部逐步积累、转移，直到最后转移给顾客的总价值 (即最终产品成本) 的过程。作业成本法通过作业这一中介，将费用发生与产品成本 (服务) 形成联系起来，形象地揭示了成本形成的动态过程，使成本的概念更为完整、具体。

2. 能够真实计算物流成本

物流作业成本的计算步骤分为两个阶段：第一阶段是将物流费用根据资源动因分配到同质的作业成本库；第二阶段是根据作业动因，把各作业成本分配到各物流成本对象，计算出各物流成本对象的成本。由于物流作业大多数属于支持性作业，其物流费用大多数是间接费用，利用作业成本法计算物流作业时，以作业为中心，着眼于分析物流费用产生的原因，采用多样化的分配标准。物流费用产生的原因不同，归集和分配费用的方法也不同，这样，就大大提高了物流费用的可归属性。有利于克服物流费用归集分配标准不相关的缺陷，从而能够较准确地确认物流费用，并且能较容易地实现按照商品、顾客、销售地区、营业部门等不同物流作业对象来计算物流成本。因此，物流成本不再是"不可捉摸"，而是比较客观、真实、准确的。

3. 反映出了现代物流作业为满足顾客需要而建立的一系列有序的作业集合体

现代企业观认为，企业是由一系列作业组成的作业链，每完成一项作业都要消耗一定的资源，产品成本实际上就是制造和运送产品所需要的全部作业所消耗的资源成本，作业是资源与产品之间的桥梁。作业成本法根据作业消耗资源、产品消耗作业的指导思想，将成本计算的重点放在作业上，以作业作为核算对象，这相对于传统的成本计算方法就发生了一次根本性的变革。

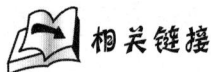
相关链接

支付宝的"六脉神剑"

从2004年创立至今，支付宝已经成为中国互联用户和商家首选的网上支付方案，为电子商务各个领域的用户创造了巨大的价值。目前，除淘宝和阿里巴巴外，有超过46万的商家和合作伙伴支持支付宝的在线支付和无线支付服务，范围涵盖了B2C购物、航旅机票、生活服务、理财、公益等众多方面。其中，国内外160多家银行以及Visa、MasterCard国际组织等机构已与支付宝建立了深入的战略合作关系，支付宝已经成为金融机构在电子支付领域最为信任的合作伙伴之一。

支付宝的高速成长，一方面因为它抓住了伴随电子商务大发展而来的第三方支付蓬勃发展的机遇；另一方面，作为阿里巴巴集团的关联公司，支付宝在企业文化方面带有浓厚的阿里色彩，并在此基础上孕育出自身独特的文化，而这也助推了它的成长。

支付宝和阿里巴巴集团都以"橙色"作为公司Logo的颜色。"橙色"的寓意：激情、温暖、希望、梦想；"橙"与"成长"的"成"谐音，代表着员工和公司都像橙子一样在成长，从青涩到成熟，最后散发出香味；同时，"橙子"也代表着阿里巴巴的文化就像有皮、肉、核的橙子一样，有着丰富的层次。作为阿里巴巴集团的关联企业，支付宝的"橙色"文化与阿里巴巴集团是一脉相承的。

在支付宝，"信任"是被强调最多的理念。"因为信任，所以简单"，是支付宝打出的响亮口号。这种信任，包含着3个层面：打造值得客户信任和托付的产品；营造关系简单、快乐协同的组织环境；尽己所能，打造以信任为基础的社会环境，促进商业文明的开放、透明、分享。

支付宝的起源和它相对独特的业务模式，使它表现出一种"混搭"文化，既是快速变化的互联网行业，又是严谨保守的金融业；既要拥抱创新和变化，又要坚守传统和稳健；既要做梦想家，又要脚踏实地。

马云一直不厌其烦地对外宣传阿里巴巴的价值排序：客户第一、员工第二、股东第三。在阿里巴巴大家庭内，也有一套价值体系，被称为"六脉神剑"，即客户第一、拥抱变化、团队合作、诚信、激情、敬业。这套价值体系是阿里巴巴企业文化的内核，也是企业制定一切业务决策和管理规则的基础。支付宝的价值体系和阿里巴巴集团的价值体系保持一致。

在支付宝，员工已将这些原则自觉转化为日常行为。企业高管"大乔"和我们分享了几个故事：一次，风险控制部门的员工监测到某个客户的账户被黑客入侵，风控员工马上给这位客户打电话，帮助客户解决了问题,并告诉他未来如何防范这类问题。客户接到电话,深感意外,因为风控人员根本没有必要这样做。还有一次,客户满意部的某个员工正接受客户电话咨询,突然,客户话费不足,掉线了。客满人员马上给这位客户的手机充值,接着打电话过去,继续接受客户的咨询。

类似这样的故事,每天都在支付宝上演。在支付宝员工眼里,客户的事情无小事。支付宝已将"六脉神剑"纳入企业的管理机制,具体做法是在员工考核过程中,业绩表现和价值观行为表现各占50%的比重。对价值观进行考核,似乎是件很难的事情。支付宝将"六脉神剑"包含的六大价值观各自分解成5条行动指标,每条占1分,且每一条行动指标的难度和要求都高于前一条。例如,"团队合作"的价值观被分解成5条行动指标,第一条做到了,得1分,然后再看能不能做到第二条。以此类推,类似通关制。对核心管理层的价值观考核则更为严格。他们需要遵循的价值标准有9条,在"六脉神剑"基础上增加了"眼光""胸怀"和"超越伯乐"。这9条价值观也各被分解成3条行动指标,按通关制的方式,逐条进行考核。

【拓展文本】

阿里巴巴集团愿景里有一条:做幸福指数最高的企业,这也是支付宝的企业愿景之一。每一个到过支付宝公司的人,大约都会羡慕这里员工的工作环境。办公室边上设有孕妇休息室、理疗室、医务室、儿童玩乐区、台球室、健身房等功能区。公司里有各种各样以共同兴趣爱好聚到一起的"民间帮派",几乎每天都有自发活动。公司还为员工举行集体婚礼,更推出了一系列让员工生活更有保障的计划,如蒲公英互助计划、彩虹计划等,这些只是支付宝善待员工最表层的内容。"支付宝是一家有情感的公司,这一条很多公司未必能做到。有情感,是指主管和员工都是带着感情来工作的。"从设立校友会这个细节中,可以感受到了支付宝对员工的情感投入。再好的企业,也有员工离职。所有从支付宝离职的员工都成为支付宝"校友会"会员。每当节日或者离职员工的生日,公司会向这些早已离开公司的员工发去节日问候或生日祝福,以此维系情感,纪念曾经共同走过的时光。

(资料来源:http://www.hizcn.com/Article.asp?id=1127677.)

4. 作业成本法可以增加物流服务价值

作业成本法不仅可以提供相对准确的成本信息,而且还可以通过作业链和价值链分析,进行作业管理。一方面,通过对所有与物流相关联的作业进行追踪分析,尽可能消除"不增值作业",改进"可增值作业",优化物流作业链和价值链,为降低物流成本,增加物流服务价值提供相当大的可能;另一方面,通过落实物流作业成本控制目标,计量实际物流作业成本水平,进行物流作业绩效评价等控制物流成本,从而实现降低物流成本,增加物流服务价值的目标。

4.4.2 作业成本法的适用条件

作业成本法创始者库珀和卡普兰提到,虽然作业成本法源起于制造业,但它更适合应用在服务业,主要原因是服务业的间接成本占了总成本的绝大部分,且这些间接成本非常不容易追踪,而唯有采用作业成本法的观点来做从头到尾的流程分析,服务业才能掌握每个顾客服务的真正成本。根据作业成本法的特点,理论界较为一致的观点认为,具有下列特性的企业较适合采用作业成本法。

(1) 企业自动化成本高，间接费用在成本结构中的比重大。间接费用在成本结构中占的比例越大，采用传统成本法分配间接费用，越会使成本信息受到严重的歪曲，进而影响到成本决策的正确性。如果采用作业成本法，将会提高间接费用分配的精确性。

(2) 企业规模大，个性化生产，产品种类繁多。产品种类繁多的企业，通常存在间接生产费用在不同种类产品之间进行分配的问题，传统成本计算法笼统地将不同质的间接生产费用统一的分配率作为标准进行分配，显然会使成本信息不可靠。而作业成本法以作业为中心，区分不同质的费用采用不同的动因进行分配，能准确地将成本追溯到各种产品。

【拓展文本】

(3) 竞争激烈。因为越是竞争激烈的产业越需要有正确的价格策略，而正确的成本信息正是制定价格策略不可缺少的工具。

(4) 日常订单流失。这可能表示该企业的成本分析出现盲点，以致失去竞争力，需要利用作业成本法来确立正确的成本。

(5) 企业信息化水平高。采用以计算机技术为主要技术支持和处理的系统，能够更好地满足作业成本计算所需的数据收集、信息提供和程序运行等技术性条件，使作业成本法的实施符合成本—效益原则，并进一步促进这一更为先进的成本管理方法的使用。

(6) 各个产品需要技术服务的程度不同，即技术层次不同。

(7) 现有成本管理模式不适应企业管理要求，现行成本信息的准确性受到怀疑。

(8) 具有较高业务水平的管理人员，尤其是高素质的财务人员。

4.5 采用物流作业成本法的必要性及可行性分析

在间接费用高、产品品种复杂的情况下，传统成本法提供的信息严重扭曲了产品的实际成本，误导了企业的经营决策，而作业成本法对企业中发生的所有成本都进行了追溯，有效避免了成本核算的疏漏，对企业经营者确定成本经营策略提供了依据，因此企业应考虑采用作业成本法。同时从物流系统营运成本的特点(即营运间接费用在营运成本中所占比例很大)来看，更应考虑采用作业成本法。必要性主要表现在以下几个方面。

4.5.1 采用物流作业成本法的必要性分析

1. 企业物流成本中间接费用在总成本中的比例较高的特点与作业成本管理适用的条件不谋而合

物流企业或企业中的物流部门不生产有形的产品，而是提供无形的物流服务。由于物流企业以物流合同或客户为成本计算对象，生产物流服务这一产品所耗的直接人工和直接材料很少，它的成本几乎全部由间接费用构成。物流企业的营运间接费用包含的项目范围很广，种类很多，在营运成本中所占比例也很大。在物流企业或部门提供物流服务的过程中，不能归入直接人工和直接材料的费用支出很多，例如运输车辆的营运、维护，仓库的折旧，装卸、搬运、升降设备的折旧、维修，水、电、物业管理及信息系统的开发维护等。

2. 物流企业或部门个性化生产的要求高

物流服务产品的物化表现是企业与客户签订的合同，而且几乎没有两份完全一样的合同要求一样的服务，就是说物流服务产品生产的个性化极高。

3. 作业成本法能有效解决物流企业产品定价难的问题

由于物流服务产品存在无形性、瞬时性和多样性的特点，导致物流企业对其产品的定价比较困难，传统成本法对此无能为力，而作业成本法能有效地解决这一问题，它可以将作业分析的观点应用于物流服务产品的定价决策。作业成本法不仅将成本的计算深入到作业的层面，分别对每一项作业进行价值确认，从而计算出整体物流服务的成本，而且能准确计算出每个客户的服务成本及客户间的成本差异。这样，企业就可以获得可靠的产品成本信息。而产品的价格建立在产品成本的基础上，因而物流企业或部门可以利用作业成本法合理制定出产品的价格，有效解决产品定价难的问题。

4. 物流企业或部门有必要通过运用作业成本法来对企业的作业流程进行改造

物流企业或部门建立在供应链、服务链等作业链的基础上，而在企业中，并非所有的作业链都能创造价值，因而物流企业或部门有必要通过运用作业成本法来对企业的作业流程进行改造。因此，物流企业或部门是最需要采用作业成本法来进行管理的企业类型之一。

4.5.2 采用物流作业成本法的可行性分析

物流作业成本法能很好地应用于物流成本管理主要表现在以下几个方面。

1. 物流运作方式与作业成本法的思想有相似性

(1) 作业成本法体现了现代企业物流成本管理的理论与价值观念。作业成本法适用于产品(服务)品种结构复杂，工艺多变，经常发生调整生产作业的情形中，而物流企业提供的是无形的服务，其物化表现为与客户签订合同，每个客户所要求的服务都是不一样的，这与作业成本法能很好地应用于物流成本管理是相适应的。作业成本法能辅助企业准确掌握提供物流服务的成本，进而辅助产品定价、客户赢利性分析以及物流流程改进等。在企业的物流成本管理中应用作业成本法不但可以去除无效成本，而且还可以再造整个物流管理过程。

(2) 作业成本法使成本计算、控制和分析更具科学性，对物流成本中间接成本的分配更为合理。作业成本法正是针对制造费用(生产企业)、间接费用(生产和服务企业)比例很高的企业而提出的。物流企业提供物流服务的过程以及生产企业的物流活动过程中，涉及的间接费用比例很高，且都不能直接归入直接成本。随着时间的推移，间接费用的重要性大大提高，在许多企业，间接费用占产品成品的比重比直接人工大得多，并且许多间接作业与产品产量并不相关，即产品对这些间接作业的消耗比率不同于产量相关间接作业。由于这一原因使用传统成本计算的方法可能扭曲产品成本。

（3）作业成本法更有利于绩效评价与考核。作业成本法通过建立的作业中心也就是各个责任中心，可以真实核算各种产品生产经营过程的资源消耗，从而比传统成本方法更容易发现具体问题和进行改进工作。因此，在市场机制下使各部门、各环节管理人员对成本费用责任更加明确，更有利于业绩的评价与考核。绩效评估是一个有效的管理工具，建立绩效评估的主要目的就是使物流系统不断地得到改进。绩效评估系统通过不断地衡量各项作业的效率，不断地改进物流系统。一个好的绩效评估系统应该能够减少订货至交货的时间，降低物流成本，提高物流作业的效率，改善物流的服务水平。

2. 企业信息化水平不断提高

【拓展文本】

由于企业的物流活动要形成完整的物流链过程，通常包括运输、仓储、装卸搬运、包装、配送、流通加工以及物流信息服务等环节。而在每一环节，都会涉及若干不同的作业流程及大量的作业信息数据。毫无疑问，应用作业成本法进行计算是比较复杂的，为了解决此问题，这方面的软件工具要求非常成熟，而现代企业信息化水平的不断提高能很好地满足这一要求。例如，独立的作业成本核算软件能够从现在的信息系统中抽取相关运作数据，用于成本核算，所需要做的只是把作业成本软件系统与现行的信息系统建立数据联系。

3. 企业财务及管理人员整体素质不断提高

从作业成本法的可行性角度出发，要对企业的成本运用作业成本法进行控制，需要有高素质的人员进行配合。随着企业财务及管理人员整体素质的不断提高，将为作业成本法的顺利实施打下良好的基础。

本 章 小 结

作业成本法是将间接成本更准确地分配到作业、产品、顾客、服务以及其他成本计算对象的一种成本计算方法，体现的是一种精细化和多元化的成本计算和管理思想。

作业成本法的基本原理可概括为产品消耗作业，作业消耗资源并导致成本的发生。作业成本法把成本核算深入作业层次，它以作业为单位收集成本。物流作业成本计算需要以下几个步骤：分析和确定资源，建立资源库；分析和确认企业物流作业，建立物流作业成本库；确定资源动因，分配资源耗费至作业成本库；确定作业动因，分配作业成本至成本计算对象。

资源指支持作业的成本、费用来源，它是一定期间内为了生产产品或提供服务而发生的各类成本、费用项目。资源动因是指资源被各项作业消耗的方式和原因，它反映了作业对资源的消耗情况，是把资源库资源分配到各作业成本库的依据。

作业是企业为了某一特定目的而进行的资源耗费活动，是连接资源耗费和成本计算对象的桥梁。企业经营过程中的每个环节或每道工序都可以视为一项作业，企业的经营过程就是由若干项作业构成的。作业有两个基本特点：一是作业作为最基本的成本计算对象，必须具有量化的特点；二是作业贯穿于企业经营的全过程，作业的定义根据管理需要可粗可细，但必须囊括全部经营活动。成本动因是指作业被各种产品或劳务（即最终成本计算对象）消耗的方式和原因，它是作业成本库成本分配到成本计算对象中去的标准。选择成本动因要考虑的因素：相关性、计量性及计量成本的合理性。取得成本动因的基本方法有观察、记录、问卷、访谈。

 关键术语

作业成本法　资源　资源动因　作业　作业动因　直接费用　间接费用

习　题

一、选择题

1. 物流作业成本法是（　　）的更准确的分配方法。
   A. 直接费用　　　B. 间接费用　　　C. 原材料费　　　D. 燃料费
2. 成本动因是（　　）。
   A. 将作业成本库的成本分配到成本对象中去的标准
   B. 把资源库资源分配到各作业成本库的依据
   C. 指资源被各项作业消耗的方式和原因
   D. 为了生产产品或提供服务而发生的各类成本、费用项目
3. 资源动因是（　　）。
   A. 作业被各种产品或劳务即最终成本计算对象消耗的方式和原因
   B. 资源被各项作业消耗的方式和原因
   C. 将作业成本库的成本分配到成本对象中去的标准
   D. 连接资源耗费和成本计算对象的桥梁
4. 作业成本法以（　　）为单位收集成本。
   A. 产品　　　　　B. 产量　　　　　C. 销售额　　　　D. 作业

5. 作业成本法适用于（　　）。
   A. 间接费用在成本结构中的比重大的企业
   B. 间接费用在成本结构中的比重小的企业
   C. 直接费用在成本结构中的比重大的企业
   D. 直接费用在成本结构中的比重大的企业

二、简答题

1. 作业成本法的基本原理是什么？
2. 作业成本法的计算步骤有哪些？
3. 作业成本法与传统成本的计算方法有哪些区别？
4. 实施作业成本法的意义有哪些？

基于作业成本法的农产品冷链物流成本核算

1. 农产品冷链物流及成本概述

农产品冷链物流就是把以水果、蔬菜、鱼、肉、蛋等为代表的农产品从产地采购、加工、储藏、运输、销售直到消费的各个环节都处于低温环境中以保证农产品的质量，减少农产品的损耗，防止农产品的变质和受污染。农产品冷链物流主要包括冷冻加工、冷冻存储、冷藏运输及配送、冷冻销售4个环节。

农产品冷链物流包括以下成本。

1) 直接成本

(1) 普通物流作业成本：在冷链物流作业中发生的和普通物流作业相同的作业成本，包括运输、包装、装卸搬运、流通加工成本。主要包含机械的燃料、维修保养、水电消耗、折旧、租赁、车检、税金、事故损失和养路费等费用。

(2) 直接材料成本：为完成冷链物流作业而消耗的所有材料所产生的费用。包括产品材料成本及产品包装材料成本。

(3) 直接人工成本：在冷链物流作业期间内，为完成作业而产生的所有人工费用，包括作业人员费用和管理人员费用。

(4) 冷链作业成本：在冷链物流作业期间内，产品的流通加工、储存、销售等过程中所需的冷藏环境所产生的所有费用的总和。

2) 间接成本

(1) 资源动因成本：在冷链物流作业期间内，若部分资源(如水、电、单位产品)的价格发生改变，就会随之产生相应的成本，称为资源动因成本。

(2) 作业动因成本：在冷链物流作业期间内，若某一冷链作业的作业环节(如冷冻加工、冷藏存储、冷藏配送等)的不确定因素(如作业时间)发生改变，作业成本就会随之发生改变，称为作业动因成本。

2. 基于作业成本法核算农产品冷链物流成本的基本步骤

运用作业成本法核算农产品冷链物流成本，主要是将间接成本准确地分配到冷链作业中，再通过物流作业到农产品冷链物流这一核算对象中来。运用作业成本法核算农产品冷链物流成本的具体步骤为：

①分析和定义农产品冷链物流作业；②确定冷链物流系统涉及的资源；③确定资源动因，将资源分配到作业成本库；④确定作业动因，将作业成本分配到冷链物流的各项成本对象中。

3. 农产品冷链物流成本核算应用案例

M公司是一家专业的冷链物流公司，是提供农产品冷冻加工、包装及配送服务为主的冷链物流公司。目前该公司已有相当的规模和比较完善的冷藏系统。现以该公司2015年5月的资料为依据，运用作业成本法计算M公司5月的成本。M公司于2015年5月同时与A、B两公司都签订了合同，合同基本内容如下：A、B两公司分别需要M公司为其加工2 400箱、2 000箱农产品并要求分别送至A、B两公司，其中A公司要求分8次送，每次300箱；B公司要求分10次送，每次200箱。为了达到客户的要求，M公司需要300平方米的仓库来满足A公司的货物存取，需要200平方米来满足B公司的货物存取。为了简便计算和比较，假设A、B两公司的配送路程相同，且产品的加工和储存、运输方式都相同，计算作业成本。

(1) 各项资源成本分析。根据M公司的财务资料可以得到该月的间接费用主要有电费、燃油费和机器折旧费。将上述各项费用分配到各项作业中去，如表4-14所示。

表4-14 各冷链作业环节的资源分配表　　　　　　　　　　　单位：元

项　目	电　费	燃油费	折旧费	合　计
冷链加工	1 300	—	900	2 200
采购作业	—	1 100	—	1 100
包装作业	840	—	304	1 144
存储作业	3 100	—	1 150	4 250
配送作业	605	4 141	735	5 481
入库作业	582	3 425.6	640	4 647.6
入库作业	585	3 915.2	745	5 245.2
合计	7 012	12 581.8	4 474	

(2) 根据成本动因分配率＝作业成本/成本动因量，可以计算出各个作业环节的成本动因分配率，具体数据如表4-15所示。

表4-15 各项作业的作业动因率表

项　目	作业成本/元	成本动因量	成本动因分配率
冷链加工	2 200	4 400	0.5
采购作业	1 100	4 400	0.25
包装作业	1 144	4 400	0.26
存储作业	4 250	500	8.5
配送作业	5 481	18	304.5
入库作业	4 647.6	18	258.2
出库作业	5 245.2	18	291.4

(3) 分配作业成本至成本计算对象，计算结果如表4-16所示。

表4-16 各项作业成本分配表

项　目	作业成本/元	成本动因分配率	A成本动因量	B成本动因量	A作业成本/元	B作业成本/元
冷链加工	2 200	0.5	2 400	2 000	1 200	1 000
采购作业	1 100	0.25	2 400	2 000	600	500
包装作业	1 144	0.26	2 400	2 000	624	520
存储作业	4 250	8.5	300	200	2 550	1 700
配送作业	5 481	304.5	8	10	2 436	3 045
入库作业	4 647.6	258.2	8	10	2 065.6	2 582
出库作业	5 245.2	291.4	8	10	2 311.2	2 914

(资料来源：李婷，宋志兰. 基于作业成本法的农产品冷链物流成本核算 [J]. 物流工程与管理，2014(10)：17-20.)

思考：
(1) 什么是农产品冷链物流？
(2) 农产品冷链物流成本包括哪些项目？

当当网与京东商城物流配送模式分析

1. 当当网物流配送模式分析

当当网在配送模式上选择了第三方物流的方式，进行了配送环节的创新。中国没有UPS、FedEx这样覆盖全国乃至全球的物流企业，当当网现在的做法是航空、铁路、城际快递、当地快递公司齐上，并且主要是依靠专业快递公司进行配送，与民营快递公司合作，并在一些大城市扩建了自己的仓储中心，并且通过选好配送公司，从而以更快的速度为消费者提供更高水平的服务。将库存控制在最低水平，实行零库存运转，由于保持了低库存，当当网的库存周转速度很快，降低了退货比率。

当当网对商品品种选择适当、价格合理，商品质量和配送服务等能满足顾客需要，所以保持了很低的退货比率，极低的退货比率不仅减少了企业的退货成本，也保持了较高的顾客服水平并取得良好的商业信誉。当当网根据不同商品类别建立不同的配送中心，提高配送中作业效率。当当网的配送中心按商品类别设立，不同的商品由不同的配送中心进行配送。这样做有利于提高配送中心的专业化作业程度，使作业组织简单化、规范化，既能提高配送中心作业的效率，又可降低配送中心的管理和运营费用，从而降低了企业的成本。

2. 京东物流配送模式分析

京东以自营配送模式、第三方物流配送模配送模式为主。

(1) 自营配送模式。京东在北京、上海、广州、成都4座城市建设了自己的物流体系。与此同时，还在苏州、杭州、天津、深圳、南京、无锡、宁波7座城市开通配送站，并欲在华东物流中心旁建一座比其更大的物流仓储中心来支持企业的自营配送模式。京东建立自己的物流系统，依靠自身的配送队伍，一方面可以避免第三方物流产生的更高的物流成本；另一方面也可以加强管理，扩大企业自身规模，增强企业核心竞争力。但是，虽然规模相对其他企业要大不少，京东的成本压力并不小，用户获取成本也相当高，未来物流成本占比和人力成本还有上升风险。

(2) 第三方物流配送模式。第三方物流配送模式是指企业在配送方面没有能力提供快速的、便捷的物流服务，则将部分物流配送业务或全部配送业务包给专业的物流公司。借助这种模式企业可以节省物流成本，并且可以根据自身的需要来选择合适的第三方物流企业，灵活性较大。京东在自营配送到达不了的区域内，选择与当地的快递公司合作，来完成货物的配送任务。另外在配送大家电时，京东还选择与厂商进行合作，因为大家电的物流配送成本较高，假设京东自行运送则成本将高于利润。

当当网和京东都采用了第三方物流的配送模式，第三方物流模式具有较大的灵活性，可以根据企业的规模和经济效益选择。从综合方面来考虑，京东在基础设施上的布局，尤其是仓储物流方面，较其他对手要完善的多，同时正在加大原本落后的IT方面的投入。

(资料来源：章雪，张曼利，张涵，徐鲲. 电商行业的物流成本控制与分析——以当当、亚马逊、京东商城为例 [J]. 时代经贸，2013，272(3)：114–116.)

思考： 当当网与京东物流配送模式各有哪些特点？

第5章 物流成本预算

【教学目标与要求】
理解物流成本预算的概念。
掌握物流成本预算编制的方法。
掌握物流成本预算编制的程序。
了解物流成本预算的作用。

深圳航空公司预算管理系统

深圳航空有限责任公司(以下简称"深航")于1992年11月成立,1993年9月17日正式开航。股东为中国国际航空股份有限公司、深国际全程物流(深圳)有限公司,主要经营航空客、货、邮运输业务。目前深航共拥有波音747、波音737、空客320、空客319等各类型客货机逾百架,经营国内国际航线200多条。从2001年开始,深航开始实行全面预算管理,坚持以降低成本作为预算管理的总体指导思想,将一切经济业务纳入预算管理,做到事前有预测,事中有控制,事后有反馈考核,取得了良好的经济效益。

1. 深航低成本竞争策略

深航的管理者对企业发展和航空运输有独到的认识,通过认真分析外部经营环境,找准市场定位,实施有效战略,为企业确定了正确的前进方向。深航认为,市场竞争取胜之道无非两条:一是"巧取";二是"豪夺"。深航本身规模实力不具备"豪夺"的条件,只能巧取,尤其是在涉及企业长远利益的战略目标、方针的设计上,必须做到"巧""准""稳"。为此,他们全面分析国内各航空企业的战略选择和战略布局,注意避开国企在战略选择上的一些失误、失策以及其他欠缺之处,同时以美国西南航空公司低成本运作模式作为参照系,科学地确定公司的战略目标和方针,为公司的长远发展奠定坚实可靠的基础,从根本上确立公司在市场竞争中的优势。

2. 实施全面预算管理

如何让航线成本核算成为航空公司制定有效营销策略的重要依据?如何有效控制企业经营成本?如何实现低成本战略,在市场竞争中脱颖而出?深航建立了完善的预算编制、控制与分析体系。

(1) 预算体系。深航的预算管理工作由财务部负责,财务部每年10月下达预算样表,两周内集团本部的各部门及下级二级公司根据自身情况安排编制本公司预算。根据深航的管理需求,按照各部门的费用项目进行预警控制、部分费用项目要求进行事前控制,预算体系为以下两个部分:①财务预算,即按照会计科目、辅助项制定预算样表;②费用预算,即按照收支项目、部门制定预算样表。

(2) 预算编制。财务部门制定预算样表,并垂直分解样表到各部门,各部门填制计划。

(3) 预算控制。各部门通过权限设置实时查询自己部门的预算执行情况,并进行分析。

(4) 预算分析。以预算为基准,对照实际执行的结果,考察预算差异和预算执行进度,并提出改进措施。

3. 实施效果

从2001年开始,深航开始实行全面预算管理,坚持以降低成本作为预算管理的总体指导思想,将一切经济业务纳入预算管理,做到事前有预测,事中有控制,事后有反馈考核。

现代企业发展离不开规范、严格、有效的财务管理,深航在实际工作中以财务管理为核心,科学的预算和有效的财务监督渗透到公司运营的各个方面,使深航低成本战略落地生根,开花结果。

(资料来源:http://www.233.com/wuliu/anli.)

深圳航空公司实施全面预算管理，有效控制了企业经营成本，在市场竞争中脱颖而出。物流成本预算作为物流系统成本计划的数量反映，可以为评估物流成本控制绩效提供标准，发现差异，使物流部门和物流运营者能够按科学的计划去开展物流业务，降低物流成本。

5.1 物流成本预算概述

5.1.1 物流成本预算的概念

预算是用数字表示预期结果的一种计划。计划包括规划、程序、预算等各种具体的计划形式。物流成本预算是指以货币形式反映的企业未来一定时期内的物流成本水平。物流成本预算作为物流系统成本计划的数量反映，是控制物流活动的重要依据和考核物流部门的绩效标准。

 知识拓展

计划的含义与作用

1. 计划的含义

计划是明确所追求的目标以及相应的行动方案的活动。

2. 计划的作用

在管理实践中，计划是其他管理职能的前提和基础，并且还渗透到其他管理职能之中，计划在管理活动中具有特殊重要的地位和作用。

(1) 计划是组织生存与发展的纲领。我们正处在一个经济、政治、技术、社会变革与发展的时代。在这个时代里，变革与发展既给人们带来了机遇，也给人们带来了风险，特别是在争夺市场、资源、势力范围的竞争中更是如此。如果管理者在看准机遇和利用机遇的同时，又能最大限度地降低风险，即在朝着目标前进的道路上架设一座便捷而稳固的桥梁，那么，组织就能立于不败之地，在机遇与风险的纵横选择中，得到生存与发展。如果计划不周，或根本没计划，那就会遭遇灾难性的后果。

(2) 计划是组织协调的前提。现代社会的各行各业的组织以及它们内部的各个组成部分之间，分工越来越精细，过程越来越复杂，协调关系更趋严密。要把这些繁杂的有机体科学地组织起来，让各个环节和部门的活动都能在时间、空间和数量上相互衔接，既围绕整体目标，又各行其是，互相协调，就必须要有一个严密的计划。管理中的组织、协调、控制等如果没有计划，那就好比汽车总装厂事先没有流程设计一样不可想象。

(3) 计划是控制活动的依据。计划不仅是组织、指挥、协调的前提和准则，而且与管理控制活动紧密相联。计划为各种复杂的管理活动确定了数据、尺度和标准，它不仅为控制指明了方向，而且还为控制活动提供了依据。经验告诉我们，未经计划的活动是无法控制的，也无所谓控制。因为控制本身是通过纠正偏离计划的偏差，使管理活动保持与目标的要求一致。

【拓展文本】

【拓展视频】

3. 计划的内容

我是谁?（使命）我的处事原则是什么?（价值观）我要到哪里去?（目标）我如何到哪里去?（战略）对这些问题的回答构成了企业中各种具体的计划形式，这是一个由上至下的层次结构，如图 5.1 所示。

- 组织的宗旨
- 组织的使命
- 组织的目标
- 组织的战略
- 组织的政策
- 组织的程序
- 组织的规章
- 组织的规划
- 组织的预算

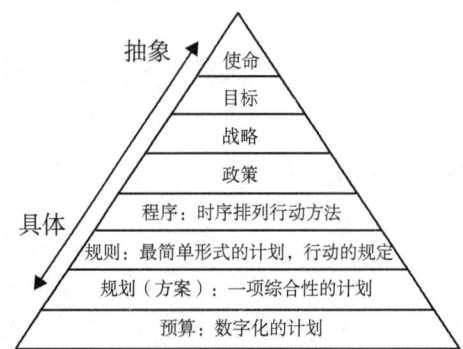

图 5.1 计划的表现形式

(资料来源：ttp：//www.docin.com/p-537034328.html&s=CAEB3CF424542A568E25510F6BF42D56。)

5.1.2 物流成本预算的作用

物流成本预算包括预算编制和预算控制两项职能。作为计划本身与计划实施、控制的中间环节，物流成本预算具有以下重要作用。

1. 明确物流成本目标

物流成本预算是物流成本计划的定量反映，明确建立和显示物流系统所要实现的近期成本目标。通过总的物流成本预算，加强了计划目标的可比性，在计划执行过程中作为依据，及时明确地提供偏差信息，以便管理层采取有效措施，扩大收益或减少损失。同时，物流成本预算使计划目标明确化，便于个人与组织理解和把握，帮助其了解自身在企业整体工作中的地位和作用，从而强化了计划目标的指导性和激励性。

【拓展文本】

2. 协调企业的物流活动

企业物流的总体经营目标，必须层层分解为物流各部门、人员和经营环节上的具体目标才能够得到落实。而最重要的是各部门、个人和经营环节的具体目标在方向上必须与总体经营目标保持一致，总体经营目标才有可能最终实现。通过编制物流成本预算可以把各组织层次、部门、个人和环节的成本控制目标有机地结合起来，明确它们之间的数量关系，有助于各个部门和经营环节通过正式渠道加强内部沟通并互相协调，从整个物流系统的角度紧密配合，实现成本控制目标。

3. 评价物流工作业绩

物流成本预算在确立组织内部各部门、环节、个人行动目标的同时，也进一步明确了它们所应承担的经济责任，使之能够被客观评价并具有可考核性，即通过实际数与预算数的比较分析，可以检查评价各部门、个人和环节的经济责任和计划任务的完成情况。

总之，通过物流成本预算可以明确各种物流成本控制目标，使每个物流部门、物流运营者为各自的成本控制目标而努力，有利于发挥各部门和个人的积极性、主动性和创造性；通过物流成本预算可以协调企业的物流活动，有助于各个部门和经营环节加强内部沟通并互相协调，取得良好的经济效益；通过物流成本预算可以为评估物流成本控制绩效提供标准，发现差异，使物流部门和物流运营者能够按科学的计划去开展物流业务，降低物流成本。

5.1.3 物流成本预算编制的内容

实施物流成本控制，需要将物流成本预算数额与实际数额进行比较，分析存在偏差的原因，提出改进的措施。因此，物流成本预算的编制内容与物流成本的核算内容基本类似，以保证成本控制目标的实现。由于在国家标准《企业物流成本构成与计算》（GB/T 20523—2006）标准中，对于企业的物流成本是按照物流成本功能、范围和支付形态进行分类核算，与此相适应，物流成本预算也应当按照上述标准进行分类编制。

1. 按物流成本功能编制预算

按物流成本功能编制的物流成本预算，主要包括运输成本预算、仓储成本预算、包装成本预算、装卸搬运成本预算、流通加工成本预算、物流信息管理费用预算等。上述预算明确了计划期内各项物流作业中的物流成本控制的目标，以此作为降低物流成本的依据。

企业物流运作模式分为自营与外包两种，物流成本预算的编制方式也不同。如果企业自营物流业务，首先将各成本项目耗费按其与业务量的关系分为变动费用与固定费用两部分。编制各成本项目变动费用预算时，可以先以上年该项变动费用总额除以业务量，求出上年的变动费用率，在此基础上考虑预算期可能发生的各种变动，适当调整变动费用率，再以调整后的变动费用率乘以预算期的业务量，则可得到预算期该项变动费用的数额。编制各成本项目固定费用预算时，可以根据上年度的固定费用数额，并考虑预算期可能变化的因素，确定预算期的各项固定费用。如果企业选择物流业务外包，通常根据业务量的大小一次性付费，这部分物流成本属于完全的变动费用，物流成本预算编制也比较简单，用预计的业务量乘以预计的单价即可。下面具体介绍运输成本、仓储成本、包装成本预算的编制过程。

1) 运输成本预算的编制

运输成本包括营业运输费和自营运输费两个部分。营业运输费是指利用营业性运输工具进行运输所支付的费用，自营运输费则是用自备运输工具进行运输所发生的费用，这两种费用在支付对象、支付形式及项目构成方面都有较大的差别，因而必须区别对待、分别编制预算。

关于营业运输费预算的编制。在进行营业运输时，其运输费是直接以劳务费的形式支付给承运单位（运输企业）的。营业运输费实质上是一种完全的变动费用，因此这种运输费预算的编制较为简单。如果企业采用汽车运输，运输费可按汽车标准运输率乘以运输吨公里计算确定；如果采用火车运输，运输费可按铁路标准运输率乘以运输吨公里计算确定；水路、航空运输等的运输费，以此类推计算。

自营运输费尽管费用项目比较复杂，但在构成上可分为以下两类：①随运输业务量增减成比例增减的变动运输费，如燃料费、维修费、轮胎费等；②不随运输业务量成比例变化的固定运输费，如司机和助手的基本工资、保险费等。为了有效地实施预算控制，在编制自营运输费预算之前，首先需区分变动运输费和固定运输费，然后分别编制变动运输费和固定运输费预算，最后汇总形成运输费用预算。

 相关链接

【拓展视频】

顺丰将建设自己的机场

2016年4月6日，中国民航局正式同意将湖北鄂州燕矶作为顺丰机场的推荐场址。该项目包括4E级全货机机场、物流运输基地和产业园，目标是建成为全球第四、亚洲第一的航空物流枢纽。

4E级是指跑道长度大于等于1 800米（长度的最高级别），机翼在52~65米，可以起降像波音747这样的远程宽体客机的机场，级别仅次于4F级。

据界面新闻报道，该项目包括全长3 600米的双跑道货运机场、物流基地和产业园，占地面积达到15~20平方公里，目标是建成亚洲航空货运枢纽之一。

顺丰目前是中国拥有货机数量最多的民营快递公司，自有货机数量达到37架次，包括波音767、波音757和波音737。

据悉，顺丰机场2020年建成后投入使用，2021年货物的吞吐量有望超过100万吨，成为亚洲第一个专业的货运机场。

（资料来源：http://mi.techweb.com.cn/tmt/2017-02-24/2491459.shtml.）

2) 仓储成本预算的编制

仓储成本预算也是物流成本预算的重要组成部分。根据所使用的仓库是否归本企业所有，可将仓储形式分为自营仓储和营业仓储。由于自营仓储与营业仓储所支付的费用在形式与内容上都有很大的差别，不可等同对待，所以在编制仓储费预算时，也要分别编制营业仓储费预算和自营仓储费预算。

如果使用营业性仓储设备储存保管商品，只需向仓储企业支付一笔保管费，对于委托仓储的单位来说，所支付的保管费就是仓储费。仓储费的大小，往往因储存商品的价值大小、保管条件的好坏以及仓库网点所处的地理位置不同而有所不同。

自营仓储费预算的编制较营业仓储费预算复杂，这是因为自营仓储费包括的内容比营业仓储费多，计算起来比较麻烦。为编制自营仓储费预算，首先也要区分变动仓储费和固定仓储费。属于变动仓储费的一般有转库搬运费、检验费、包装费、挑选整理费、临时人工工资及福利费、库存物资损耗等；属于固定仓储费的一般有仓储设备折旧费、管理人员的工资及福利费、保险费等。仓储费用中也有一部分是半变动费用，如其他人工费、材料费、动力费、水费、取暖费等。

自营仓储费预算可按月度、季度和年度编制。不论是月度预算、季度预算，还是年度预算，费用的计算方法基本相同。可根据上年统计数据结合考虑预算期的变化因素进行计算，然后编成预算表。

相关链接

京东"无人仓"

【拓展视频】

京东"无人仓"是自主研发的定制化、系统化整体物流解决方案，掌握了核心智慧物流设备与人工智能算法，拥有完全的自主知识产权。京东无人仓在控制算法、工业设计、机械结构、电气设计、应用场景等方面取得了大量的技术突破与创新，累计专利申请已超过100件。

京东无人仓的特色是大量智能物流机器人进行协同与配合，通过人工智能、深度学习、图像智能识别、大数据应用等诸多先进技术，为传统工业机器人赋予了智慧，让它们具备自主的判断和行为，适应不同的应用场景、商品类型与形态，完成各种复杂的任务。

京东通过机器人的融入改变了整个物流仓储生产模式的格局。搬运机器人、货架穿梭车、分拣机器人、堆垛机器人、六轴机器人、无人叉车等一系列物流机器人辛勤地工作在无人仓中，组成了完整的中件商品与小件商品智慧物流场景。

SHUTTLE货架穿梭车，负责在立体货架上移动货物，能够实现6米/秒的高速行走，并且具有1 600箱/小时的巨大吞吐量。智能搬运机器人AGV，自动导引小车载货达300公斤以上，可实现货物在库房内的搬运，通过调度系统与人工智能可灵活改变路径，实现自动避障与自主规划路径。DELTA型分拣机器人采用3D视觉系统，能够实现动态拣选、自动更换捡拾器以及155ppm的作业节拍，具有三轴并联机械结构及适应货物转角偏差辅助轴的特点，拣选动作令人眼花缭乱。六轴机器人6-AXIS，由控制、驱动、机械本体等单元组成，是个勤勤恳恳的搬运工，负责拆码垛等工作，具有165公斤大载荷量和±0.05毫米高精度的特点，它几乎就是每个

人心目中的经典机械手。环环相扣的机器人配合作业,让整个流程有条不紊地进行,后台的人工智能算法指导生产,带来仓储运营效率的大幅度提升。京东目前"无人仓"的存储效率是传统横梁货架存储效率的10倍以上,并联机器人拣选速度可达3 600次/小时,相当于传统人工的5~6倍。

(资料来源:http://finance.ifeng.com/a/20161026/14964885_0.shtml。)

3) 包装成本预算的编制

包装成本是指商品包装过程中所发生的费用,它可分为直接包装费和间接包装费。直接包装费是指与商品包装业务量大小直接有关的各种费用,包括直接材料费、直接人工费和直接经费;间接包装费是指与各种商品包装有关的共同费用,如间接人工费和间接经费等。由于直接包装费随包装件数的增减而成比例增减,因此,直接包装费一般属于变动费用;相反,间接包装费则属于固定费用,但也有一部分间接包装费是半变动费用,如电费、煤气费、水费等。

在编制某类商品的包装成本预算时,先分析各类费用的变化特点,将其分类或分解成变动费用和固定费用两类,然后编制预算数据。直接包装费可按商品的包装件数乘以该商品每件的直接包装费计算确定;间接包装费可根据历史水平,结合计划期业务量的变动确定一个费用总额,然后按标准在各种包装对象之间进行分摊。

相关链接

发展绿色快递

【拓展文本】

2017年3月,由圆通、中通等6家快递公司共同出资成立的中国首个物流环保公益基金——菜鸟绿色联盟公益基金在北京成立。该基金计划投入3亿元用于开展绿色物流、绿色消费、绿色供应链等方面的研究、倡导和推动。

【拓展文本】

近年来,随着网购的迅猛发展,近年来快递业迅速崛起,中国成为"快递大国"。但随之而来的是快递过度包装、循环利用率低等问题,有些包装物甚至会产生大量污染,给环境带来巨大压力和沉重负担。在2017年全国"两会"上,快递如何"变绿"成为代表委员的热议话题。一件快递,一般会有运单、封套、纸箱、塑料袋、编织袋、胶带和缓冲物七大类包装。这些快递垃圾该如何处理?绿色快递何时才能实现?

2016年10月,国家邮政局发布《中国快递领域绿色包装发展现状及趋势报告》显示,2015年我国快递仅包装使用的胶带总长就可以绕地球赤道425圈。据统计,2016年中国产生了300亿个快递包裹。而据预测,2018年将达500亿个包裹。

据统计,我国目前快递纸箱回收率不到20%,而包括透明胶带、空气囊、塑料袋等在内的包装物,则是直接被送进垃圾桶。以包装材料为例,2016年我国快递行业使用约120亿个塑料袋、144亿个包装箱和247亿米封箱胶带,这些材料大多无法有效回收。这些包装物的主要原料为聚

氯乙烯(PVC)，如果填埋在地下，需上百年才能降解；如果焚烧，则会产生大量污染物，危害大气或土壤环境。

快递包装产生的巨大资源浪费和污染已经引起全社会的关注。关于"怎么解决"，邮政部门已经在行动，而业内也有快递公司在试水了。

国家邮政局正从3个方面着手推广绿色包装：健全快递业包装法律法规体系、修订快递业包装国家标准和行业标准、强化快递业包装日常监管，推动出台快递绿色包装环保标识认定使用和管理办法，探索将绿色包装等环保指标纳入行业信用体系建设内容。据了解，目前已经形成《快递绿色包装应用试点工作方案》，正广泛征求意见。

"顺丰生产了一批可循环利用的纸质包装，硬度比较高，成本价4~5元，至少可循环使用5~6次。"但从试用情况来看，回收利用率并不高。另外，也有环保科技公司研发了新型快递填充材料。"这种填充物由玉米淀粉制成，埋到土里或花盆里会自然分解，变成'液体肥'。"

在推动快递物流行业绿色转型方面，菜鸟网络早有行动。2016年6月，菜鸟网络联合全球32家物流合作伙伴启动"绿动计划"，推出了100%可生物降解的快递包装袋和无胶带环保纸箱，目前已有近50万个绿色包裹送达消费者手中。在长沙，菜鸟驿站让会员将家中的快递包装拿到快递点兑换积分和优惠券，以抵消部分快递费，从而增加快递包装的循环使用次数。

【拓展视频】

解决快递垃圾问题是一项巨大的系统性工程，牵涉电商、物流快递业以及众多消费者，还包括包装材料研发与回收等各方面。发达国家的快递有统一的技术规范和标准，看不到五花八门的快递包装，分类回收也十分严格。

目前我国快递包装仍属于"野蛮生长"时期，针对快递、电商的包装标准，并没有明文规定和统一标准。因此，当务之急是建立和完善相关法律法规，如《快递绿色包装应用试点工作方案》的出台，明确快递行业的运输包装环保标准；明确包装中使用的各种非降解材料的数量标准等。用标准来规范和引领行业发展。同时，通过持续长期宣传来引导全社会树立"绿色快递"意识。

(资料来源：http://www.chinairn.com/news/20170320/162237174.shtml。)

2. 按物流活动发生的范围编制预算

这是指按照物流活动发生的范围编制物流成本预算。这种预算明确了计划期内各项物流活动发生的范围中的物流成本控制的目标，以此作为降低物流成本的依据。以制造企业物流系统为例，它可以包括供应物流成本预算、生产物流成本预算、销售物流成本预算、退货物流成本预算和废弃物流成本预算等内容。

例如，可以以上年的物流成本统计数据为基础，考虑到物流作业量的变化及成本的控制节约目标，制定新一年各物流范围中的物流成本，如表5-1所示。

表 5-1　按物流范围的物流成本预算

成本项目	上年实际数 / 万元	预计增减比率 / (%)	本年预算金额 / 万元
供应物流成本	100	10	110
生产物流成本	150	—	150
销售物流成本	200	−5	190
退货物流成本	10	−20	8
废弃物流成本	20	−5	19
总计	480		477

在编制物流成本预算时，应注意几个问题：首先，预计增减比率的确定。该增减比率要考虑到物流业务量的变化。一般来讲，当业务量预计增加时，物流成本预算也会有所增加，同时又要考虑物流成本控制和降低的因素。可见，预计增减比率的确定是一个关键因素。其次，对于每一项物流成本预算，应采用一定的技术方法对其细化，例如，将供应物流成本预算细化为材料费、人工费、折旧费、办公费等。另外，不同范围的物流成本预算除了可按年度编制以外，也可按季、月份别编制，然后汇总编制年度预算。如果企业物流业务量较大，且不同月份的物流业务量增减变化较为明显，最好按季分月编制预算。

3. 按物流成本支付形态编制物流成本预算

按物流成本支付形态编制物流成本预算，明确了计划期内各项物流成本支付形态的成本控制的目标，以此作为降低物流成本的依据。物流成本支付形态包括物流人员工资、燃料费、租金、折旧费、材料费、修缮费及各种杂费等。以这种形式编制的物流成本预算，与现行的财务会计核算系统接轨，从而有利于评价分析一定时期内物流系统的成本财务状况。

5.1.4　物流成本预算编制的程序

企业编制物流成本预算时，一般是按以下几个步骤来进行的。

(1) 在预测与决策的基础上，由预算委员会拟定企业预算总方案，包括企业各项政策以及企业总目标和分目标，如利润目标、销售目标、成本目标等，并下发到各有关部门。

(2) 组织各业务部门按具体目标要求编制本部门预算草案。

(3) 由预算委员会平衡与协商调整各部门的预算草案，并进行预算的汇总与分析。

(4) 审议预算并上报董事会，最后通过企业的综合预算和部门预算。

(5) 将批准后的预算下达到各执行部门。

物流成本预算编制的流程如图 5.2 所示。

工作目标	知识准备	关键点控制	细化执行	流程图
(1) 规范各项基础管理工作 (2) 完善内部控制机制 (3) 加强成本费用控制	(1) 全面预算的内容 (2) 全面预算编制的方法 (3) 全面预算的要求	(1) 明确企业发展战略。公司首先应制定明确的战略规划，为企业各项工作提供依据		(1) 明确企业发展战略 ↓ (2) 确定成本预算目标 ↓ (3) 资料收集 ↓ (4) 编制成本预算草案 ↓ (5) 报送审核 ↓ (6) 形成公司整体成本预算 ↓ (7) 下达执行
		(2) 确定成本预算目标。公司的最高领导机构或预算管理委员会根据公司的战略目标确定下年度公司的整体经营目标和成本控制目标		
		(3) 资料收集。财务部收集相关资料，各部门予以配合	现金流量、收入、成本、资产等相关信息	
		(4) 编制成本预算草案。公司各部门根据预算编制的要求，编制本部门的预算	各部门的预算	
		(5) 报送审核： ① 预算管理委员会审查、平衡各部门的预算 ② 预算管理委员会通过或者要求相关部门修改、调整预算		
		(6) 形成公司的整体预算： ① 预算管理委员会汇总各部门公司的总预算 ② 公司预算编制的内容主要包括物流功能成本预算、物流范围成本预算、物流支付形态成本预算。	公司预算	
		(7) 下达执行： ① 编制的预算报告及主要预算指标报告给董事会或上级主管单位 ② 批准后的预算下达给各有关部门、单位执行	各部门制定具体的控制物流成本预算的措施	

图 5.2 物流成本预算编制流程图

5.2 物流成本预算编制的方法

物流成本预算的编制方法很多，这里主要介绍弹性预算法、零基预算法、定期预算法、滚动预算法等。

5.2.1 物流成本弹性预算法

弹性预算也称为变动预算或滑动预算,它是相对固定预算而言的一种预算。编制预算的传统方法是固定预算法,即根据固定业务量水平(如产量、运输量、销售量)编制出的预算。这种预算的主要缺陷是:当实际发生的业务量与预期的业务量发生较大偏差时,各项变动成本的实际发生数与预算数之间就失去了可比的基础。在市场形势多变的情况下,这种偏差出现的可能性极大,因而将导致固定预算失去应有的作用。为了弥补按传统方法编制预算所造成的缺陷,保证实际数同预算数的可比性,就必须根据实际业务量的变动对原预算数进行调整,于是就产生了弹性预算。

弹性预算是在编制成本预算时,预先估计到计划期内业务量可能发生的变动,编制出一套能适应多种业务量的成本预算以便分别反映在各业务量的情况下所应支出成本水平的一种预算。由于这种预算随着业务量的变化而变化,本身具有弹性,因此称为弹性预算。

1. 弹性预算的基本原理

弹性预算的基本原理:把成本按成本性态分为变动成本与固定成本两大部分。由于固定成本在其相关范围内,其总额一般不随业务量的增减而变动,因此在按照实际业务量对预算进行调整时,只需调整变动成本即可。其计算公式为

$$y=a+bx$$

式中,y 为变动成本总额(元);a 为固定成本总额(元);b 为单位变动成本(元/单位业务量);x 为计划业务量(单位业务量)。

2. 弹性预算的编制步骤

编制弹性预算,首先要选择合适的业务量计量单位,确定一定的业务量范围,然后根据各项物流成本项目与业务量之间的数量关系,区分变动成本与固定成本,并在此基础上分析确定各项目的预算总额或单位预算,并用一定的形式表达出来。

(1) 选取和确定业务量计量单位。业务量计量单位的选取,应以代表性强、直观性强为原则。例如,运输成本的预算可以选择吨公里作为计量单位,仓储成本的预算可以选择仓储作业量(托盘数、吨等)为计量单位,供应物流成本预算可以以材料采购量(如吨)作为计量单位等。

(2) 确定业务量变动范围。确定业务量变动范围应满足其业务量实际可能变动的需要。一般来说,可以将业务量范围确定在正常业务量的80%~120%,或者把历史上的最低业务量和最高业务量分别作为业务量范围的下限和上限;也可以对预算期的业务量作出悲观预测和乐观预测,分别作为业务量的上限和下限。然后再在其中划分若干等级,这样编制的弹性预算较为实用。

(3) 确定各项费用与业务量之间的关系。根据成本特性和业务量之间的依存关系,将企业生产成本划分为变动成本和固定成本两个类别,并逐项确定各项费用与业务量之间的关系。

(4) 编制弹性预算。计算各种业务量水平下的预测数据,并用一定的方式表示,形成运输成本、仓储成本、装卸搬运成本等的弹性预算。

【例 5-1】已知某物流企业运输成本资料如表 5-2 所示，用弹性预算法编制运输成本弹性预算如表 5-2 所示。

表 5-2 某物流企业运输成本资料

项 目	预算值		
货运周转量 / 万吨公里	80	100	120
单位变动成本 / 元	3 000	3 000	3 000
变动成本总额 / 元	240 000	300 000	360 000
固定成本总额 / 元	60 000	60 000	60 000
运输总成本预算 / 元	300 000	360 000	420 000

3. 弹性预算的特点

由上述可见，弹性预算具有以下两个特点。

(1) 弹性预算可根据各种不同的业务量水平进行调整，具有伸缩性。

(2) 弹性预算的编制是以成本可划分为变动成本与固定成本为前提的。

弹性预算由于可根据不同业务量进行事先编制或根据实际业务量进行事后调整，因此具有适用范围广的优点，增强了预算对生产经营变动情况的适应性。只要各项消耗标准价格等编制预算的依据不变，弹性预算就可以连续地使用下去，而不用每期都重新编制成本预算。由于弹性预算的编制是以成本可划分为变动成本与固定成本为前提的，所以可以分清成本增加的正常与非正常因素，有利于成本分析与控制。

5.2.2 物流成本的零基预算法

零基预算是与增量预算相对的。传统的增量预算，一般是以基期的各种物流费用项目的实际开支数为基础，结合预算期内可能会使各种物流费用项目发生变动的有关因素，如业务量的增减等，然后确定预算期内应增减的数额，即在原有的基础上增加或减少一定的百分率来编制物流预算。这种方法过分受基期的约束，往往不能做到实事求是、精打细算，会造成较大的浪费，使企业的物流资源运用效率下降。

零基预算是"以零为基础的编制预算和计划的方法"，是指在编制预算时对于所有的物流成本预算支出均以零为基础，不考虑其以往情况如何，从实际需要与可能出发，研究分析各项预算费用开支是否必要合理，进行综合平衡，从而确定预算费用。零基预算的编制包括以下几个步骤。

(1) 企业内部各有关部门，根据企业的总体目标和各该部门的具体任务，提出预算期内需要发生的各种业务活动及其费用开支的性质、目的和数额。

(2) 对各项预算方案进行成本 – 效益分析，即对每一项业务活动的所费与所得进行对比，权衡得失，据以判断各项费用开支的合理性及优先顺序。

(3) 根据生产经营的客观需要与一定期间资金供应的实际可能，在预算中对各个项目进行择优安排，分配资金，落实预算。

(4) 划分不可延缓费用项目和可延缓费用项目，在编制预算时，应根据预算期内可供支配的资金数额在各费用之间进行分配，应优先安排不可延缓费用项目的支出，然后再根据需要和可能，按照费用项目的轻重缓急确定可延缓项的开支。

零基预算的优点是不受现有条条框框限制，对一切费用都以零为出发点，这样不仅能压缩资金开支，而且能切实做到把有限的资金，用在最需要的地方，从而调动各部门人员的积极性和创造性，量力而行，合理使用资金，提高效益。

零基预算的工作量较大，编制预算需要较长的时间。为了克服这一不足，不需要每年都按零基预算的方法编制预算，隔几只需每年按此方法编制一次预算。

5.2.3　物流成本的定期预算法

定期预算法也称为阶段性预算，是指在编制预算时以不变的会计期间(如日历年度)作为预算期的一种编制预算的方法。定期预算的优点是能够使预算期间与会计年度相配合，便于考核和评价预算的执行结果。按照定期预算方法编制的预算主要具有以下缺点。

(1) 盲目性。由于定期预算往往是在年初甚至提前两三个月编制的，对于整个预算年度的生产经营活动很难作出准确的预算，尤其是对预算后期的预算只能进行笼统地估算，数据笼统含糊，缺乏远期指导性，给预算的执行带来很多困难，不利于对生产经营活动的考核与评价。

(2) 滞后性。由于定期预算不能随情况的变化及时调整，当预算中所规划的各种活动在预算期内发生重大变化时(如预算期临时中途转产)，就会造成预算滞后过时，使之成为虚假预算。

(3) 间断性。由于受预算期间的限制，致使经营管理者的决策视野局限于本期规划的经营活动，通常不考虑下期。例如，一些企业提前完成本期预算后，以为可以松一口气，其他事等来年再说，形成人为的预算间断。因此，按定期预算方法编制的预算不能适应连续不断的经营过程，从而不利于企业的长远发展。

为了克服定期预算的缺点，在实践中可采用滚动预算的方法编制预算。

5.2.4　物流成本的滚动预算法

滚动预算法又称连续预算法或永续预算法，是指按照"近细远粗"的原则，根据上一期的预算完成情况，调整和具体编制下一期预算，并将编制预算的时期逐期连续滚动向前推移，预算能随时间的推进不断加以调整和修订。简单地说，滚动预算法就是根据上一期的预算指标完成情况，调整和具体编制下一期预算，并将预算期连续滚动向前推移的一种预算编制方法。

滚动预算法具有以下优点。

(1) 能保持预算的完整性、继续性，从动态预算中把握企业的未来。

(2) 能使各级管理人员始终保持对未来一定时期的生产经营活动作周详的考虑和全盘规划，保证企业的各项工作有条不紊地进行。

(3) 由于预算能随时间的推进不断加以调整和修订，能使预算与实际情况更相适应，有利于充分发挥预算的指导和控制作用。

(4) 有利于管理人员对预算资料作经常性的分析研究，并根据当前的执行情况及时加以修订，保证企业的经营管理工作稳定而有秩序地进行。

采用滚动预算的方法，预算编制工作比较繁重。所以，也可以采用按季度滚动来编制预算，而在执行预算的那个季度里，可以再按月份具体地编制预算，这样可以适当简化预算的编制工作。总之，预算的编制是按月份滚动还是按季度滚动，应视实际需要而定。

滚动预算能克服传统定期预算的盲目性、不变性和间断性，从这个意义上说，编制预算已不再仅仅是每年年末才开展的工作了，而是与日常管理密切结合的一项措施。

本 章 小 结

物流成本预算是指以货币形式反映的企业未来一定时期内的物流成本水平。物流成本预算作为物流系统成本计划的数量反映，是控制物流活动的重要依据和考核物流部门的绩效标准。

物流成本预算具有以下重要作用：明确物流成本目标；协调企业物流活动；评价物流业绩，进行绩效考核的标准。

物流成本预算编制的内容主要包括按照物流成本功能编制预算、按物流活动发生的范围编制预算和按物流支付形态编制预算，这与物流成本基本核算对象是一致的。

企业编制物流成本预算时，一般是按以下步骤来进行的。

(1) 在预测与决策的基础上，由预算委员会拟定企业预算总方案，包括企业各项政策以及企业总目标和分目标，如利润目标、销售目标、成本目标等，并下发到各有关部门。

(2) 组织各业务部门按具体目标要求编制本部门预算草案。

(3) 由预算委员会平衡与协商调整各部门的预算草案，并进行预算的汇总与分析，并确定预算方案。

物流成本预算的编制方法主要有弹性预算法、零基预算法、定期预算法、滚动预算法。弹性预算法是在编制成本预算时，预先估计到计划期内业务量可能发生的变动，编制出一套能适应多种业务量的成本预算，以便分别反映在各业务量的情况下所应支出成本水平的一种预算法。零基预算法是"以零为基础的编制预算和计划的方法"，是指在编制预算时对于所有的物流成本预算支出均以零为基础，不考虑其以往情况如何，从实际需要与可能出发，研究分析各项预算费用开支是否必要合理，进行综合平衡，从而确定预算费用。滚动预算法又称连续预算法或永续预算法，是指按照"近细远粗"的原则，根据上一期的预算完成情况，调整和具体编制下一期预算，并将编制预算的时期逐期连续滚动向前推移，使预算总是保持一定的时间幅度。简单地说，滚动预算法就是根据上一期的预算指标完成情况，调整和具体编制下一期预算，并将预算期连续滚动向前推移的一种预算编制方法。

关键术语

物流成本预算　　弹性预算　　零基预算　　定期预算　　滚动预算

习 题

一、单项选择题

1. 相对于滚动预算，定期预算的优点是（　　）。
   A. 远期指导性强　　　　　　　　B. 灵活性好
   C. 便于考核预算执行结果　　　　D. 连续性好

2. 滚动预算法是动态的和灵活的，其主要特点是（　　）。
   A. 按前期计划执行情况和内外环境变化，定期修订已有的预算
   B. 按近细远粗的原则来制定
   C. 不断逐期向前推移，使短、中期预算有机结合起来
   D. 以上三项都是

3. 下列各项中，不属于零基预算的优点是（　　）。
   A. 编制工作量小　　　　　　　　B. 不受现有预算的约束
   C. 不受现有费用项目的约束　　　D. 能够调动各方节约费用的积极性

4. 下列关于弹性预算法的说法，不正确的是（　　）。
   A. 弹性预算法是为了弥补固定预算法的缺陷而产生的
   B. 弹性预算法的编制依据是业务量、成本、利润的依存关系
   C. 弹性预算法所依据的业务量只能是产量或销售量
   D. 弹性预算法的适用范围大

5. 不受现有费用项目和开支水平限制，并能够克服增量预算法缺点的预算方法是（　　）。
   A. 弹性预算法　　　　　　　　　B. 固定预算法
   C. 零基预算法　　　　　　　　　D. 滚动预算法

二、简答题

1. 编制物流成本预算有什么意义？
2. 物流成本预算编制的内容有哪些？
3. 什么是弹性预算？弹性预算的编制原理是什么？
4. 什么是零基预算？零基预算的编制步骤是什么？
5. 什么是滚动预算法？滚动预算法的优点有哪些？

案例分析

滚动预算法在 K 公司的应用

K 公司是世界上最大的电梯公司之一，于 1910 年成立。公司总部位于芬兰，是一家拥有一百年历史的工业工程公司，电梯和自动扶梯是其主要业务。经过百余年的发展，现在业务遍及全球 50 多个国家。

预算管理是 K 公司管理的核心内容之一，随着公司规模的不断扩大，公司管理也逐步进入了战略管

理的时代，预算管理具体操作方法也逐步成熟，传统的定期预算管理由于无法即时适应市场变化，难以全面反映连续不断的业务活动，而且不能给管理层提供一个长期的计划。所以，从2010年开始，K公司尝试启用滚动预算法，使预算更具有长远性和适应性。

K公司的管理者提出了整个集团公司的战略目标为"缔造完美的客流体验"。为了更好地进行管理，集团将直接与各地客户联系的事业部整合为前线，而将专门生产电梯、扶梯的事业部整合为供应线。前线遍布于各地，供应线则分布在中国、美国、意大利等地区。在2010年之前供应线采用的是传统定期预算，由于市场的变化及不确定性，竞争日益激烈，为更好地把握市场变化，从2010年起，地处芬兰的供应线总部要求各地供应线的预算方式均改为滚动预算。

1. K公司实施滚动预算的意义

滚动预算使K公司的财务核算与市场机制有机地结合起来。K公司各级管理人员能始终保持12个月的考虑和规划，公司的经营管理工作稳定而有序。实施滚动预算是支持K公司管理层决策最有效的财务工具之一，其意义主要体现在以下几个方面：第一，滚动预算是K公司长期战略目标的必要补充。K公司实施滚动预算就是要形成持续计划的工作思路和方法，使K公司管理者始终保持对未来一定时期的生产经营活动作周详的考虑和全盘规划，保证企业的各项工作有条不紊地进行。滚动预算可以使K公司的短期、中期、长期计划有机结合，是公司实现长期战略目标的必要补充。第二，有利于K公司加强预算的可控性。全面的季度和年度预算加上每月度必要的预算调整使公司紧紧把握市场的变化，根据市场需求调整相应的销售策略、成本策略及价格策略等。并且通过每期的预算和实际状况的分析，可以更好地对实际经营活动进行监控，及时改进存在的问题，避免失误。尤其在房地产和零售商业风云不定的当下，持续可更新的滚动预算保障了正确的公司战略和目标。第三，有利于推动K公司业绩考核目标的实现。根据滚动预算制定的科学合理的预算考核体系不仅可以正确反映公司的战略意图和自身优势，提高公司的核心竞争力，而且年度预算经过批准后，成为公司各部门以及各员工业绩评价和激励制度的有效沟通和协调工具。经过层层分解和落实并已经量化的预算目标是一种公正客观和合理的激励及约束方式。

2. 滚动预算在K公司的具体应用

1) 滚动预算的工作组织架构

K公司供应线总部财务部负责制定并下发滚动预算的目标和工作时间表。各供应线财务部接受指令后协调各自供应线所属的生产线、物料资源部、质量部等部门组成预算工作组。预算工作组由财务部牵头，负责制定并下发滚动预算的目标和工作时间表。各供应线财务部接受指令后协调各自供应线所属的生产线、物料资源部、质量部等部门组成预算工作组。

2) 滚动预算的实务操作流程

(1) 在编制每季及年度全面预算前，供应线总部根据高层的政策策略及和前线沟通确认的销售信息下发预算的目标和时间表给各供应线。各供应线根据总部的要求制定各自的目标和时间表。例如，物料资源部门提供原材料降价计划及比例；工厂提供产能、固定资产投资、工人人数、加班比例；物流部门提供仓储、运输和装卸的计划；质量部门提供反馈成本降低计划及比例；各生产及辅助支持部门提供本部门差旅、培训计划等。

(2) 各部门将所有的数据、计划等上交于财务部。财务部计算并汇总编制出预算初稿，包含季度及滚动年度销售额和利润等财务数据，相关各部门的考核指标以及此次数据指标与上期预算和实际对比分析报告，提交给供应线管理层。

(3) 供应线管理层将根据从上至下的视角对预算进行审议，提出修改意见，由财务部协调各相关部门重新更新个别预算项目，如此多次往复，直至最终的预算经供应线管理层复审通过。

(4) 预算的考核。经过各部门 2~3 个月的努力，年度预算的结果最终以财务数据及关键业绩指标 (Key Performance Indicator, KPI) 对外发布。对内则为了对预算执行单位的预算完成结果进行检查、考核和评价，预算的财务数据及 KPI 将进行量化并细化到各部门，体现在各部门的平衡计分卡 (Balance Score Card) 中。部门负责人在每月度业绩汇报会议中须提供并分析本部门实际与预算情况的对比，进而汇总为年度业绩考核的依据。

3. 滚动预算应用需要注意的问题

滚动预算最大特点就是延续性和相关性强。将原定的预算结果不断地进行更新和修改，正是滚动预算的主要任务。滚动预算避免了传统定期预算造成的短期行为的出现，使公司能从动态的预算中把握未来，了解总体规划和近期目标，充分发挥预算的指导和控制作用。滚动预算需要在以下 4 个方面加以注意。

(1) 滚动预算的假设基础认定。无论是全面的季度、年度预算还是月度预算调整，合理和相对准确的假设认定是有效的预算结果的保障。在预算操作之前，公司必须慎重做好宏观市场分析，考本公司价格和产品策略，确认预算期内的重大事件，分析自身所处的阶段。另外，汇率、原材料价格等假设需要采用合适的预测方法，结合内外部环境的情况，以提高预测和预算编制的准确性。

(2) 对财务人员素质要求。实施滚动预算首先需要加强财务数据的相关性和及时性，公司财务人员不能将其触角仅停留在财务部门内的职责和领域，还需要延展到业务领域，提升对业务的了解及掌控能力；滚动预算对财务人员，特别是高级财务人员提出了较高的要求，不仅要对企业战略设想全盘了解，还需要对业务发展模式保持较高的敏感度，所以只有集合团队的力量，才能把这项工作变成常规工作，变成科学推进公司战略管理的有效工作。

(3) 滚动预算的信息化支撑。滚动预算涉及预算基础的随时更新及预算数据的频繁修正，工作量大，编制过程复杂，因此高效智能的信息化系统成为实现有效滚动预算的强大支撑。公司必须摒弃繁复的人工操作，努力提供并解决信息系统的全面开发，并在此基础上引入其他有助于预算操作的系统的功能，保证预算结果的准确性和有效性。

(4) 预算结果切实有效的应用。滚动预算的成功编制，并不只是数据或表格的呈现。公司更需要着眼于对预测与实际结果的差异进行全面、正确的分析，以助于提高公司下期预算的预测能力，进而有利于提高公司的经营管理水平；此外，按照滚动预算结果确定考核项目时，公司须确保严肃性、坚持公开、公正、透明的原则，对所有执行单位和个人一视同仁，切实做到激励与约束相辅相成，引导员工有效的行为，从而保证共同公司战略目标的实现。

(资料来源：杨子馨.滚动预算在跨国电梯制造企业的应用 [J]. 现代商业，2015(20)：245–246.)

思考：K 公司实施滚动预算法的原因及作用有哪些？

全面预算管理在上汽集团的应用

1. 案例简述

上海汽车集团股份有限公司 (以下简称"上汽集团") 作为一家大型制造业集团，为适应不断加剧的行业竞争，不断学习外部先进经验，不断创新企业管理手段，不断提高管理精细化程度，把预算管理作为企业管理的基石，将全面预算管理作为日常管理工具。经过十余年的实践和完善，上汽集团逐渐将全面预算管理工作制度化、系统化、常态化。

(1) 上汽集团形成了完善的预算管理制度体系。包括预算政策、预算审核权限、预算编制、预算审批、执行跟踪、监督评价等预算管理的各个环节。这一预算管理体系是在上汽集团多年预算管理经验基础上逐步提炼和完善的，具有较强的可操作性。近年来，上汽集团经营规模不断增长，企业数量也不断增加，有可操作、可复制的预算内部控制制度，对于统一集团预算管理要求，提升预算管理效率都起到了积极的作用。

(2) 上汽集团建立了系统的预算管理流程。预算编制、预算执行、预算评价等环节紧密相连，形成了完整的闭环管理系统。对于系统中每一个预算管控环节都作为重点工作来落实，把每一个预算管控环节都做好，都有自己的特色，确保预算管控系统平衡地、有效地运行。

(3) 上汽集团全面预算管理日常运营和管理。全面预算管理是企业管理系统中的工具，要真正发挥作用，还需要与其他管理手段联合一起使用。如与绩效管理工作相结合，与风险预警工作相联系等。全面预算管理重点是"全面"，不仅要把预算管控落实到企业经营的各个方面，而且要让预算管理理念渗透到企业各项管理系统中，渗透到企业文化中，这样才能发挥全面预算管理最大效用。

2. 上汽集团全面预算管理实践

(1) 建立具有上汽特色的预算管理系统。上汽集团在合资经营初期，在向合资外方引进技术的同时，十分重视借鉴合资外方先进的管理理念和管理方式。由于上汽集团合资伙伴大多是行业的领先者，已形成成熟的全球管理模式，其中包括全面预算管理模式。因而，上汽集团在合资经营的同时，不断向合资外方学习先进的预算管理理念，引入领先的预算管理系统(包括制度、流程、执行跟踪的措施和方法等)，并积极将其用于实际经营管理中。

上汽集团将这些成熟的预算管理方法付诸实践，不断总结经验，并结合集团自身的实际情况，逐步形成了具有上汽特色的全面预算管理系统。随着上汽集团经营规模的不断扩大，新设和收购企业数量也在不断增加，但是上汽预算管理的理念和方法却能很快地在新企业中得到应用。这就完全得益于上汽集团较为完善的全面预算管理系统。

(2) 全面预算管理得到集团高度重视。集团管理层对预算工作的重视和支持，是全面预算管理工作的顺利开展的基石。只有管理层重视，预算管理工作才会得到有效的组织保障，各项预算管控工作才能得到相关企业、部门的支持，全面预算管控才能得到有效推行。从上汽集团预算管理实践看，集团设立预算管理委员会，在预算委员会的领导下开展预算编制、预测执行、与预算控制和监督等各项工作。集团总裁率头落实预算目标的制定工作，负责预算编制总体要求的下达。年度预算目标经过多次"由上而下、由下而上"的充分沟通和讨论，经董事会审核批准后执行。在上汽集团预算管控过程中，无论是工作汇报、还是考核评定等具体工作，管理层都以预算目标的执行情况作为主要评价依据。这些都充分体现了集团管理层视预算管理为重心，视预算目标为抓手，将全面预算管理作为集团基本管理工具。

(3) 全面预算管理重点突出"全面"。"人人成为经营者"管理模式，是上汽集团独创并长期实践的管理模式。"经营者"的管理模式突破了传统的管理理念和思维方法，把市场机制引入企业内部管理，精细有效地整体优化了企业的管理结构、管理环节和管理过程，把员工当家做主真正落实到实处，极大地调动了广大员工的创造性和积极性。"经营者"管理模式突出企业管理的精细化，而且以"经营体"管理目标为导向，激发员工开源节流、降本增效的动力。这些与全面预算管理理念相通。

上汽集团下属A公司是"经营者"管理模式的先行企业，实施的总体构思是按市场法则建立内部用户关系，划小核算单位，用"经营"的思路和方式进行管理。公司将每个员工或若干员工组成的基准单位，设定为独立核算的"经营体"，构成企业内部的"经营者"；在此基础上，改变企业原有的粗线条的组织内部核算关系，将核算单位分解细化到企业相关管理资源和技术资源的最小利用单位。通过这种改变，给员工的思维和行为方式带来了根本转变，由被动生产转为了主动经营，员工当家作主的能力和素质得到了提高。而且该模式将企业资源货币化、定量化，使得"经营体"内的员工从经营者的角度，依据成本效益原则，合理利用和管理资源，减少资源的浪费，降低成本。"经营者"管理模式在该企业经过几年的实践后，企业管理水平得到了较大提升，企业的经营效益也得到了很大提高。

(4) 做好目标的持续跟踪与分析。上汽集团一贯将预算跟踪和分析作为预算管控的重点。通过滚动预测分析模板，强化对预算目标的跟踪分析，而且对于预算执行的偏差分析，不仅关注数据，还要深入挖掘造成偏差的经营实质。这样才能更有效地反映企业经营过程中所存在的风险和机会。然后及时把这些信息提供给管理层，为管理层作出准确的决策提供支持。对于预算目标的跟踪，也不仅限于财务数据，还要求对业务数据的关注。如在关注收入、利润预算完成情况的同时，还要关注业务的完成情况(如销售订单的获得情况)、生产运营的效率情况(如单台产品的制造费用)，并通过与先进企业的对比，寻找差距并积极改进。因此，全面预算管控不仅是对财务指标的控制，而且关系到企业经营业务的各个方面。只有通过全方位的跟踪和深入的分析，才能对企业经营情况和未来发展趋势有准确的判断和预测。

(5) 将信息系统运用于全面预算管理。随着市场竞争日趋激烈，企业生产经营规模日益扩大，所分析的数据量将呈几何级增长。对于汽车制造企业，管控的业务涵盖有远期项目、工程开发、商务、采购、生产、管理等全链条。管控的载体包括分产品的利润表、资产负债表、现金流量表、结构成本、转移价以及贯穿其中的物料成本预测和税收预测等。此外，企业会越来越多地要求进行多维度、全方位的比较和分析。这些变化导致传统的 Excel 手工分析模式越来越难以满足需求，为了提升预算管控效率，必须引入信息系统解决方案。

上汽集团本部实施了 SAP 系统及其他辅助系统(如电子 PR 系统、采购 E-Purchasing 系统等)，对本部费用尤其是开发费用的全面预算管理起到积极的推动作用。通过 SAP 系统的应用，可以打通并规范业务流程；实现数据在业务部门和相关业务链共享；可以通过系统积累强大的基础数据，为事前、事中和事后全过程控制提供依据。

上汽集团在合并层面实施了 HFM 系统，给全面预算管理带来了多方面的好处。首先，形成了整合的数据平台，可以及时掌握下属企业预算、预测信息；其次，通过预算预测科目系统化，确保数据准确、结构稳定、关系可靠；再次，运用统一的科目定义，便于对标、沟通和管理；最后，系统可根据需求灵活取数并生成管理分析报告，而且大大提高工作效率。

由于信息系统的使用，使得日常预算预测工作效率得到了提升，为财务人员完成从数据收集到更有价值的数据分析的工作角色转变创造了条件。

全面预算管理工作在集团内的推行和不断完善，保障了上汽集团经营目标的合理制定和有效执行。上汽集团近年来销量、收入和净利润等各项指标都呈较快速增长。

(资料来源：夏明涛.企业集团全面预算管理案例研究：来自上汽集团实践 [J].
新会计，2015(2)：33-36.)

思考：

(1) 上汽集团的预算管理体系有哪些特点？

(2) 上汽集团全面预算管理的重点是什么？上汽集团下属 A 公司"经营者"管理模式是如何运作的？

第6章 物流成本预测与决策

【教学目标与要求】

理解物流成本预测与决策的概念。

掌握物流成本决策的方法。

掌握物流成本决策的程序。

了解物流成本预测的作用。

导入案例

阿里巴巴集团的物流体系

阿里巴巴集团从早期纯粹的电子商务企业,发展为现在的金融、物流等方面全方位发展的电商企业。2011年于北京阿里正式对外宣布物流战略,企业将斥巨资建设现代化物流体系,以此来推进社会化物流平台的建设。马云"大物流"野心也随着阿里物流战略的成型慢慢地开始浮出水面。多年来,在电子商务企业快速成长的环境下,物流方面的投入不足已经变成了制约电子商务企业持续发展的障碍之一。阿里的物流平台在整个行业中并不占优势,它一直以来的梦想就是对物流系统进行完善。所以,阿里巴巴放弃了高成本的自建物流体系,更多地倾向于同其他投资合作,以巨资吸引各个行业已经具备了完善的物流体系的实体企业。

1. 建立"菜鸟网络科技有限公司"

阿里巴巴联合银泰等集团,以及三通一达,还有其他相关的金融机构在2013年5月28日共同宣布"中国智能物流骨干网"项目正式启动,各合作方共同组织建立的"菜鸟网络科技有限公司"正式成立。"菜鸟"这个名字虽小,志向却大,它的目标是通过5~8年的努力,在全国建立一个开放的社会大物流平台,确保各个地区都能在24小时内将货物送达。这算是阿里建立物流系统的一种战略手段。

2. 第三方物流

这主要是指天猫和淘宝的卖家通过"三通一达"(申通、圆通、中通、韵达)等民营快递寄收商品。可以说天猫、淘宝现在跟"三通一达"等民营快递是共生共赢的,因为天猫、淘宝上大部分快递都是交由"三通一达"等民营快递运送的,而"三通一达"的百分之六七十的业务也都是来源于天猫、淘宝。

3. 并购与入股

除了上述两种物流模式,阿里还选择了并购与入股的方式来完善自身的物流模式。例如,并购百世物流、星辰急便等。2013年12月9日,阿里巴巴向海尔电器投资了28.22亿港元,与其达成了战略合作关系。其中,阿里向海尔旗下的日日顺物流注资了18.57亿港元,与其成立了一家合资公司。通过此次入股,阿里共获取日日顺24%的股份以及海尔电器2%的股份。日日顺无疑成为本次投资的重点对象,其下设的7 600多家县级专卖店、26 000个乡镇专卖店和19万个村级联络站,构成了一张大型的物流网络,能将全国三四级城市乃至乡镇全部覆盖。加之其在业内有口皆碑的"最后一公里"配送,更是为阿里的物流配送系统锦上添花,使得此次注资成为阿里弥补其短板的有效捷径。

从物流运输来看,在2010年阿里与UPS旗下全球速卖通平台展开了合作。速卖通平台整合了UPS运输技术,阿里用户可通过UPS对货件进行全程追踪和查询。与手动输入或手写运单信息的方式相比,UPS技术的加入为阿里用户大大节约了运输时间,降低了运输错误率。另外,为了更好地降低物流成本,阿里巴巴还与国家交通运输物流公共信息平台进行了合作,后者能为众多物流企业尤其是中小企业以及阿里巴巴物流平台建立便捷的连接通道,以上所述都是近年来阿里在物流运输上所做的改进,目的就是为了节约运输成本。

(资料来源:戴君艳.电子商务企业物流成本管理与控制研究[D].蚌埠:安徽财经大学,2015.)

阿里巴巴放弃了高成本的自建物流体系,更多地倾向于同其他投资者合作,以巨资吸引各个行业已经具备了完善物流体系的实体企业,实践证明,阿里巴巴从自身实际出发的决策是正确的。物流成本决策不仅是成本管理的重要职能,也是企业生产经营决策体系的重要组成部分,正确的决策来源于掌握准确的信息,物流成本预测为物流成本决策提供了科学依据。

6.1 物流成本预测概述

预测就是对未来进行预计和推测。它是根据已知推测未来,根据过去和现在的状况预计将来的趋势,是对未来不确定的事件预先提出的看法和判断。

成本预测是以预测理论为指导,根据有关历史成本资料、成本信息数据,在分析目前技术经济条件、市场经营环境等内外条件变化的基础上,对未来成本水平及发展趋势所做的定性描述、定量估计和逻辑推断。成本预测是确定目标成本和选择达到目标成本的最佳途径的重要手段。加强成本预测工作,可以挖掘企业内部一切潜力,即用尽可能少的人力、物力、财力来实现企业的经营目标,保证企业获得最佳的经济效益。

6.1.1 物流成本预测的概念

物流成本预测是在对物流成本数据进行统计调查的基础上,运用历史统计资料,通过科学的手段和方法,对物流成本的未来影响因素、条件和发展趋势进行估计和判断,为企业物流成本决策、编制物流成本预算提供依据。

6.1.2 物流成本预测的作用

企业要在激烈的竞争中立于不败之地,就必须对未来的状况作出正确的估计,并以这种估计作为决策和计划的客观基础,正所谓"凡事预则立,不预则废",对于企业的物流成本管理工作来说尤为如此。在物流成本管理工作中,物流成本预测具有十分重要的意义。通过物流成本预测,可以使企业对未来的物流成本水平及其变化趋势做到"心中有数",从而与物流成本分析一起,为企业的物流成本决策提供科学的依据,以减少物流成本决策过程中的主观性和盲目性。

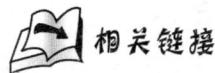

兰德公司

兰德公司是当今美国最负盛名的决策咨询机构,一直高居全球十大超级智囊团排行首位。它的职员有 1 000 人左右,其中 500 人是各方面的专家。兰德公司影响和左右美国政治、经济、军事、外交政策。

1950 年,朝鲜战争爆发之初,对于中国政府的态度问题,兰德公司集中了大量的资金和人力加以研究，得出了 7 个字的结论"中国将出兵朝鲜"，作价 500 万美元 (相当于一架最先进的战斗机的价格)，卖给美国政府对华政策研究室。研究成果还附有 380 页的资料，详细分析了中国的国情，并断定：一旦中国出兵，美国将输掉这场战争。美国政府对华政策研究室的官员认为兰德公司是在敲诈，是无稽之谈。

后来，从朝鲜战场回来的麦克阿瑟将军感慨地说："我们最大的失误是舍得几百亿美元和数十万美国军人的生命，却吝啬一架战斗机的代价。"

(资料来源：http://www.xizuo.net/edu/163617.html.)

6.1.3 物流成本预测的程序

为了保证预测结果的客观性，企业在进行物流成本预测时，通常分为以下几个具体步骤。

1. 确定预测目标

进行物流成本预测，首先要有一个明确的目标。物流成本预测的目标又取决于企业对未来的生产经营活动所达成的总目标。物流成本预测目标确定之后，便可明确物流成本预测的具体内容。

2. 收集预测资料

物流成本指标是综合性指标，涉及企业的生产技术、生产组织和经营管理等各个方面。在进行物流成本预测前，必须进行深入的市场调查研究，尽可能全面地占有相关的资料，并应注意去粗取精、去伪存真。

【拓展文本】

相关链接

咖啡杯的颜色

日本三叶咖啡店，有一次请了 30 名消费者喝咖啡。他们先后端出 4 杯浓度完全相同而咖啡杯颜色不同的咖啡，请这 30 人试饮。结果是：当用咖啡色杯子喝时，有 2/3 的人评论"咖啡太浓了"；用青色杯子喝时，所有的人异口同声地说："咖啡太淡了"；当用黄色杯子喝时，大家都说："这次咖啡浓度正合适，好极了"；而最后端上用红色杯子盛的咖啡时，十人中有九人都认为"太浓了"。

根据这一调查结果，三叶咖啡让店里的杯子，一律改用红色，该店借助于颜色，既可省料、省成本，又能使大多数顾客感到满意。

(资料来源：http://www.51diaocha.com/20125/1336986196442128.shtml.)

3. 建立预测模型

在进行预测时，必须对已收集到的有关资料，运用一定的数学方法进行科学的加工处理，建立科学的预测模型，借以揭示有关变量之间的规律性联系。

4. 评价与修正预测值

以历史资料为基础建立的预测模型可能与未来的实际状况之间有一定的偏差，且数量方法本身就有一定的假定性，因此还必须采用一些科学方法进行评价与修正。

6.1.4 物流成本预测的方法

物流成本预测的方法很多，但具体可以分为两类：一类是以调查为基础的经验判断法，也叫定性预测法；另一类是以统计资料为基础的分析计算法，也叫定量预测法。

【拓展文本】

1. 定性预测方法

定性预测法是预测人员根据已有的历史资料，凭借个人的经验和综合分析、判断能力，对未来成本的变化趋势作出预测。这种方法是在缺乏预测资料，影响未来变化趋势的因素复杂而繁多，又难以采用定量分析的方法时采用。它的优点是耗时低，时间短，易于应用。定性预测法主要有以下具体方法。

1) 综合判断法

综合判断法是组织若干了解情况的人员，要求他们根据对客观情况的分析和自己的经验，对未来情况作出各自的估计，然后将每个人的预测值进行综合，得出预测结果。这种方法的优点是能综合不同个人的知识、经验和意见，得出的预测结果比较全面；其缺点是可能受限于预测者对相关情况的了解。

2) 专家调查法

专家调查法又叫德尔菲法，是采用"背靠背"方式就所预测的问题征询专家的意见，经过多次信息交换，逐步取得比较一致的预测结果。具体包括以下几个步骤。

(1) 企业应首先建立物流成本管理专家库和专家系统。值得一提的是，企业建立专家库并非一朝一夕之功。企业应由专门的部门、分派专人具体负责该项工作。在日常工作中，根据企业的业务特点、发展趋势和发展要求，及时从各种渠道、各种媒体，通过各种方法和途径获得相关各类专家的详细信息，并根据需要与他们保持必要的联系和沟通，如有必要，还可以与他们签订聘用合同或协议，使他们成为自己企业的顾问。

【拓展文本】

(2) 拟定调查预测表。确定预测课题，并据此设计表格，准备可供专家参考和使用的背景资料。

(3) 选择专家。选择与预测课题有关的在年龄、地区、专业知识、工作经验、预见分析能力，以及学术观点有代表性的专家参与预测。参加预测的专家的数量可以根据企业的预测课题和本次预测预算确定。

(4) 反馈信息。将相关表格和背景资料寄给选定的专家，要求他们在规定的时间里反馈信息。第一轮表格收回后，要进行综合整理，整理出不同的预测意见，然后将初步结果反馈给每位专家,要求他们修改和完善自己的意见,再次预测。这样,经过几轮预测和反复,便可以取得基本一致的预测结果。

(5) 预测结果的处理。在预测过程的每一阶段,对收集的专家意见都要利用科学的方法进行整理、判断、分析、归纳和分类等工作,以求对下一轮预测提供帮助。

2. 定量预测方法

物流成本预测的定量方法主要有时间序列分析预测法和回归分析法。时间序列分析预测法,即利用物流成本时间序列资料来预测未来状态;回归分析法,即依据所掌握的历史资料,找出所要预测的变量和与它相关的变量之间的关系,从而达到预测未来的状态。下面主要介绍这两种定量预测方法。

1) 时间序列分析预测法

定量分析中的外推法主要是指时间序列预测法(即趋势预测法)。这种方法的基本思路是把时间序列作为随机变量序列的一个样本,应用概率统计的方法,尽可能减少偶然因素的影响,作出在统计意义上较好的预测。时间序列预测法中常用的几种方法有移动平均法、加权移动平均法和指数平滑法。

(1) 移动平均法。这种方法主要是不断引进新的数据来修改平均值,以消除激烈变动的不稳定因素,而且可以看出其发展趋势。其计算公式为

$$Y_{t+1}=\frac{X_t+X_{t-1}+\cdots+X_{t-1+n}}{n} \tag{6-1}$$

式中,Y_{t+1} 为预测值;X_t 为第 t 期实际值;n 为预测资料期数。

(2) 加权移动平均法。这种方法的主要特点,就是要考虑预测资料期中每一期的数据对未来的预测数影响程度是不同的,对每一资料期进行加权,越是近期权数越大,即影响程度越大。而资料期中各权数之和必须等于 1。其计算公式为

$$Y_{t+1}=\sum_{t=1}^{n} \alpha_t X_t \tag{6-2}$$

(3) 指数平滑法。指数平滑法是一种特殊的加权移动平均预测法,它给过去的观测值不一样的权重,赋予近期数据更大的权值。指数平滑法包括一次指数平滑法、二次指数平滑法及三次指数平滑法,这里重点介绍一次指数平滑法。该方法操作简单,只需要本期的实际值和本期的预测值便可预测下一期的数据,当预测数据发生根本性变化时还可以进行自我调整。该方法适用于数据量较少的近短期预测。设 F_n 表示下期预测值,F_{n-1} 表示本期预测值,D_{n-1} 表示本期实际值,α 为平滑系数(取值范围为 $0<\alpha<1$),则 F_n 的计算公式为

$$F_n=F_{n-1}+\alpha(D_{n-1}-F_{n-1})=\alpha D_{n-1}+(1-\alpha)F_{n-1} \tag{6-3}$$

式 (6-3) 表明,指数平滑法在预测时,分别以不同的系数对过去各期的实际数进行了加权。远期的实际值影响较小,因而其权数也较小;近期的实际值影响较大,因而其权数也较大。显然,这种预测方法更符合客观实际,但 α 的确定具有较大的主观因素。

【例 6-1】某物流企业 2016 年 3~12 月的实际物流成本如表 6-1 所示,设 4 月的物流成本预测为 3 月的实际值,试利用指数平滑法预测该企业 2017 年 1 月的物流成本(设 α=0.8)。

根据 (式 6-3) 滑动计算,计算结果填入表 6-1 "预测值" 栏。

表 6-1 计算结果表明，该企业 2017 年 1 月的物流成本应为 281.61 万元。

表 6-1　某物流企业 2016 年 3~12 月各月的实际物流成本　　单位：万元

月　　份	实际值	预测值
3	245	—
4	250	245.00
5	256	249.00
6	280	254.60
7	274	274.92
8	255	274.18
9	262	258.84
10	270	261.37
11	273	268.27
12	284	272.05
—		281.61

2) 物流成本预测的回归分析法

回归分析法是通过对观察值的统计分析来确定它们之间的联系形式的一种有效的预测方法。从量的方面来说，事物变化的因果关系可以用一组变量来描述，因为因果关系可以表述为变量之间的依存关系，即自变量与因变量的关系。运用变量之间这种客观存在的因果关系，可以使人们对未来状况的预测达到更加准确的程度。

回归分析法主要包括以下几个步骤。

(1) 进行相关关系分析。分析要预测的变量间是否存在相关关系以及相关的程度，如果没有相关关系则不能利用回归预测模型进行预测。

(2) 确定预测模型。如果变量间存在相关关系，则需确定变量间是线性关系还是非线性关系，可通过作散点图进行分析。

(3) 建立回归预测模型。根据上一步的分析结果式，并进行初步检验。

(4) 利用模型进行预测。根据要求，利用模型进行预测计算。

(5) 统计检验。预测值是否可信，其波动范围如何评定。

6.2　物流成本决策

物流成本预测本身并不是目的，它是为物流成本决策服务的。物流成本决策不仅是成本管理的重要职能，也是企业生产经营决策体系的重要组成部分。由于物流成本决策所考虑的是与价值有关的问题，更具体地说是资金耗费的经济合理性问题，所以物流成本决策具有较大的综合性，并对其他生产经营决策起着指导和约束作用。

【拓展文本】

6.2.1 物流成本决策概述

1. 决策的概念与作用

1) 决策的概念

决策是指作出决定或选择。人们对决策的概念有两种理解：一是把决策看做一个包括提出问题、确立目标、设计和选择方案的过程，这是广义的理解；二是把决策看作从几种备选的行动方案中作出最终抉择，是决策者的拍板定案，这是狭义的理解。我们倾向于采用广义的决策定义，即决策是一个作出决定的过程。

2) 决策在管理中的地位与作用

(1) 决策是管理的基础。决策是从各个抉择方案中选择一个方案作为未来行为的指南。而在决策以前，只是对计划工作进行了研究和分析，没有决策就没有合乎理性的行动，因而决策是计划工作的核心。而计划工作是进行组织工作、人员配备、指导与领导、控制工作等的基础。因此，从这种意义上说，决策是管理的基础。

(2) 决策是各级、各类主管人员的首要工作。决策不仅仅是"上层主管人员的事"。上至国家的高级领导者，下到基层的班组长，均要作出决策，只是决策的重要程度和影响的范围不同而已。管理就是决策。

(3) 决策是执行的前提，正确的行为来源于正确的决策。组织在日常的管理工作中，执行力是体现一个组织效益的重要因素，也是衡量一个组织是否是良性发展、有效管理的重要指标。正确的决策是组织在有限的条件下做正确的事、创造最大价值的前提，让组织少走、不走弯路。

(4) 决策能明确目标，统一行动，让组织成员明白工作的方向和要求。民主的决策有助于提高组织的凝聚力，创造良好的企业文化，改进管理水平。民主的决策由于是大家的共识，更加易于执行，更为有效。

相关链接

海尔"人单合一双赢"模式

"人单合一双赢"是海尔集团董事局主席、首席执行官张瑞敏提出并命名的一种商业模式。"人单合一双赢"模式不同于一般意义上的竞争方式和组织方式，也不同于传统的业务模式和赢利模式的范畴，而是顺应互联网时代"零距离"和"去中心化""去中介化"的时代特征，从企业、员工和用户3个维度进行战略定位、组织结构、运营流程和资源配置领域的颠覆性、系统性的持续动态变革，在探索实践过程中，不断形成并迭代演进的互联网企业创新模式。

2005年9月，在海尔全球经理人年会上，张瑞敏系统阐述了海尔的"人单合一双赢"模式，从此海尔开始了对人单合一长达10余年的探索。

人单合一，人就是员工，"单"表面是订单，本质是用户资源。表面是把员工和订单连在一起，但订单的本质是用户，包括用户的需求、用户的价值。人单合一，也就是把员工和他应该为用户创造的价值、面对的用户资源"合"在一起。双赢,即员工不是根据上级下达任务完成的多少和好坏拿钱,而是以员工创造的用户价值来体现自己的价值。

海尔把8万多员工变成了2 000多个自主经营体。自主经营体改变了原来学习日本企业所建立的事业部制,其本质则是打破了传统的层级结构,大家都面向市场。例如营销,原来有负责全国的、各个省的和各个县的,和国家的行政层级差不多,现在就只有一层,就是自主经营体。在城市,一个社区就是一个经营体,在农村;一个县就是一个经营体。原来的中间层级全取消掉,变成资源支持平台。

人单合一双赢的管理模式要做什么?是要做每个人的自驱动机制,以不断创新。外在驱动力来自用户的个性化需求,用户的需求是不断变化的,因此要根据用户的需求不断创新。一般企业过去不是为用户生产,而是为仓库生产,先生产后销售。现在不是这样,海尔转变成零库存下的即需即供模式,即研发人员不是研发产品而是研发市场需求,而不是像过去研发出产品卖不出去与我无关。而营销人员需在产品不进仓库的前提下找到用户,因此要先销售后生产,取消仓库,那么全流程都必须围着用户个性化需求转动运行。内在驱动力来自全员与用户的契约。海尔的契约是全员的,每个员工都和用户签订契约,这样就会变成整体内在的驱动力,所有人都会自驱动,整个系统也会围绕用户运转。

探索人单合一双赢管理模式以来,在市场上已初步显现成果。从品牌角度来看,国际权威调查机构欧睿国际连续3年评海尔为"全球白电第一品牌"。从利润角度看,过去5年,海尔利润复合增长率达到38%,增幅最低的年份不低于20%,增幅最高的年份达到70%,这就是自主经营体对市场业绩的贡献。从现金流角度看,海尔的营运资金周转天数达到 –10 天(即 CCC 为 –10 天),一般企业是 30 天左右。一正一负对企业意味着巨大的现金流量。现金流指标对企业非常重要。如果说利润是企业的血液,那么现金流就是空气。正如国外所说的黑字破产现象,即账面有利润却难以为继。

(资料来源:http: baidu.com/s?word= 海尔人单合一双赢模式 &tn=site888_3_pg&lm.)

2. 物流成本决策的概念

物流成本决策是指在物流成本预测的基础上,根据物流成本分析与成本预测所得的有关数据、结论和其他资料,运用科学的方法,包括定性与定量的方法,从若干方案中选择一个合理成本方案的过程。具体说来,就是以物流成本分析和物流成本预测的结果等为基础建立适当的目标,并拟订几种可以实现该目标的方案,根据成本效益评价从这若干个方案中选出最优方案的过程。在这个过程中,确定目标成本以及进行成本决策是编制成本计划的前提,同时也是实现成本的事前控制和提高经济效益的重要途径。

3. 物流成本决策的程序

1) 确定物流成本决策目标

物流成本决策的目标就是要求企业在所从事的生产经营活动中,要使资金耗费达到最少,使所取得的经济效益达到最大,这也是物流成本决策的总体目标。但在某一个具体问题中,可以采用不同的方式,但总的原则应该是必须兼顾到企业目前和长远的利益,并且要能够通过自身的努力可以实现。

2) 拟定可行方案

可行方案是指具备实施条件、能保证决策目标实现的方案。解决任何一个问题,都存在多种途径,其中哪条途径有效,要经过比较,所以要制定各种可供选择的方案。拟定可行方案的过程是一个发现、探索的过程,也是淘汰、补充、修订、选取的过程。

3) 对方案进行评价和优选

对每一方案的可行性要进行充分的论证,并在论证的基础上作出综合评价。论证要突出技术上的先进性、实现的可能性,以及经济上的合理性。不仅要考虑方案所带来的经济效益,也要考虑可能带来的不良影响和潜在的问题,对可行性方案的选优的决策主要应把握以下两点:一是确定合理的优劣势的评价标准,包括成本标准和效益标准两个部分;二是要选取适宜的抉择方法,包括定量方法和定性方法两个方面。

企业实施物流成本决策的方法,因为决策内容、类型以及资料等的不同而不同,主要有头脑风暴法、差量分析法、量本利分析法等。

4) 方案的实施与反馈

决策的正确与否要以实施的结果来判断,在方案实施过程中应建立信息反馈渠道,将每一局部过程的实施结果与预期目标进行比较,如果发现差异,则应迅速纠正,以保证决策目标的实现。

物流成本决策程序如图 6.1 所示。

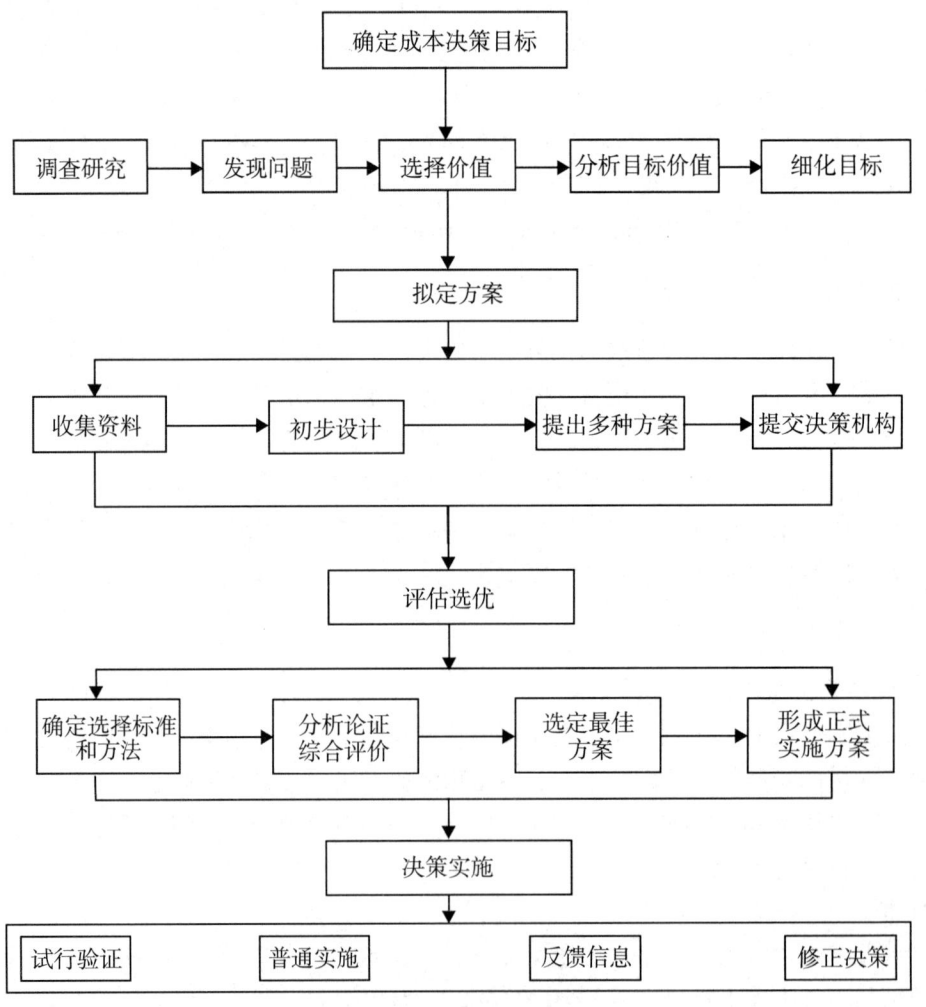

图 6.1 物流成本决策程序

6.2.2 物流成本决策的方法

物流成本决策的方法很多，可根据决策的性质、决策内容和取得资料的不同进行分类。一般可将物流成本决策的方法按决策的性质不同划分为定量分析法和定性分析法两大类。

1. 定性分析法

定性分析法又称非数量分析法，它是依靠专家和有丰富知识及经验的专业人员的分析能力，利用直观材料和逻辑推理对所提出的各种备选方案作出正确评价和选择的方法。也正因为定性分析法只是一种直观判断和逻辑推理，因此定性分析法没有固定的模式，可视不同的分析对象和分析要求而灵活运用。下面主要介绍头脑风暴法和互动小组法。

1) 头脑风暴法

头脑风暴法又称思维共振法，即通过有关专家之间的信息交流，引起思维共振，产生组合效应，从而导致创造性思维。头脑风暴法是比较常用的群体决策方法，它利用一种思想的产生过程，鼓励参与者提出任意类型的方案设计思想，同时禁止对各种方案进行批判。因此，这种方法主要用于收集新设想。

在典型的头脑风暴法会议中，群体领导者以一种明确的方式向所有参与者阐明问题，使参与者在完全不受约束的条件下，敞开思路，畅所欲言。在一定的时间内"自由"提出尽可能多的方案，不允许任何批评，并且所有方案都当场记录下来，留待稍后再讨论和分析。

头脑风暴法的创始人英国心理学家奥斯本为这一决策方法的实施提出了4项原则。

(1) 对别人的建议不作任何评价。

(2) 建议越多越好。在这个阶段，有什么想法就应该说出来；将相互讨论限制在最低限度内；参与者不要考虑自己建议的质量。

(3) 鼓励每个人独立思考，广开思路，想法越新颖、越奇异越好。

(4) 可以补充和完善已有的建议以使它更具说服力。

头脑风暴法的目的在于创造一种畅所欲言、自由思考的氛围，诱发创造性思维的共振和连锁反应，产生更多的创造性思维。因此，头脑风暴法仅是一个产生思想的过程，了解取得期望决策的途径。

2) 互动小组法

互动小组法是一种群体决策形式。它既可能是现存的群体，如组织中的某一部门，也可以是专门成立的小组。小组成员就某一问题共同交谈、讨论，达成一致后，进一步讨论，最后完成决策。其好处是小组成员间的合作有利于产生新主意、新点子，同时有利于小组成员间的互相理解和沟通。

2. 定量分析法

定量分析法是运用一定的数学原理，将决策所涉及的变量与决策目标之间的关系用一定的数学模式或公式表达并据以决策的分析方法。由于决策的方案中数据预测结果的确定性有强有弱,所以采用的决策方法也不尽相同,根据数学模型涉及的决策问题的性质(或者说根据所选方案结果的可靠性)的不同,定量决策方法一般分为量本利分析法、期望值决策法和差量分析法等,下面主要介绍差量分析法、量本利分析法。

1) 量本利分析法

量本利分析(Volume-Cost-Profit Analysis)又称本量利分析,是成本-业务量-利润关系分析的简称。作为一种定量分析方法,量本利分析能够在计算变动成本模式的基础上,以数学模型和图形来揭示固定成本、变动成本、单价、营业量、营业额、利润等变量之间的内在规律性,从而为管理者的预测、决策和规划提供必需的财务信息。

量本利分析所考虑的因素主要包括固定成本 a、单价变动成本 b、营业量 x、单价 p、营业额 px 和营业利润 P 等。这些变量之间的关系表示为

$$P=px-(a+bx)=(p-b)x-a \tag{6-4}$$

公式(6-4)是建立量本利分析数学模型的基础,是量本利分析的基本公式。

为了使量本利分析的思想更加形象化,在实践中常会使用到量本利分析图。量本利分析图就是在平面直角坐标系上,使用解析几何模型来反映量本利关系的图像。量本利分析图能够反映出固定成本、变动成本、营业额、营业量和盈亏平衡点、利润区和亏损区。最基本的量本利分析图如图6.2所示。

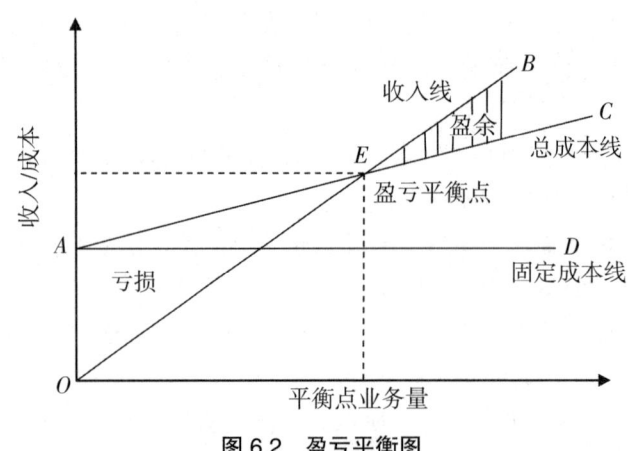

图6.2 盈亏平衡图

对某项物流作业进行量本利分析,可以帮助企业进行以下几个方面的决策。

(1) 对物流业务额(量)的决策,确定物流作业的盈亏平衡点。物流作业的盈亏平衡点,就是指物流作业在一定时期的收入与成本相等,既没有赢利也没有亏损,利润额为零。如果当企业的物流作业的业务额(量)低于该点时,则企业在该项物流作业上会亏损,因此该点是企业可以接受的业务额(量)的最底限。所以,当某项业务的业务额(量)低于该点时,企业应当拒绝该项业务。

(2) 确定企业能够获得的利润额。通过量本利的分析公式,企业能够计算出在目前的经营状态下,能够从该项物流作业中所获取的利润额(P),用公式表示为

$$P=px-(a+bx) \tag{6-5}$$

(3) 以实现目标利润为前提,确定物流作业所应达到的业务量。实现目标利润(P_T)的

业务量是指在保持单价和成本水平不变的情况下，企业为保证能够实现预先确定的目标利润，而必须达到的营业量（x_T）和营业额（y_T）的统称。x_T 和 y_T 的计算公式分别为

$$x_T = \frac{a+P_T}{p-b} \quad (6-6)$$

$$y_T = \frac{a+P_T}{p-b} \times p \quad (6-7)$$

（4）以实现目标利润为前提，确定物流作业单价。利用量本利分析的基本公式，企业还能够计算出当其他条件不变时，为实现预先确定的目标利润，物流作业的单价（p_T）的大小。具体计算公式为

$$P_T = \frac{P_T + bx + a}{x} \quad (6-8)$$

【例6-2】某运输企业依据历史数据分析，确定单位变动成本150元/千吨公里，固定成本总额为20万元，营业税率为3%，下月预计货物周转量5 000千吨公里，单位运价为200元/千吨公里，对该公司进行运输业务的本量利分析。如果该公司制定的目标利润为5万元，计算保本点运输周转量。

设利润为 P，固定成本为 a，单位变动成本为 b，单位运价为 p，运输周转量为 x，目标利润为 P_T。

该公司的保本点运输周转量，即盈亏平衡点的业务量。根据前面的介绍可知，在盈亏平衡点时，该公司的物流作业的利润为零，即收入等于成本。

根据式（6-4）可知，要求保本点运输周转量，则利润 P 为零，即营业额等于单位成本与运输周转量的乘积，代入数值，得

$$x = \frac{200\,000}{200 \times (1-3\%) - 150} \approx 4\,545.45(千吨公里)$$

由于保本点运输营业收入 = 保本点运输周转量 × 单位运价，故有

$$\frac{4\,545.45 \times 200}{10\,000} \approx 90.909(万元)$$

从已知条件与计算可知，由于下月的预计周转量为5 000千吨公里，超过保本点运输周转量（4 545.45千吨公里），所以下月开展的运输业务方案是可行的。

2）差量分析法

传统的思维方式是，当企业进行决策时，需要将全部成本费用都计算在内，认为只有这样核算出来的经营成本才真实合理。差量分析法强调的不是"全部"的概念，而是"差量"的概念。所谓"差量"，就是不同行动方案中所产生差别的数量。差量分析法就是决策者在充分了解许多不同行动方案而产生的收入与成本因素之间的差别基础上，从中选择最优方案的决策方法。

差量分析包括差量收入与差量成本两类因素。差量收入就是一个方案与另一个方案预期收入之间的差异数。例如，某汽车队自己经营每月可获收入30万元，租给别人经营每月收入10万元，则差量收入为20万元。差量成本是一个方案与另一方案的预期成本之间

的差异数。继续前例若自己经营车队每月的费用支出为9万元,租给别人每月费用为3万元,则差量成本为6万元。

运用差量分析法进行决策,应遵守以下原则。

(1) 沉没成本在选择各种不同行动方案时,永远是无关成本;只有差量收入与差量成本才与选择决策有关。所谓沉没成本,是指企业过去为取得固定资产所有权而已经支付的资金。当对相关的固定资产进行成本决策分析时,一般只需要研究重新出售的市价,而不必去考虑沉没成本。

(2) 已经发生的成本和已经实现的收入,只有在它们有助于预测未来成本和未来收入的范围内才是有关成本。

(3) 在实际购买和使用前,准备购买的固定资产仍算差量成本。

(4) 只要方案的差量收入大于差量成本,那么该方案就可行。

(5) 凡是能提供令企业满意的报酬的方案,就是理想方案。

如前所述,在决策分析中,差量是指不同备选方案之间的差异,该差量又分差量收入、差量成本和差量利润3个部分。

【例6-3】某仓储企业为适应日益增加的业务量,想要扩大仓库的面积,拟定了以下两个方案。

方案一:新建一座仓库,投资300万元。据估计,每年可获得收入70万元,服务期限为15年。

方案二:扩建旧仓库,投资100万元。据估计,每年可获得收入50万元,服务期限为15年。

试用差量分析法选择方案。

分析如下:

两种方案的差量收入 =70×15-50×15=300(万元)

两种方案的差量成本 =300-100=200(万元)

两种方案的差量损益 =300-200=100(万元)

由于100＞0,说明方案一对该企业更有利。

【拓展视频】

6.2.3 物流成本决策过程中应注意的问题

为做好物流成本的决策工作,能够使物流成本决策更好地为企业管理服务,企业应在决策中注意以下几点。

1. 应全面考虑物流中各种成本因素

物流成本决策对于任何一家企业来讲,都是一项耗时耗力的工作,在物流活动的每个环节都可能出现意外情况,这就对物流管理提出了更高的要求。企业中的物流成本管理人员必须谨慎地考虑运输、仓储等环节与物流相关的问题,全面细致地掌握企业的背景资料。所以,许多公司内从事物流成本决策的人员都是最具有物流管理经验的。

物流成本管理人员必须尽早着手进行资源的配置工作，只有这样，才能提高物流成本决策的效率。他们应尽量在满足客户服务和生产需求的前提下，以最低的成本来实现企业物流的衔接与运营。物流人员要全面了解企业物流成本和客户服务需求，周密而又详尽地进行决策。在此过程中，物流人员必须全面考虑从原料生产地到产品销售地的全部运输费用(包括公路和铁路及水运和航空的运输费用)、仓储费用、装卸费用、出口单证费用、物流管理费用等。

相关链接

海铁联运是国际物流主要运输方式

海铁联运是指进出口货物由铁路运输经由沿海海港与船舶运输相连、只需"一次申报、一次查验、一次放行"就可以完成整个运输过程的一种运输方式，也是铁水联运的一种特殊形式。

海铁联运已经有超过50年的历史，成熟国际港口中海铁联运的比例往往占20%~40%，如荷兰鹿特丹港港内就有直接通入码头的铁路集装箱编组中心(RSC)，便利的铁水联运衔接使得海铁联运在吞吐总量的比例超过了20%。

发达国家之所以选取海铁联运方式，是因为海洋运输与铁路运输都拥有大宗货物运输低成本、大运量的优点，衔接便利且总成本更低，在600公里以上运距中与公水联运成本优势明显，一般情况下可以比公水联运节约30%，另外还可以大规模降低环境等外部成本。

然而，尽管海铁联运优势突出，但我国的集装箱海铁联运发展却相对滞后，集装箱海铁联运的数量仅占全国港口吞吐量的1.5%左右。

在国务院发布的《物流业中长期发展规划(2014—2020)》中，第一项重点工程就是多式联运工程。其中，海铁联运是最有效率的物流组织方式。相比公水联运，仅从成本考虑，一般情况下海铁联运就能比公水联运节约30%左右。特别是在国家"一带一路"战略下的"21世纪海上丝绸之路"中，一方面是以外向型出口加工经济为主导；另一方面是希望通过海上运输渠道增强中国与海上丝绸之路沿线国家贸易互通。由此中国与其他国家经济的互补与交流的主动性意愿更加迫切，因而对基于海运的国际物流需求更大。

目前，中国企业走出去不仅仅只是意愿而是已成现实，但连接海外与国内的产业链则需要更为坚实的海上物流通道。企业从传统的生产环节和销售环节获取利润的空间越来越小，流通环节开始成为利润的主要源泉，多式联运尤其是集装箱多式联运因其在时间、成本和效率等标准方面的突出优势，成为最先进、最高效、最系统也是最重要的运输组织方式，而海铁联运是其中的主要环节。

但在海铁联运的实际操作中存在几个现实问题：一是运输组织中各利益主体的博弈严重，铁路部门、港口、船公司、货代等缺乏利益共同体，难以共赢；二是铁路线与港口码头硬件衔接缺乏系统性设计，以铁路集装箱为主体的港口集疏运体系不足，往往需要公路进行二次倒装增加费用而降低了效率；三是以海运为主的国际物流信息平台与铁路的TMIS信息平台自成体系，共享不足，且接口也缺乏标准，难以实现"一次申报、一次查验、一次放行"等海铁联运的核心价值；四是公水联运中往往是企业自备箱，既无法在铁路上使用，也难以在长距离铁路路网上及时收回；五是海运中的集装箱单箱配重平衡很少受限制，但铁路运输中对集装箱自身的单箱配重均衡限制严格；六是

中欧国际海铁联运中双向物流负荷不平衡，难以实现重去重回，降低了赢利空间。

(资料来源：http://finance.sina.com.cn/roll/2016-04-12/doc-ifxrcuyk2698794.shtml.)

2. 注意决策的成本

企业管理中一项最为重要的工作就是决策。决策是需要有成本的，这一点极易被人忽视。例如，一个正确的决策能够为企业赢利1 000万元，如果错失机遇，没有及时作出决策，该决策的成本就是1 000万元；如果作一个错误的决策，不仅赚不到1 000万元，反而可能会亏损1 000万元，那么，这个错误的决策成本就是2 000万元。可见，决策也是必须要讲成本控制的。

管理学家彼得·德鲁克曾经称物流为"经营上的黑暗大陆"，这不仅是指产品在向消费者的转移过程中缺乏足够的可见性，而且市场经营者在分析规划营销战略时，也往往会疏忽了物流。以前，产品在由生产商向顾客移动的过程被分割成一系列独立的活动来进行管理，很少有人把它们整合为一个整体的系统，对从原材料与零部件的采购、库存控制、生产加工、运输一直到最终顾客的整个实物流动过程，采取综合物流的管理方法。现在，无论是生产企业还是流通企业，都同样面临着需要通过物流的一体化管理，认真权衡影响成本的要素，以降低供应链的总成本，来满足顾客对服务的需要。

【拓展文本】

3. 从系统的角度去设计决策方案

现代物流的概念基本包含了企业经营的全过程：需求预测、选址、采购、生产进度、运输、装卸、搬运、库存控制、流通加工、包装、订单处理、配送、客户服务、返还品管理、废弃物处理，以及其他一些辅助活动。有很多企业在降低这些局部成本的工作中，都取得了不同程度的胜利，但是一些世界级知名企业的实践证明，整体宏观的物流能给企业带来实质性的成本节约。

过去，虽然企业的经营管理有一套整体的目标，但是企业内部每个部门往往仅是围绕自己的职责去展开工作．虽能使费用减少支出，但效果不明显。这样并不是从供应链中跟踪成本的产生，所以企业经营活动的持续性差，甚至会造成职能部门之间的冲突。另外，企业的营销管理活动常伴随着物流系统的支持，也产生了对不同的物流成本要素的选择权衡问题。一个营销物流系统通常包含运输、仓储和库存等成本要素，它们彼此利益相悖，但却直接影响顾客服务水平并与顾客满意程度息息相关。如何平衡这些有竞争性的成本要素是对管理工作的巨大挑战。而物流总成本正是通过实现所有这些个别的成本要素之间的最佳平衡，以达到降低整体物流成本的目标。

企业在进行生产经营决策时常要面对物流成本的选择。如当仓库数量增加时，运输成本下降了，但库存与订单处理成本却上升了。此时，从物流的观点考虑，应最终做到使总的分销成本下降。要达到使总成本最低的目标并不是一件容易的事情，因为物流成本的效益背反性，有时在某项功能上的最优设计却可能招致其他功能的损害，有可能会遇到以下几种情况。

(1) 减少库存，降低仓储成本，但会降低顾客服务标准或增加缺货成本。

(2) 提高交货速度会提高顾客服务水平，但会使运输成本上升以至需要更高的总成本。

(3) 达到较低的运输成本，却会导致库存的增加与顾客服务水平的降低。

因此，企业在决策时必须要综合考虑影响物流成本的因素，才能作出对企业最有利的决策。

4. 把好成本决策程序关，做到物流成本决策的科学化与民主化

【拓展文本】

不同的物流活动的成本都有其自身的特点，所以有不同的管理程序，需要由不同的部门来开支。因此，在物流成本决策过程中应建立科学的程序，适应各自部门的特点和需要，以避免决策的无序化和随意化。

5. 注意决策相关成本与非相关成本的划分

在进行物流成本决策时，只能包括因选择实施某种方案而发生的相关成本。相关成本是指与特定的决策或行动有关的，在分析评价时是必须考虑的成本；而非相关成本则是指在决策之前就已经发生或者不管采取什么方案都会发生的成本。它与某个特定的决策无关，所以在分析评价和选择最优决策过程中不应该被纳入决策成本的范畴。

在实际工作中常常会遇到这样一些情况：一些冒进的决策者因为将相关成本错误地排除在决策成本之外而对项目作出盲目乐观的估计；而另一些审慎的决策者则因为将一些不相关的成本纳入决策成本考虑而错失了本来可行的方案。所以，建立起正确的决策成本的观念对行动和决策是十分重要的。

另外，需要说明的是，从决策的相关性来看，沉没成本是决策的非相关成本，如果在决策时计入沉没成本，将会使项目成本被高估，得到错误的结论。

【拓展文本】

虽然，沉没成本是决策的非相关成本，但与其相伴随的机会成本却是决策的相关成本，是需要在决策时加以考虑的。

这也就是上面所说的，注意决策相关和非相关成本的划分，搞清楚两者之间的界限。

本 章 小 结

物流成本预测是在对物流成本数据进行统计调查的基础上，运用历史统计资料，通过科学的手段和方法，对物流成本的未来影响因素、条件和发展趋势进行估计和判断，为企业物流成本决策、编制物流成本预算提供依据。

企业要在激烈的竞争中立于不败之地，就必须对未来的状况作出正确的估计，并以这种估计作为决策和计划的客观基础，正所谓"凡事预则立，不预则废"，对于企业的物流成本管理工作来说尤为如此。

物流成本预测的方法很多，具体可以分为两类：一类是以调查为基础的经验判断法，也叫定性预测法；另一类是以统计资料为基础的分析计算法，也叫定量预测法。

决策是指作出决定或选择。人们对决策的概念有两种理解：一是把决策看做一个包括提出问题、确立目标、设计和选择方案的过程，这是广义的理解；二是把决策看做从几种备选的行动方案中作出最终抉择，是决策者的拍板定案，这是狭义的理解。我们倾向于采用广义的决策定义，即决策是一个作出决定的过程。

物流成本决策是指在物流成本预测的基础上，根据物流成本分析与成本预测所得的有关数据、结论和其他资料，运用科学的方法，包括定性与定量的方法，从若干方案中选择一个最佳成本方案的过程。

物流成本决策的程序包括确定物流成本决策目标、拟定可行方案、对方案进行评价和优选、方案的实施与反馈。

物流成本决策的方法很多，可根据决策的性质、决策内容和取得资料的不同进行分类。一般可将物流成本决策的方法按决策的性质不同划分为定量分析法和定性分析法两大类，主要有头脑风暴法、差量分析法和量本利分析法等。

关键术语

预测　物流成本预测　决策　物流成本决策　量本利分析　差量分析

习　题

一、单项选择题

1. 德尔菲法是美国兰德公司提出的一种预测的方法，它在节省开支、避免专家之间出现从众行为方面，显示了独特的优势，但也有人对它提出批评，这主要是基于(　　)。

　　A. 该法使专家的意见难以得到发挥

　　B. 主持人容易过多地加入个人意见

　　C. 耗费时间太多，不适用于快速决策

　　D. 以上三项都正确

2. 指数平滑法属于(　　)。

　　A. 时间序列分析　　　　　　B. 因果联系

　　C. 一元回归分析　　　　　　D. 二元回归分析

3. 物流成本决策的方法按决策的性质不同划分为(　　)。

　　A. 两类　　　　　　　　　　B. 三类

　　C. 四类　　　　　　　　　　D. 五类

4. 某公司生产某产品的固定成本为100万元，单位产品可变成本为700元，单位产品售价为900元，那么其保本的产量至少是(　　)元。

　　A. 5 000　　　　　　　　　　B. 6 000

C. 4 500　　　　　　　　　　D. 3 000

5. 目的在于创造一种畅所欲言、自由思考的氛围，诱发创造性思维的共振和连锁反应，产生更多的创造性思维的集体决策方法是（　　）。

　　A. 头脑风暴法　　　　　　B. 名义小组技术
　　C. 德尔菲技术　　　　　　D. 政策指导矩阵

二、简答题

1. 什么是物流成本预测？预测包括哪些步骤？
2. 专家意见法有哪些特点？
3. 什么是物流成本决策？决策有哪些步骤？
4. 如何通过差量分析法进行物流成本决策？
5. 如何利用量本利分析进行物流成本决策？

案例分析

美国西南航空公司的竞争战略

美国西南航空公司是低成本航空运营模式的鼻祖，连续36年保持了赢利——这在航空历史上也是前无古人的纪录。自从1973年它首次实现赢利以来就再没有赔过一分钱。2008年全年净盈余为1.78亿美元，2009年全年净盈余为6.45亿美元。美国西南航空公司，由罗林·W. 金创建于1971年，总部设在达拉斯。创立之初，公司购买了3款新型的波音737客机，于1971年6月开始在美国得克萨斯州3个最大的城市(达拉斯、休斯敦和圣安东尼奥)间经营航空业务。其每条航空的票价仅为20美元，而竞争者需要27或28美元。当时只有少量顾客，几只包袋和一小群焦急不安的员工，现在已成为美国第六大航空公司，拥有1.8万名员工，服务范围已横跨美国22个州的45个大城市。西南航空公司的经营之道是：为乘客提供可靠、安全的飞行服务，为员工提供工作保障，同时实现收益最大化。

1. 差别化战略

这是世界上唯一一家只提供短航程、高频率、低价格、点对点直航的航空公司。"我们的对手是公路交通。我们要与行驶在公路上的福特车、克莱斯勒车、丰田车、尼桑车展开价格战。我们要把高速公路上的客流搬到天上来"。西南航空的执行官赫伯·凯勒尔这样解释道。西南航空只将精力集中短途航班上，它提供的航班不仅票价低廉，而且班次频率高。和许多竞争对手不同，公司并不收取任何改签费，也没有周末必须停留一晚的规定。公司目前大约80%的客源都是直达旅客。直达航班减少了经停点和联程点，从而减少了航班延误和整个旅行时间。公司还在所运营的每一个机场都设置了自助式值机柜台。

2. 成本领先战略

首先，选用型号单一、装修朴实的飞机。西南航空只购买燃油经济型的波音737飞机(美国西南航空的部分飞机是购买的尚未"退伍"的二手飞机，在安全的使用年限内)，不搞豪华铺张的内装修，机舱内没有电视和耳机。单一机型能最大限度提高飞机利用率。因为每个飞行员都可机动驾驶所有飞机，此外，还可以简化管理,并降低培训、维修和保养成本。公司在人员培训、维修保养、零部件购买与库存上均只执行一个标准,大大节省了培训费、维护费;西南航空在美国创立了独一无二的航线模式——点对点直航。同时西南航空将飞机大修、保养等非主业业务外包,保持地勤人员少而精。一般只有4个地勤人员提供飞机检修、加油、物资补给和清洁等工作。人手不够时驾驶员也会从事地勤工作。

其次,选择价格低廉、成效卓著的机场。西南航空尽可能选用起降费、停机费较低廉的非枢纽机场(二线机场),这样不仅直接降低中转费用,而且也能确保飞机快速离港。为了减少飞机在机场的停留时间。增加在空中飞行的时间(也就是挣钱的时间),西南航空采用了一系列保证飞机高离港率的规定:不提供托运行李服务;不指定座位,先到先坐,促使旅客尽快登机;建立自动验票系统,加快验票速度;不提供集中订票服务等。这些特色使得西南航空70%的飞机滞留机场的时间只有15分钟,而其他航空公司的客机需要一两个小时。

最后,提供化繁为简、顾客满意的服务。选择低价格服务的顾客一般比较节俭,于是公司在保证旅客最主要满意度的基础上。尽可能将服务项目化繁为简,降低服务成本。例如,飞机上不提供正餐服务,只提供花生与饮料。

3. 目标聚焦战略

不论业务范围如何扩展,规模如何扩大,西南航空始终坚持最初制定的"短航线、低价格"标准,并为此严格进行成本控制,不曾偏离。

4. 企业文化及员工管理

深厚的企业文化基础是塑造团队战斗力的关键,高层管理人员务实的工作心态是基层员工的动力源泉。西南航空的成功,不是比别人领先一步的技术,也不是与众不同的战略定位,而是传递在组织系统中的价值观、人文和团队精神。

在西南航空的组织文化中其"员工第一"的信念在激发员工工作积极性中起着至关重要的作用。公司努力强调对员工个人的认同,如将员工的名字雕刻在特别设计的波音737飞机上,以表彰员工在西南航成功中的突出贡献;将员工的突出业绩刊登在公司的杂志上;对员工的访问。通过这些具体的做法,让员工认为公司以拥有他们为荣。

飞机上每一个员工的名字、公司随处可见的员工个人、家庭乃至宠物照片,随时在告诉员工公司所强调的员工第一和员工所获得的个人认同感。"不仅仅是一项工作,而是一项事业"则在提醒员工他们并不是在为了获取收入而被动地工作,而是在从事一项组织和个人发展的事业。

西南航空的观点,有一样是这些公司无法模仿的——员工的战斗精神!在美西南,员工创造不同!公司的员工充满了激情。消费者之所以选择西南航空,这是因为该公司持之以恒地提供他们所希望的——低票价、可靠的服务、高频度和顺便的航班、舒适的客舱、了不起的旅行经历、一流的旅客项目、顺利的候机楼登机流程以及友善的客户服务。

西南航强调组织内部以及在员工、供应商和顾客间建立一种积极的信任关系。公司里有85%的员工加入了不同的工会,但并没有出现其他航空公司中工会与管理层间的巨大冲突。90%的员工持有公司的股票,约占西南航空流通在外股数的10%以上。西南航空班机从抵达目的地,开放登机门上下旅客,直至关上登机门再度起飞间的作业时间,平均为15分钟。得益于它的员工都具有良好的合作心态,以及各个部门团队之间天衣无缝的合作。

如果你要见总裁,只要他在办公室,你可以直接进去,不用通报。上层经理每季度必须有一天参加第一线实际工作,担任订票员、售票员或行李搬运工等。"行走一英里计划"安排员工们每年有一天去其他营业区工作,以了解不同营业区的情况。培养员工忠诚度是西南航空的另一制胜法宝。无论是在经济衰退的年份,还是在公司遇到困难之时,西南航空都尽量做到不裁员。即便在"9·11事件"后,西南航公一度每天亏损三四百万美元,但该公司仍然坚持不裁减员工。

西南航公连续36年赢利,可以成为世界民航企业的一个经营管理的标杆,这样的业绩得益于西南航空员工的高效率工作、相对于全行业较低的人力成本以及在飞行途中给乘客创造轻松愉快环境的服务方式。西南航空的薪酬并不高,甚至低于市场的平均水平,但西南航空的员工流失率非常低。

(资料来源:http://wenku.baidu.com/view/6691f84df7ec4afe04a1df52.html.)

思考:
(1) 西南航空采取了哪些降低成本的措施?
(2) 西南航空采取了哪些调动员工积极性的措施?

空气污染日益严峻,谁让千亿风车基地停摆

为了改善环境,大家有一点共识,就是要减少煤炭的使用量,用清洁能源逐渐代替。但实现起来却并不容易,来看几组数据:

欧洲、美国这些发达国家,煤炭的使用率不超过20%;但是在我国,却接近70%。2015年,我国消耗的煤炭,占世界煤炭消耗量的1/4。就在2015年,我国的风电设备装机量一举成为世界第一。而与此同时,一些地方却出现了怪现象,巨额投资的清洁能源建好了,却不让使用。

内蒙古的风电限电率是18%;甘肃的风电限电率是39%;新疆的风电限电率是32%;吉林的风电限电率是32%。根据国家能源局的统计,这些停用的风电设备,造成的直接经济损失超过160亿元。

一方面是国家治理环境,拿出壮士断腕的决心,另一方面是普通群众对改善大气污染的渴望。那么,为什么还会出现这么多的清洁能源无法正常投入使用?以甘肃为例,目前甘肃的输电线路只和西北地区的几个省份连接,可这些省份也不想使用甘肃的电。多出来的电要想送出去,只能依靠远距离跨省输电线路。可眼下,却没有这样的线路,如此一来,风车只能停转。甘肃现在出现停摆的风电项目,只是酒泉风电基地整体项目的第一期工程,如今,第二期工程正在建设之中,与第一期有所不同,为了不再让这些风电无处可去,在二期工程建设伊始,酒泉就计划将这些新能源发电通过国家电网正在建设的远距离输电线路送到湖南,再向周边湖北、江西等省份输电。然而,不远千里送来的电,却被拒之门外,是不是这些省份本来就不需要电呢?随着调查的深入,记者掌握了这样的一组数据:2014年12月以来,湖北、江西两省核准的煤电项目就达到10个,而且规模非常大,粗略计算,2015年这两个省核准的煤电项目就超过了整个酒泉地区的风电装机总量。

2006年出台的《中华人民共和国可再生能源法》明确规定了要"优先采用"新能源发电。当年,新能源对于中国而言,还是个新鲜事物,包括这份法律的制定者,估计都没有想到,10年后的今天,新能源会有如此迅速的发展,而也就是"优先采用"这4个字,使得全国各地诞生了一个又一个"酒泉速度",导致大面积的产能过剩。也正因为如此,"优先采用"根本无从谈起,只有建设规划,没有用电规划,只管生产,不管市场,酒泉的遭遇也许并不是偶然现象。

国家能源局新能源司副司长史立山指出:理论上讲,应该做到全国一盘棋,但实际工作中总会有差距,因为每个省都有自己的利益,要保障本省的GDP增长、税收增长、就业。

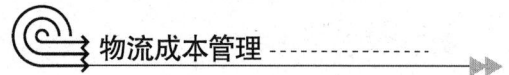

电力体制改革的出发点就是要更多地利用新能源,提高能源利用效率、发展新能源,保护环境,原本是件利国利民的好事。但是把这件好事做好却并不容易,甘肃想借机发展自己的风电基地,招商引资;国家电网看到了发展互联互通电网的机遇;华中地区想继续使用价格便宜的煤炭,保证用电企业的竞争力。谁都没做错,但是放在一起,怎么看都不对,全国能源一盘棋变成了乱下棋。这也许是成长的阵痛,在所难免,但是对于每个普通人来说,希望在经历了这场阵痛之后,我们能不忘初衷,让环境能真正地好起来。

(资料来源:http://finance.sina.com.cn/chanjing.)

思考: 千亿元风车基地停摆的主要原因是什么?

第7章 物流成本分析

【教学目标与要求】

理解物流成本分析的概念与内容。

掌握对比分析法、比率分析法、连环替代法。

了解财务比率分析的内容及杜邦分析法。

了解物流成本分析的原则。

啤酒行业物流成本分析

随着我国居民生活水平的不断提高，在日常休闲娱乐过程中，很多人都会选择啤酒作为消遣的饮品。但随着我国粮食价格水涨船高，啤酒行业的利润也在受到严重挤压。同时，由于啤酒作为一种运输成本较高的商品，其运输成本能否有效进行控制，成为啤酒企业在竞争中谋取发展、获得新的利润增长点的重要方面。目前，我国大多数啤酒企业都采用物流外包为主、自助物流为辅的方式进行物流管理。

1. 当前我国啤酒行业物流成本的现状

1) 大多数啤酒企业对于物流成本的控制重视度较低

目前我国大多数啤酒企业对于企业成本的控制管理还停留在对于原材料成本管理把控方面，而忽视了作为成本中重要组成部分的物流成本管理控制。我国啤酒行业中除了几大巨头啤酒企业外，其余的啤酒生产企业对于物流管理的随机性较高，对于企业购进用于进行物流运输的货车或者租用的货车数目没有进行科学的分析，主要根据管理人员的随机要求进行。这种粗放式的物流成本管理控制无疑导致企业很难有效估算物流成本并进行不必要成本开销的剔除。同时，由于啤酒企业管理人员大多并非专业的物流管理人员，因此不了解企业物流对于企业成本控制的重要性；即使啤酒企业的管理人员是专业的物流管理人员，但因为需要管理的事项较多，物流成本因其变动较小而很难受到重视。

2) 啤酒企业的啤酒包装物管理水平较低

啤酒为液体产品，因此如何对其进行包装将直接影响到物流运输过程中的安全及成本等问题。但是目前我国啤酒行业在啤酒如何包装及包装物的选择方面过于单一，对于包装物的浪费现象较为多见。由于啤酒的包装物可以分为一次性计入产品成本的包装物和需要周转使用、重复利用的包装物。因此，如何对包装物的功能进行合理划分并且进行综合利用是啤酒企业需要重点管理的问题。目前我国很多啤酒企业出现了包装物浪费严重及包装物质量或者体积过大，造成运输成本急剧上升，这就需要啤酒企业进行及时有效的管理。

2. 啤酒企业有效控制物流成本的举措

1) 啤酒制造企业需要不断提高对于物流成本控制的重视度

有效把控啤酒企业的物流成本，啤酒企业需要不断提高自身对于物流成本控制的重视程度并进行积极改革。目前啤酒企业对于物流成本主要通过粗放型管理进行把控，这使得啤酒在运输过程中出现破损、空车运输、仓储占地面积过大等不良现象频频发生。啤酒企业可以学习其他行业在物流方面的先进经验，但切不可照搬其他行业进行物流管理的模式，这是因为不同行业有不同行业的特点，照搬经验可能反而会对企业正常物流运输带来较大伤害。优化物流成本控制流程也需要企业引进新型物流管理人才，对企业正常运输方式及运输过程进行严格要求和安排。同时，需要加强对于企业内部从事物流运输的员工培训，提高其合理利用运输车辆及仓储空间的能力，当企业出现新的运输问题时及时进行汇报，以防小问题变成大问题并最终影响到企业的正常运输发展。

2) 啤酒企业需要加强对于啤酒包装物的控制管理

啤酒企业除了提高对于物流成本控制的水平之外，还可以通过加强对于啤酒包装物的控制管理来有效控制啤酒企业的物流成本。啤酒包装物事关啤酒的生产成本，还与企业运输成本有千丝万缕的联系。当包装物可以循环利用包装物的重量、体积及自身质量都直接影响到运输成本的高低及仓储成本的高低。因此，啤酒企业可以选择保护性强、成本较低、体积较小且不易损坏的材料制造加工成啤酒循环性包装物，这样可以减少在运输途中所占体积和重量，也可以延长包装物的使用寿命。其次，啤酒企业还可以聘请设计师及专业的材料师进行一次性计入成本的包装物设计以降低包装物成本，并在不改变啤酒原规格的情况下减少运输成本及仓储成本。

(资料来源：谢建青. 啤酒行业物流成本分析 [J]. 当代经济，2015(9)：34-35.)

通过对我国啤酒行业物流成本管理的现状进行分析，可以发现存在着大多数啤酒企业对于物流成本的控制重视度较低、对啤酒包装物的控制管理水平低的问题，针对以上问题提出了啤酒企业需要不断提高对于物流成本控制的重视度、加强对于啤酒包装物的控制管理等措施。物流成本分析是物流成本管理的重要组成部分，采取定量与定性相结合的成本分析方法，将有效地控制企业的物流成本，提高企业的核心竞争力。

7.1 物流成本分析概述

7.1.1 物流成本分析的概念与作用

分析是人们认识客观事物本质特征及其发展规律的一种逻辑思维方法。物流成本分析就是利用物流成本核算结果及其他有关资料，分析物流成本水平与构成的变动情况，研究影响物流成本升降的各种因素及其变动原因，寻找降低物流成本的途径。物流成本分析具有以下几个作用。

1. 物流成本分析是物流成本管理的重要组成内容

企业物流成本是反映企业物流经营管理工作质量和劳动耗费水平的综合指标。企业在物流过程中各种资源耗用的多少、劳动生产率的高低、产品质量的优劣、物流技术状况、设备和资金利用效果及生产组织管理水平等，都会直接或间接地反映到企业物流成本中来，因而，加强物流成本分析，有利于揭示企业物流过程中存在的问题，改善管理工作。

2. 物流成本分析可准确评价企业的发展潜力

企业的潜力通常是指在现有技术水平条件下，企业在一定资源投入情况下的最大产出，即产出潜力；或在一定产出情况下资源的最小投入，即成本潜力。通过成本分析评价可正确及时地挖掘出企业各方面的潜力。例如，通过趋势分析方法可说明企业的总体发展潜力，通过因素分析和对比分析可找出物流企业成本管理某环节的潜力。正确揭示企业的潜力不仅是企业经营者所需要的，企业的投资者和政府相关部门也都十分关心企业发展潜力的大小。

【拓展文本】

3. 物流成本分析可充分揭示物流企业风险

物流企业风险包括经营风险和财务风险等。风险存在产生于经济中的不确定因素。成本绩效分析，特别是对物流企业潜力的分析与物流企业风险有密切联系。一般地说，成本效益越差，物流企业的经营风险越高；反之，物流企业的风险就越低。

4. 物流成本分析评价可以正确评价企业物流成本计划的执行状况

物流成本分析并不只是对成本管理工作的回顾、总结与评价，更重要的是通过对企业物流资金耗费活动规律的了解，正确评价企业物流成本计划的执行状况，揭示物流成本升降变动的原因，为编制物流成本预算和成本决策提供重要依据，实现物流成本管理的目标。

7.1.2　物流成本分析的内容

物流成本分析的内容可以概括为以下 3 个方面。

(1) 在核算资料的基础上，通过深入分析，明确企业物流成本计划的执行结果，提高计划的编制和执行水平。

(2) 揭示物流成本升降的原因，找出影响物流成本高低的各种因素及其原因，进一步提高企业管理水平。

(3) 寻求进一步降低物流成本的途径和方法。物流成本分析还可以结合企业物流经营条件的变化，确定适应新情况的最合适的物流成本水平。

实际上，无论是物流成本管理的哪个环节，最终的目的都是为了提高企业的经济效益。由于物流过程分为许多作业过程，很显然，除了通过成本管理来提高企业的效益以外，提高物流作业效率也是最终节约成本的有效途径。

7.1.3　物流成本分析的原则

1. 物流成本分析必须与其他技术经济指标的变动相结合

技术经济指标是反映企业物流技术经济状况，与企业物流技术、工业特点密切相关的一系列指标。企业各项技术经济指标完成情况，直接或间接地影响到物流成本的高低。因此，只有结合技术经济指标的变动对物流成本进行分析，才能使物流成本分析深入到技术领域，从根本上查明影响物流成本波动的具体原因，寻求降低物流成本的途径。另一方面，通过物流成本的技术经济分析，也可以促进企业各部门更好地完成各项技术经济指标，从有利于从经济的角度，改善与提高物流技术。

 相关链接

谷歌获得无人驾驶送货卡车专利

谷歌近日获得一项新专利，它开发的是面向送货卡车的"无人驾驶递送平台"。在卡车货箱上配有很多储物柜，储物柜可以用信用卡、NFC读卡器解锁。当包裹运送完毕，卡车会继续向下一个送货点进发，或者回到仓库装载更多包裹。

汽车采用的自动化驾驶技术将会采用类似于谷歌小汽车无人驾驶的技术，汽车通过使用摄像头、雷达等各种传感器来自动驾驶。专利资料中写道："自动化公路汽车可以使用各种传感器(如视频摄像头、雷达传感器、激光测距仪)来'看见'交通状况，还可以绘制详细地图为汽车在公路上行驶进行导航，它可以与子系统(如无线通信子系统)通信，可以与控制器、其他公共设施通信。"谷歌母公司Alphabet正在开发无人机送货设备，目标是在2017年推出，项目名称为Project Wing。Alphabet还在测试无人驾驶汽车。谷歌获得的专利和其他两个项目(无人机送货、无人驾驶汽车)高度吻合。

【拓展视频】

(资料来源：http://www.chinacar.com.cn/newsview134885.html.)

2. 物流成本分析必须与绩效考核评价相结合

把物流成本分析工作与物流各部门经济效果和工作质量的考核、评比与奖惩结合起来，是物流成本分析工作深入持久进行的必要保证。在完善的绩效考核制度下，企业应根据物流部门的特点和责任范围开展功能成本分析、成本构成分析和总成本分析，把物流成本分析植根于广泛深入的数据调研之中。尤其是物流过程的成本分析，应根据企业物流情况，适当选择一定专题作为分析的主要内容，缩短分析的时间。

3. 全面性原则

物流成本内涵丰富，涉及面广，物流成本分析及控制工作，需要全体员工、各个部门的积极参与，才能达到控制物流成本的目标。这里的全体员工既包括一线工作人员，也包括管理人员；这里的各个部门既包括财务部门，也包括运营等费用发生的部门。

【拓展文本】

7.2 物流成本分析的方法

物流成本分析有定性分析和定量分析两种方法。

企业物流成本状况及其变动，既有质的特征又有量的界限，企业物流成本分析也包括定性与定量两个方面。对物流成本变动性质的分析称为定性分析，目的在于揭示影响资金耗费各因素的性质、内在联系及其变动趋势。对物流成本变动数量的分析称为定量分析，目的在于确定物流成本指标变动幅度及各因素对其影响程度。

定性分析是定量分析的基础，定量分析是定性分析的深化。仅有定量分析结果而无定性分析说明，或者仅有定性的说明而无定量分析资料作依据，都不可能发挥成本分析应有的作用。因此，定性分析与定量分析是相辅相成、互为补充的。

物流成本定量分析方法主要有对比分析法、比率分析法和连环替代法。

7.2.1 对比分析法

对比分析法通过某项财务指标与性质相同的指标评价标准进行对比，揭示企业财务状况、经营情况一种分析方法。比较分析法是最基本的分析方法，通常是把两个相互联系的指标数据进行比较，从数量上展示和说明研究对象规模的大小、水平的高低、速度的快慢以及各种关系是否协调。在对比分析中，选择合适的对比标准是十分关键的步骤，选择恰当的对比标准，才能作出客观的评价，否则将会得出错误的结论。

对比分析法根据分析的目的不同又有绝对数比较和相对数比较两种形式。

1. 绝对数比较

绝对数比较是利用成本总额、收入总额等绝对数进行对比，从而寻找差异的一种方法。例如，上年物流成本数额与本年物流成本数额的比较，今年同期与去年同期运输成本的比较等。

2. 相对数比较

相对数比较是由两个有联系的指标对比计算的，用以反映客观现象之间数量联系程度的综合指标，其数值表现为相对数。由于研究目的和对比基础不同，相对数比较可以分为结构相对数、计划完成程度相对数、动态相对数等形式。

(1) 结构相对数：将同一总体内的部分数值与全部数值对比求得比重，用以说明物流成本的结构。例如，运输成本额占物流成本总额比重等。

(2) 计划完成程度相对数：某一时期实际完成数与计划数对比，用以说明计划完成程度。例如，某物流企业实际广告费用为计划数的90%。

(3) 动态相对数：将同一现象在不同时期的指标数值对比，用以说明发展方向和变化的速度。例如，今年的物流成本与去年相比增加了15%等。

7.2.2 比率分析法

比率分析法是通过计算有关指标之间的相对数进行分析评价的一种方法，主要有相关比率分析法、构成比率分析法。

(1) 相关比率分析法是通过计算两个性质完全不相同而又相关的指标的比率进行分析的一种方法。例如，物流成本占营业收入的比率，可以反映出单位营业收入的物流成本水平，便于不同企业之间进行比较。

(2) 构成比率分析法是计算某项指标的各个组成部分占总体的比重，即部分与总体的比率，进行数量分析的一种方法。例如，物流成本占企业总成本的比重，有利于发现企业物流成本中存在的问题，提出改进措施。

7.2.3 连环替代法

连环替代法也称因素分析法,它是确定引起某经济指标变动的各个因素影响程度的一种计算方法。

1. 适用范围

在几个互相联系的因素共同影响着某一指标的情况下,可应用连环替代法来计算各个因素对经济指标发生变动的影响程度。

2. 计算分析思路

(1) 在计算其一因素对一个经济指标的影响时,假定只有这个因素在变动而其他因素不变。

(2) 确定各个因素替代顺序,然后按照这一顺序替代计算。

(3) 把这个指标与该因素替代前的指标相比较,确定该因素变动所造成的影响。

3. 计算原理

设物流成本指标 N 是由 A、B、C 三因素乘积所组成,其计划成本指标与实际成本指标分别列示如下:

计划成本　　$N_1 = A_1 \times B_1 \times C_1$
实际成本　　$N_2 = A_2 \times B_2 \times C_2$
差异额　　　$G = N_2 - N_1$
计划指标:$A_1 \times B_1 \times C_1 = N_1$
第一次替换:$A_2 \times B_1 \times C_1 = N_3$,$N_3 - N_1 = A$ 变动的影响
第二次替换:$A_2 \times B_2 \times C_1 = N_4$,$N_4 - N_3 = B$ 变动的影响
第三次替换:$A_2 \times B_2 \times C_2 = N_2$,$N_2 - N_4 = C$ 变动的影响
以上 3 个因素变动影响的总和为

$$(N_3 - N_1) + (N_4 - N_3) + (N_2 - N_4) = G$$

从上式可知,3 个因素变动的差异之和与前面计算的实际物流成本与计划成本的总差异额是相等的。

【例 7-1】某企业原材料耗用情况如表 7-1 所示,运用连环替代法分析各因素变动对材料费用总额的影响程度。

表 7-1　原材料耗用情况表　　　　　　　　单位:元

项　目	计　划	实　际	差　异
产品产量	100	115	+15
单位材料耗用量	200	190	−10
单价	10	11	+1
材料费用总额	200 000	240 350	+40 350

解析：

(1) 分析对象：材料费用实际超计划 40 350 元的原因。

(2) 具体指标：材料费用总额 = 产量 × 单耗 × 单价。

(3) 计划数：

$$N_1=100 \times 200 \times 10=200\,000(元)$$

(4) 实际数：

$$N_2=115 \times 190 \times 11=240\,350(元)$$

(5) 差异额：

$$G=N_2-N_1=40\,350(元)$$

(6) 第一次替换：

$$115 \times 200 \times 10=230\,000(元)$$

(7) 产量变动的影响：

$$230\,000-200\,000=+30\,000(元)$$

(8) 第二次替换：

$$115 \times 190 \times 10=218\,500(元)$$

(9) 单耗变动的影响：

$$218\,500-230\,000=-11\,500(元)$$

(10) 第三次替换：

$$115 \times 190 \times 11=240\,350(元)$$

(11) 单价变动的影响：

$$240\,350-218\,500=+21\,850(元)$$

(12) 合计：+40 350 元。

4. 差额分析法

差额分析法是连环替代法的简化形式。这种方法是利用各个因素的实际值与计划值之间的差额，来计算各因素对分析指标的影响。

【例 7-2】沿用例 7-1 资料，运用差额分析法进行分析：

产量的影响额 =(115-100) × 200 × 10=+30 000(元)
单耗的影响额 =115 × (190-200) × 10=-11 500(元)
单价的影响额 =115 × 190 × (11-10)=+21 850(元)
合计额 =+30 000-11 500+21 850=+40 350(元)

5. 采用连环替代法的注意事项

(1) 因素分解的关联性。构成经济指标的因素，必须是客观上存在着因果关系，要能够反映形成该项指标差异的内在构成原因；否则，就失去了其存在的价值。

(2) 因素替代的顺序性。替代因素时，必须按照各因素的依存关系，排列成一定的顺序依次替代，不可随意加以改变；否则，就会得出不同的计算结果。一般而言，确定正确排列因素替代程序的原则是：按分析对象的性质，从诸因素相互依存关系出发，并使分析结果有助于分清责任。

(3) 顺序替代的连环性。因素分析法在计算每一个因素变动的影响时，都是在前一次计算的基础上进行的，并采用连环比较的方法确定因素变化的影响结果。因为只有保持计算程序上的连环性，才能使各个因素影响之和等于分析指标变动的差异，以全面说明分析指标变动的原因。

(4) 计算结果的假定性。由于因素分析法计算的各因素变动的影响数，会因替代计算顺序的不同而有差别，因而计算结果不免带有假定性，即它不可能使每个因素计算的结果，都达到绝对的准确。它只是在某种假定前提下的影响结果，离开了这种假定前提条件，也就不会是这种影响结果。为此，分析时应力求使这种假定是合乎逻辑的假定，是具有实际经济意义的假定。只有这样，计算结果的假定性才不至于损害分析的有效性。

7.3 财务比率分析

财务比率包括偿债能力比率、营运能力比率和获利能力比率等，每类比率分别从不同的角度反映了企业经营管理的各个层面和状况。

7.3.1 偿债能力比率

企业的偿债能力指标分为两类：一类是反映企业短期偿债能力的指标，主要有流动比率和速动比率；另一类是反映企业长期偿债能力的指标，主要是资产负债率和已获利息倍数。

1. 流动比率

流动比率是企业流动资产与流动负债的比值。其计算公式为

$$流动资产 = \frac{流动资产}{流动负债} \tag{7-1}$$

流动比率可以反映企业短期偿债能力。企业能否偿还短期债务，要看有多少短期债务，以及有多少可变现偿债的流动资产。流动资产越多，短期债务越少，则偿还能力越强。流动比率是流动资产和流动负债的比值，是个相对数，排除了企业规模不同的影响，更适合企业之间以及本企业不同历史时期的比较。

一般认为，较为合理的流动比率为2，但不能为一个统一标准。计算出来的流动比率，只有和同行业平均流动比率、本企业历史的流动比率进行比较，才能知道这个比率是高还是低。一般情况下，营业周期、流动资产中的应收账款数额和存货的周转速度是影响流动比率的主要因素。

2. 速动比率

速动比率是从流动资产中扣除存货部分，再除以流动负债的比值，又称酸性测验比率，它反映企业短期内可变现资产偿还短期内到期债务的能力。速动比率是对流动比率的补充。其计算公式为

$$速动比率 = \frac{流动资产 - 存货}{流动负债} \tag{7-2}$$

速动资产是企业在短期内可变现的资产,等于流动资产减去存货后的金额,包括货币资金、短期投资和应收账款。通常认为正常的速动比率为1,低于1的速动比率被认为是短期偿债能力偏低。当然,这仅是一般的看法,因为行业不同,速动比率会有很大差别,没有统一标准的速动比率。

3. 资产负债率

资产负债率是指负债总额对全部资产总额之比。资产负债率反映在总资产中有多大比例是通过借债来筹资的,也可以衡量企业在清算时保护债权人利益的程度。其计算公式为

$$资产负债率 = \frac{负债总额}{资产总额} \times 100\% \tag{7-3}$$

不同的投资者对资产负债率的期望截然不同。

(1) 从债权人的立场看,他们最关心的是贷给企业的款项的安全程度,也就是能否按期收回本金和利息。因此,他们希望债务比例越低越好,企业偿债有保证,贷款不会有太大的风险。

(2) 从股东的角度看,股东所关心的是全部资本利润率是否超过借入款项的利率,在企业的全部资本利润率超过因借款而支付的利息率时,股东所得到的利润就会加大。因此,在全部资本利润率高于借款利息率时,负债比例大一些好;否则反之。

(3) 从经营者的立场看,企业应当审时度势,全面考虑,在利用资产负债率制定借入资本决策时,必须充分估计预期的利润和增加的风险,在二者之间权衡利害得失,作出正确决策。

4. 已获利息倍数

已获利息倍数又称为利息保障倍数,是指企业息税前利润与利息费用的比率,是衡量企业长期偿债能力的指标之一。其计算公式为

$$已获利息倍数 = \frac{息税前利润}{利息费用} \tag{7-4}$$

式中,利息费用是支付给债权人的全部利息,包括财务费用的利息和计入固定资产的利息。已获利息倍数反映企业用经营所得支付债务利息的能力,倍数足够大,企业就有充足的能力偿付利息。

7.3.2 营运能力比率

营运能力是企业的经营运行能力,反映企业经济资源的开发、使用以及资本的有效利用程度。它是通过企业的资金周转状况表现出来的。资金周转状况良好,说明企业经营管理水平高,资金利用率高。营运能力比率又称为资产管理比率,包括应收账款周转率、流动资产周转率和总资产周转率等。

1. 应收账款周转率

应收账款在流动资产中有着举足轻重的地位。及时收回应收账款，不仅可以增强企业的短期偿债能力，也反映出年度内应收账款转为现金的平均次数，它说明了应收账款流动的速度。用时间表示的周期速度是应收账款周转天数，也叫应收账款回收期或平均收现期，它表示企业从取得应收账款的权利到收回款项、转换为现金所需要的时间。其计算公式为

$$应收账款周转率 = \frac{销售收入}{平均应收账款} \tag{7-5}$$

$$应收账款周转天数 = \frac{360}{应收账款周转率} = 平均应收账款 \times \frac{360}{营业收入} \tag{7-6}$$

应收账款周转率是分析企业资产流动情况的一项指标。应收账款周转次数多，周转天数少，表明应收账款周转快，企业信用销售严格；反之，表明应收账款周转慢，企业信用销售放宽。信用销售严格，有利于加速应收账款周转，减少坏账损失，但可能丧失销售商品的机会，减少销售收入。

相关链接

快递公司应收账款管理分析——以 M 公司为例

1. M 快递公司简介

M 公司作为一家外资快递企业，在应收账款管理方面的理念比较先进，设有专门的信控和收账管理部门。M 公司采用设置专门的独立的部门来管理应收账款。该部门隶属于财务部门，但却有独立的架构，其独立于财务核算部门及业务部门。该机构名称为财务结算部，主要负责应收账款的催收和客户信用的管理，销售人员在收款方面并无主要责任，只是针对一些有困难收回的账款来协助结算部门催收。

2. M 公司应收账款管理现状

随着业务的扩张，应收账款的数额也在逐月增长，由于月结结算方式的存在，导致 M 公司产生了大量的应收账款，虽然 M 公司与客户双方有协议在先，约定了包括支付运费等在内的权利义务，但拖欠账款的客户始终存在，而且 M 公司不但想通过月结的结算方式来吸引更多的客户，另一方面也需要在尽可能短的时间内收回账款以最大程度地减少因应收账款产生的损失。由于快递行业业务频繁、重复发生的性质，以及市场竞争的激烈性，使得 M 公司更多地采用信用销售来带给客户更好的服务，因此 M 公司的收入很大比例是以应收账款的形式存在的，应收账款的管理工作也显得尤为重要。

3. M 公司应收账款管理存在的问题及原因

1) 账单管理问题

账单是客户付款的必要条件，不管是业务部门的对账还是财务、行政等部门的审批都必须以账单为依据，因此，它是客户按时付款的一个重要因素。M 公司的账单是以周为时间单位出单的，即每周固定的时间给客户一次账单，表面上看出单非常及时，似乎很利于回款时间的缩短，但也存在以下弊端：

第一，发件日期与出单日期间隔较长且无规律。虽然每周都会出账单，但是往往当客户发完件后 10 天左右才能收到账单，即客户的发件日期与账单日期间隔较长，而且间隔时间长短并不固定。第二，账单信息错误多，导致客户付款推后。M 公司的账单都是系统根据快件的重量、包装、业务类型等信息自动计价的，而作为快件运费计价的信息在导入系统时会出现差错，从而导致价格的错误。很多情况下都是客户因账单问题而推迟付款，因为需要确认并调整账单，这中间需要经过相关部门的核查以及必需的审批流程，一旦核实还需要给客户更换发票，这些工作都需要时间，在很大程度上影响了应收账款的回收。

2) 发票管理问题

发票是客户付款的前提，几乎所有客户的财务部门都必须见到发票才能付款。及时给客户出发票也是能尽早收到客户付款的一个重要条件。M 公司给的发票是由结算部门来管理的，每月初，结算部门会按照账单给每一位客户打印发票，而发票的递送工作则由递送人员来完成，但是递送员本身的工作是取派快件，在取派件任务很重的情况下他们自然会先完成主要工作任务，往往发票是在其取派件任务完成后再派送，或者在取派件过程中刚好有某客人的发票顺便派送，一些客户是在信用付款期快到期时才收到发票，自然就不能按期付款。对于递送人员的发票派送，公司虽然有 3 个工作日的时限要求，但由于没有相应的惩罚机制，往往得不到有效执行。

4. M 公司应收账款管理的对策

1) 事前客户信用管理

根据国际快递行业业务特点，应该从以下几个方面来控制：第一，授信条件。授信标准解决的是是否给予客户信用优惠的问题。对于一般中小客户要使用便于操作、快捷且有效的关键性标准，对于较少数量的大客户则可根据情况特殊对待，制定灵活的方案，但值得注意的是并非可以制定较低的信用审核标准。第二，信用结算合同管理。由于国际快递企业业务基本都是单一的快递，且一般国际航空运单上都会有国际运输契约来约定双方的运输权利义务，所以在合同管理这一环节应该重点放在快递服务结算协议上。

2) 事中应收账款催收流程管理

在国际快递行业的应收账款管理中，催收是非常重要和关键的一个环节，据统计，有近 80% 的应收账款是通过催收来收回的，应根据国际快递行业的特点，制定一个完整的催收流程方案。

(资料来源：沈艳红，马艳丽，周亚萍. 快递公司应收账款管理分析——以 M 公司为例 [J]. 现代商业，2014(35)：231-232.)

2. 流动资产周转率

流动资产周转率是销售收入与全部流动资产的平均余额的比值。其计算公式为

$$流动资产周转率 = \frac{营业收入}{平均流动资产} \tag{7-7}$$

其中：

$$平均流动资产 = \frac{年初流动资产 + 年末流动资产}{2}$$

流动资产周转率反映了流动资产的周转速度。周转速度快，会相对节约流动资产，增强企业赢利能力；而延缓周转速度，需要补充流动资产参加周转，形成资金浪费，降低企业赢利能力。

3. 总资产周转率

总资产周转率是销售收入与平均资产总额的比值。其计算公式为

$$总资产周转率 = \frac{销售收入}{平均资产总额} \tag{7-8}$$

$$平均资产总额 = \frac{年初资产总额 + 年末资产总额}{2} \tag{7-9}$$

该项指标反映总资产的周转速度。周转越快,销售能力越强。企业可以通过薄利多销的办法,加速资产的周转,带来利润绝对额的增加。

7.3.3 获利能力比率

一个企业不但应有较好的财务结构和较高的营运能力,更重要的是要有较强的获利能力。通常,反映获利能力的指标有营业净利率、资本净利润率、所有者权益报酬率、资产净利率和成本费用利润率等。

1. 营业净利率

营业净利率是企业净利润与营业收入的比率,这项指标越高,说明企业从营业收入中获取利润的能力越强。其计算公式为

$$营业净利率 = \frac{净利润}{营业收入净额} \times 100\% \tag{7-10}$$

2. 资本净利润率

资本净利润率是企业净利润与实收资本的比率。其计算公式为

$$资本净利润率 = \frac{净利润}{实收资本} \times 100\% \tag{7-11}$$

3. 所有者权益报酬率

所有者权益报酬率反映了所有者对企业投资部分的获利能力,也叫净资产收益率或净值报酬率。其计算公式为

$$所有者权益报酬率 = \frac{净利润}{所有者权益余额} \times 100\% \tag{7-12}$$

$$所有者权益平均余额 = \frac{期初所有者权益 + 期末所有者权益}{2} \tag{7-13}$$

所有者权益报酬率越高,说明企业所有者权益的获利能力越强。影响该指标的因素,除了企业的获利水平外,还有企业所有者权益的大小。对所有者来说,这个比率很重要。该比率越大,投资者投入资本获利能力越强。

【拓展文本】

4. 资产净利率

资产净利率是企业净利润与资产平均总额的比率。其计算公式为

$$资产净利率 = \frac{净利润}{资产平均总额} \times 100\% \qquad (7\text{-}14)$$

5. 成本费用利润率

成本费用利润率是企业利润总额与成本费用总额的比率。可以用公式表示为

$$成本费用利润率 = \frac{利润总额}{成本费用总额} \qquad (7\text{-}15)$$

公式中,成本费用总额包括企业在生产经营过程中投入的各项营业成本和期间费用。成本费用利润率也可以看做是投入产出的比率,其配比关系反映了企业每投入单位成本费用所获取的利润额。

7.4 杜邦财务分析法

单个的财务指标不能全面系统地对整个企业的财务状况和经营成果作出评估。所谓财务综合评估,就是将企业的营运能力、偿债能力和获利能力诸方面的分析纳入一个有机体中,认真分析其相互关系,全方位评估企业财务状况和经营成果的经济活动,这对判断企业的综合财务情况具有重要作用。

综合财务分析的方法很多,其中杜邦财务分析法的应用比较广泛。杜邦财务分析法抓住了企业各主要财务指标之间的紧密联系,综合分析企业的财务状况和经营成果。因其最先是由美国杜邦公司首创并成功运用的,所以称为杜邦财务分析法。利用该方法可把各种财务指标间的关系,绘制成简洁明了的杜邦分析图,如图 7.1 所示。

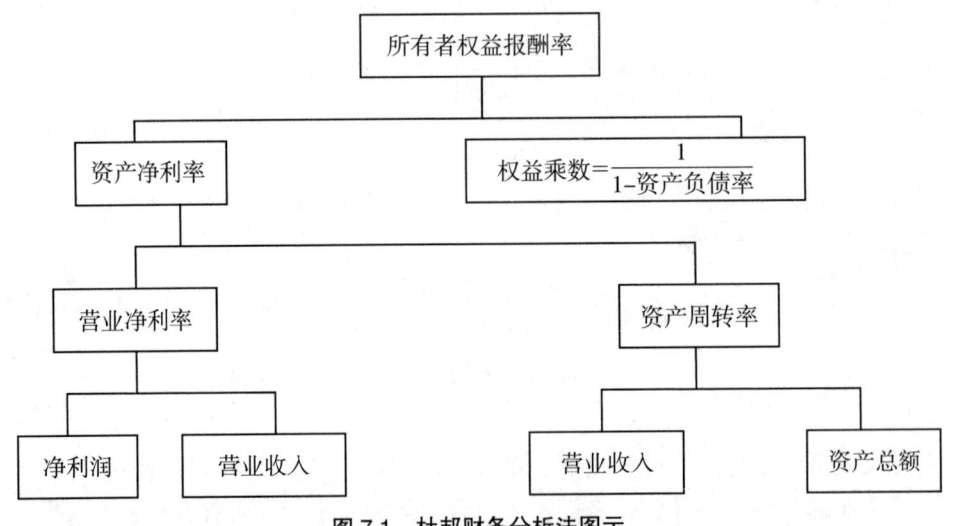

图 7.1　杜邦财务分析法图示

由图 7.1 可知,在这个系统中,可以提供以下几种主要的财务比率关系:

$$所有者权益报酬率 = 营业净利率 \times 资产周转率 \times 权益乘数 \qquad (7\text{-}16)$$

$$权益乘数 = \frac{资产总额}{所有者权益} = \frac{资产总额}{资产总额 - 负债总额} = \frac{1}{1 - 资产负债率} \qquad (7\text{-}17)$$

公式 (7-16) 中，所有者权益报酬率是一个综合性最强的财务比率，也是杜邦财务分析系统的核心指标。所有者权益报酬率反映了所有者投入资金的获利能力，反映了企业筹资、投资、资产运营等活动的效率，提高所有者权益报酬率是所有者利润最大化的基本保证。

从公式上看，决定所有者权益报酬率高低的因素有 3 个方面：营业净利率、资产周转率和权益乘数，而这 3 个指标恰恰反映了物流企业在运营获利能力、资产周转能力和资产负债结构方面的运作情况。

1. 运营获利能力对企业经济效益的影响

如前所述，企业的营业净利率是指净利润与营业收入之间的比率，企业的营业净利率越高，能够获取的经济效益就越高。营业净利率的高低受收入和利润的影响，实际上是由收入和成本的大小来决定的。通过分析这两个因素，可得出营业净利率的变化情况，进而分析其对所有者权益报酬率的影响。抛开企业本身成本控制的因素不考虑，营业净利率的高低取决于企业所从事的行业与提供服务的功能。对于物流企业来说，提供物流服务的附加值越高，营业净利率就会越高。如果企业仅仅能够提供一般的竞争比较激烈的运输或仓储服务，其营业净利率就会相对较低；如果物流企业能够提升自身的物流运营能力，为高附加值货物提供物流一体化服务，并提供各种增值物流服务，就可以提高企业的营业净利率，为企业的所有者权益报酬率和整体经济效益的提高创造条件。当然，物流成本的控制与降低也是提高营业净利率和所有者权益报酬率的有效途径。

2. 资产周转能力对企业经济效益的影响

资产周转能力是企业的经营运行能力，反映了企业经济资源的开发、使用及资本的有效利用程度。它是通过企业的资金周转状况表现出来的。资金周转状况良好，说明企业经营管理水平高，资金利用效率高。资金只有顺利地通过各个生产经营环节，才能完成一次循环；完成一次生产经营循环，就为企业产生一次增值。企业使资产运作起来才能产生收入和利润，资产周转率反映了资产周转能力的大小，并对所有者权益报酬率的大小产生影响。其计算公式为

$$总资产周转率 = \frac{营业收入}{平均资产总额} \tag{7-18}$$

$$其中：平均资产总额 = \frac{年初资产总额 + 年末资产总额}{2}$$

该项指标反映了资产总额的周转速度。周转越快，销售能力越强。企业可以通过薄利多销的办法，加速资产的周转，带来利润绝对额的增加。

资产周转率是反映企业资产周转能力的综合指标。资产周转率的高低取决于各个生产经营环节所占用资产的周转速度。因此，对资产周转率指标可以进行进一步细化，相关的比率指标包括应收账款周转率、存货周转率、流动资产周转率等。资产周转能力比率又称资产管理比率。通过对流动资产周转、存货周转、应收账款周转、总资产周转等影响资产周转的各个因素进行分析，能够判定哪些因素使得资产周转率发生变化，找出"症结"所在。为企业的所有者权益报酬率和整体经济效益分析提供依据。

流动资产与非流动资产

企业资产按流动性分为流动资产与非流动资产。

1. 流动资产

流动资产是指可以在一年或者超过一年的一个营业周期内变现或者耗用的资产,它由现金、应收及预付款项、存货等项组成。

2. 非流动资产

非流动资产包括固定资产与无形资产两部分。

固定资产是指企业为生产产品、提供劳务、出租或者经营管理而持有的、使用时间超过12个月的、价值达到一定标准的非货币性资产,包括房屋、建筑物、机器、机械、运输工具,以及其他与生产经营活动有关的设备、器具、工具等。固定资产是企业的劳动手段,也是企业赖以生产经营的主要资产。从会计的角度划分,固定资产一般被分为生产用固定资产、非生产用固定资产、租出固定资产、未使用固定资产、不需用固定资产、融资租赁固定资产、接受捐赠固定资产等。

无形资产是指企业拥有或者控制的没有实物形态的可辨认非货币性资产。无形资产具有广义和狭义之分,广义的无形资产包括货币资金、应收账款、金融资产、长期股权投资、专利权、商标权等,因为它们没有物质实体,而是表现为某种法定权利或技术;但是,会计上通常将无形资产作狭义的理解,即将专利权、商标权等称为无形资产。

【拓展文本】

【拓展文本】

3. 资产负债结构对企业经济效益的影响

资产负债比率是企业资本运营过程中需要考虑的一个重要问题。企业通过各种途径筹措其生存和发展所必需的资金。企业筹集的资金按其性质不同,可分为权益资金和债务资金。权益资金又称权益资本或自有资本,是指企业依法筹集并可长期占有、自由支配的资金,其所有权属于企业的投资者,它包括企业的资本金、资本公积金、盈余公积金和未分配利润。权益资本是企业最基本的资金来源,它体现了企业的经济实力和抵御经营风险的能力,它也是企业举债的基础。债务资金又可称为借入资金,是指企业依法筹措、须按期偿还的资金,其所有权属于企业的债权人。债务资金主要包括各种借款、应付债券、应付票据等,它也是企业资金的主要来源。

不同的资产负债比率对企业风险程度和所有者权益报酬率的影响是不同的。有效地利用负债经营,能使企业的所有者享受到一定的利益,但负债过多,必然会使企业的偿债负担加重,财务风险增大。因此,企业在筹资过程中,应合理安排筹资结构,寻求筹资方式的最优组合,以便在负债经营过程中,实现风险与收益的最佳平衡。

权益乘数也是反映企业资产负债比率的一个重要指标。其计算公式为

$$权益乘数 = \frac{1}{1-资产负债比率} \qquad (7-19)$$

从以上分析可以看出，权益乘数对企业的所有者权益报酬率有重要的影响。负债比例大，权益乘数就高，说明企业有较高的负债程度，既可能给企业带来较多的杠杆利益，也可能带来较大的财务风险。因此，对于经营状况良好的企业，运用较高的负债比率可以给企业带来较多的经济利益，但同时也会承受较大的财务风险。一般来讲，当企业的投资报酬率大于债务利息率时，借债能产生正的财务杠杆作用，使所有者有可能享受到一定的好处；反之，当企业的投资报酬率低于债务利率时，借债会产生负的财务杠杆，有损股东利益。无论哪种情况，借债都会使财务杠杆系数升高，财务风险增大，且债务利息越多，财务杠杆系数越大，财务风险也越大。

【拓展文本】

企业的资本结构应如何安排，这是一个极其复杂的问题。一般来说，企业的资本结构除了受资金成本和财务风险的影响以外，还受到其他许多因素的制约和影响。包括企业资产的构成情况、企业的增长速度、企业的获利能力、管理人员的态度、贷款人和信用评级机构的态度等。企业在设计资本结构时，应充分考虑各种因素的影响，定性分析与定量分析相结合，在此基础上作出正确的决策。

从杜邦财务分析图中可以看出，所有者权益报酬率与企业的销售规模、成本水平、资产运营、资本结构有密切的关系，这些因素构成一个相互依存的系统。只有把这个系统内的各个因素协调好，才能保证所有者权益报酬率最大，进而实现企业的整体经济效益目标。

本 章 小 结

物流成本分析就是利用物流成本核算结果及其他有关资料，分析物流成本水平与构成的变动情况，研究影响物流成本升降的各种因素及其变动原因，寻找降低物流成本的途径。物流成本分析主要具有以下作用：物流成本分析是物流成本管理的重要组成内容；物流成本分析可准确评价企业的发展潜力；物流成本分析可充分揭示物流企业风险；物流成本分析可以反映企业物流成本计划的执行结果。

物流成本定量分析方法主要有对比分析法、比率分析法、连环替代法。对比分析法是通过某项财务指标与性质相同的指标评价标准进行对比，揭示企业财务状况、经营情况的一种分析方法。比率分析法是通过计算有关指标之间的相对数，即比率，进行分析评价的一种方法。连环替代法也称因素分析法，它是确定引起某经济指标变动的各个因素影响程度的一种计算方法。

采用因素分析法应注意以下事项：因素分解的关联性；因素替代的顺序性；顺序替代的连环性；计算结果的假定性。

财务比率包括偿债能力比率、营运能力比率、获利能力比率和现金流量比率等，每类比率分别从不同的角度反映了企业经营管理的各个层面和状况。

物流成本分析　对比分析法　比率分析法　连环替代法　杜邦分析法　流动比率　速动比率　资产负债率

习　题

一、单项选择题

1. 因素分析法又称为（　　）。
   A. 比较分析法　　　　　　　　B. 比率分析法
   C. 连环替代法　　　　　　　　D. 趋势分析法
2. 在运用因素分析法进行分析时，应注意的问题不包括（　　）。
   A. 因素分解的关联性　　　　　B. 因素替代的顺序性
   C. 顺序替代的连环性　　　　　D. 计算结果的准确性
3. 通过相关经济指标的对比分析以确定指标之间差异或指标发展趋势的方法是（　　）。
   A. 比较分析法　　　　　　　　B. 比率分析法
   C. 连环替代法　　　　　　　　D. 平衡分析法
4. 流动比率是一项反映企业短期偿债能力的指标，其计算公式为（　　）。
   A. 流动比率 = $\dfrac{流动资产}{流动负债}$　　　　B. 流动比率 = $\dfrac{息税前利润}{流动负债}$
   C. 流动比率 = $\dfrac{流动资产-存货}{流动负债}$　　D. 流动比率 = $\dfrac{流动资产}{负债总额}$
5. 速动比率是一项反映企业短期偿债能力的指标，其计算公式为（　　）。
   A. 速动比率 = $\dfrac{流动资产}{流动负债}$　　　　B. 速动比率 = $\dfrac{息税前利润}{流动负债}$
   C. 速动比率 = $\dfrac{流动资产-存货}{流动负债}$　　D. 速动比率 = $\dfrac{流动资产}{负债总额}$

二、简答题

1. 什么是物流成本分析？物流成本分析的作用有哪些？
2. 对比分析法与比率分析法的主要区别是什么？
3. 采用因素分析法应注意哪些问题？
4. 什么是杜邦财务分析法？财务权益报酬率如何计算？

案例分析

我国船舶运输业降低温室排放气体排放的成本分析

空气污染已成为环境灾难,成为社会问题。船舶运输业的温室气体排放也成为国际社会关注的焦点之一。为履行国际公约相关义务,结合我国船舶运输业的发展实际,交通运输部全面开展推进船舶与港口污染防治工作,并将船舶与港口污染防治工作纳入交通运输"十三五"发展规划,制定了《珠三角、长三角、环渤海水域船舶排放控制区实施方案》,其目标是沿海地区的珠三角、长三角、环渤海(京津冀)水域船舶运输业碳排放2020年与2015年相比分别下降65%、20%和30%。可以说,船舶运输业面临巨大的减排压力。

1. 船舶运输业降低温室气体排放的成本估算

1) 相关概念界定

船舶运输业主要为货物、乘客提供水上运输服务,包括船舶生产和服务、国际海上运输和服务、内河运输和服务、港口及其服务等相关产业。所谓降低温室气体排放,一般是指降低导致当前全球气候变暖的温室气体排放,特别是降低因化石能源燃烧所产生的二氧化碳排放,最终要使碳强度降低到自然资源和环境容量能够有效配置和利用的目标。

降低温室气体排放的成本,是指从环境会计学的角度出发,降低对环境保护投入的成本(主要包括固定成本和变动成本)。固定成本包括固定设备成本支出、固定管理成本支出、固定销售成本支出和固定财务成本支出。

2) 港口降低温室气体排放的成本支出的内容

为了实现"绿色码头"建设,减少温室气体排放,我国各港口先后实施了改造项目,包括使用岸电节能、龙门吊起重机"油改电"、购买港区新型节能环保拖船、港口泊位的节能技术改造等。我国上港集团、青岛港、深圳盐田港等港口已经率先完成改造。事实证明,在节能减排、节约成本方面效果显著,但增加了港口运营成本。

(1) 计算依据。对港口降低温室气体排放节能的计算,需要知道我国港口泊位数量、龙门吊的数量及设备改造的成本。截至2013年年底,我国沿海港口泊位4 841个,内河港口万吨级泊位394个。

① 根据《交通运输节能减排专项资金管理暂行办法》,可按投资额的一定比例核定补助额度,补助比例原则上不超过设备购置费或项目建筑安装费的20%;对单个项目的补助额度原则上不超过1 000万元。单个码头泊位所需的投资为30万~400万美元,船舶设施改造部分的投资为30万~200万美元。这些投资主要体现为社会效益和环境效益经济。

② 2011年6月,交通运输部《公路水路交通运输节能减排"十二五"规划》提出,推广集装箱码头RTG"油改电",对具有改造价值的1 600台RTG(橡胶轮胎门式起重机,一般用于港口堆场转运集装箱起重)实施"油改电"技术改造。南沙海港集装箱码头公司也于2011年8月相继启动该项技术的应用实施工作。至2013年年底,累计投入项目改造资金近3亿元,已完成了116台龙门吊和配套堆场的改造工作,平均每台约为258.62万元。

(2) 根据《2012—2014年中国交通行业公报》显示,2012—2014年我国港口降低温室气体排放支出合计92亿元。

综上所述，近年来我国船舶运输企业降低温室气体排放减排的成本为 1.13 万亿~1.15 万亿元。

2. 激励船舶运输业降低温室气体排放减排的对策

(1) 财政政策。继续加大对船舶、港口在降低温室气体排放节能方面的补贴。落实合同能源管理项目所得税减免政策及相关的激励政策。

(2) 加大资金投入，形成激励机制。建立船舶运输节能减排资金激励机制，制定节能减排专项资金，明确项目申报渠道，推行以奖代补政策，加强资金使用监管。

3. 市场方面

(1) 降低企业节能减排的成本。统一布局电动船舶岸电充电站的配套建设，同时以 LNG 能源公司牵头统一规划接收站和加气补给站，并向 LNG 船舶用户进行配送服务，培育扩大船舶 LNG 燃料使用市场，升级传统燃料消费市场结构，有利于形成完整的 LNG 燃料供应链和规模效应，降低 LNG 终端售价，降低 LNG 燃料船的运营成本。

(2) 在征收船舶港口费时，也可将碳排放量考虑进来，征收与排放量成正比的港口税费，从而保护和鼓励绿色船舶、遏制与驱赶"灰色"船舶。

(资料来源：甘爱平，真虹. 我国船舶运输业降低温室排放气体排放的成本分析 [J]. 交通企业管理，2016(3)：18-21.)

思考：

(1) 我国船舶运输业降低温室排放气体排放的成本有哪些项目？

(2) 减少我国船舶运输业降低温室排放气体排放的对策有哪些？

中欧班列运行成本分析

丝绸之路是人类历史上持续时间最长的贸易路线，同时也是亚洲与欧洲及中东文明交流的重要途径。20 世纪 50 年代开始，我国积极开展同苏联和东欧国家的铁路联运，形成亚欧大陆桥和新亚欧大陆桥通道，但运输量较小。随着"一带一路"战略的提出，我国各地政府大力推进中欧国际班列运输，试图改变传统的对外贸易运输体系，强化提升新欧亚大陆桥运输作用，推动我国以海运为主的国际贸易运输向海陆运输并重的格局进行转变。

1. 中欧班列开行状况

中欧班列指中国开往丝绸之路经济带沿线国家(主要是欧洲)的快速货物班列，主要采用集装箱或者整车运输的"五定班列"。其中，"五定班列"指在主要城市、港站、口岸间铁路干线上组织开行的"定点(装车地点)、定线(固定运行线)、定车次、定时(固定到发时间)、定价(运输价格)"的快速货物列车，包括集装箱班列和普通货物班列两种组织形式。中欧班列充分发挥国际铁路通道的运输距离和时间较海运短的优势，从而将较高附加值的产品以班列的形式运往欧洲等地。

目前，中国已经开行西、中、东三大通道的中欧班列运行线：西部通道由中西部地区经阿拉山口 (霍尔果斯) 出境，中部通道由华北地区经二连浩特出境，东部 (含东北) 通道由东南部沿海地区经满洲里 (绥芬河) 出境。截至 2014 年年底，中欧班列运营线路共有 21 条，其中常态化运营班列 13 条，试运行阶段 8 条，共涉及国内 13 个城市和 5 个边境口岸。其中，中欧班列国内东部出发城市为广州、苏州、义乌，中部为长沙、武汉、郑州，西部为西安、重庆和成都，以及东北的哈尔滨和营口。

2. 班列开行的突出问题

(1) 需求规模小。长期以来，我国国际贸易运输系统形成了以海洋运输为主、陆地运输为辅的模式，亚欧大陆桥在我国国际运输中的地位较低。尽管新亚欧铁路联运的成功运营使得中国通过其运输的外贸集装箱量从1993年最初的百余TEU迅速增长到1996年的1.2万TEU，然而中亚及俄罗斯地区铁路技术、管理等方面的差异造成国际运输十分有限。根据研究估算，2012年中国经亚欧大陆桥的外运集装箱量(约40余万TEU)仅占我国外贸集装箱总量的0.5%，占中国流向欧洲、中亚及俄罗斯方向集装箱量的2.35%。经阿拉山口的中欧班列国际集装箱运输量仅占该口岸集装箱吞吐量的6%，占中国流向欧洲、中亚及俄罗斯方向的集装箱的0.04%左右，占我国外贸集装箱总量的0.01%。因此，现有的向西国际铁路联运通道的运送规模非常小，没有实质性货物运输的战略意义；我国绝大部分(超过97%)流向欧洲、中亚及俄罗斯方向的集装箱都是通过传统的国际海运方式完成的。中欧班列只适合于运输具有高附加值的产品。

(2) 来自俄罗斯钢铁丝绸之路的竞争。近年来，韩俄等共同推动的依托西伯利亚大铁路的"钢铁丝绸之路(Iron Silk Road)"加剧了中欧间铁路运输的竞争。2012年西伯利亚大铁路干线国际集装箱量为63.8万TEU，其中54%的箱量来自中国，也占到了中国经(新)亚欧大陆桥外运集装箱量的70%以上。2013—2015年，俄铁计划将西伯利亚大铁路打造为集装箱班列国际运输通道，实施国际集装箱运量倍增计划。针对于此，俄铁对于从不同口岸进入的班列实行了不同的价格，如从阿拉山口岸经哈萨克斯坦进入俄境内的运输价格为0.7美元/FTU公里，而从满洲里口岸进入的价格则降至0.4美元/FTU公里。因此，未来我国开行的中欧国际班列也将面临来自俄罗斯远东铁路的竞争。

(3) 国内货源分散，政府补贴导致无序竞争。由于中欧班列始发城市(尤其是武汉、郑州、成都)或多或少地存在货源不足的问题，不能保证货运列车的常态化运行。即便是常态化运行班列也基本上依靠政府补贴，补贴高达2 000~3 000美元/FTU以上(大体与海运运价相当)。与此同时，国内各铁路局给予班列运输的价格也不一致。非市场化措施导致集装箱运输在不同径路上形成恶性竞争，也不利于运输的合理组织，并进一步增加了竞争的无序性。

(4) 回程货物不足。双向同频率的班列对开有利于集装箱和车板的有效利用，从而达到降低运价的目的。受中欧贸易的不平衡、传统海运低价的竞争、欧洲货源分散导致欧洲公路短驳费用高等的影响，从欧洲经铁路进口至中国的产品和货物相对较少。目前，在经满洲里运营的7个中欧班列中，仅沈满欧和苏满欧有定期运营的回程班列，绝大部分班列都是空车返程。

3. 中欧班列运行的经济成本分析

在丝绸之路经济带的运输中，中国主要城市与绝大部分国家之间的运输具有"运距长"的突出特点。从既有运输现状和条件分析，中国与周边国家之间国际公路的货物运距一般不超过2 000公里，运输竞争主要集中在与通往中亚、中东、西亚、俄罗斯以及欧洲等地区的铁路与海运或海(水)铁联运之间。海运的优势体现在以下4个方面：①规模效益显著，运输成本低；②更少的程序和更低的手续费；③定期和可靠的航班；④货物丢失和损坏的风险小。随着陆路运输智能化、集装化的提升，班列化列车的开行，海运的优势主要体现在前面两点，而其运行时间长、运量规模大(可能反而增加了仓储量和分拨规模)成为制约现代物流发展的重要因素。

基于丝绸之路经济带内中国外贸集装箱运输现状，可以建立多式联运竞争的分析模型。选择以重庆和西安为起点，莫斯科、鹿特丹和伊斯坦布尔为终点，对铁路、铁海、江海等联运路径进行系统比较。从运输成本和运输时间综合研究结果表明，受海运价格的影响，中亚地区、蒙古国及俄罗斯的西伯利亚区、乌拉尔区、伏尔加区和中央联邦区是丝绸之路经济带铁路运输的比较优势区域，乌克兰、白俄罗斯、波兰及俄罗斯的西北联邦区、西南联邦区等是优势扩展区，而欧洲其他大部分区域的海运（海陆联运）优势远大于铁路联运，如图7.2所示。

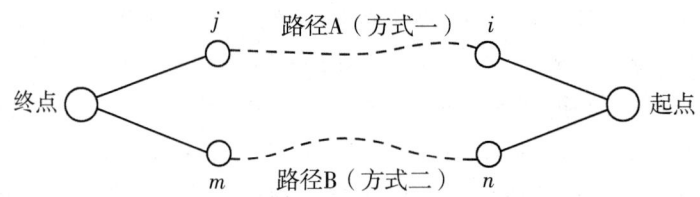

图7.2 多式联运竞争的路径特征

铁路在丝绸之路经济带的国际集装箱陆路运输中具有重要的作用和地位。随着丝绸之路经济带战略的深化，中欧班列数量和规模呈增长态势，但必须认识到其运量规模十分有限，远远低于海运（或海陆联运）的市场份额。政府补贴带来的短期运量增长在某种程度上导致了集装箱国际陆运的无序竞争。铁路为丝绸之路经济带沿线地区高时效物流需求提供了重要的支撑条件，但目前运输规模不足和无序的竞争并不利于市场的健康持续发展。从运输组织、市场有序竞争等视角综合分析，亟须加强对中欧班列进行系统的整合，建立全面的协调平台和机制，共同与沿线国家建立合理的运输组织模式，促进通关便利化，从而提升铁路班列的竞争力，以满足现代物流发展的需要。

（资料来源：http: //sanwen8.cn/p/185PYhB.html.）

思考：如何降低中欧班列运行成本？

第8章 物流成本控制

【教学目标与要求】

理解物流成本控制的含义。

掌握运输成本、仓储成本的控制措施。

掌握物流成本控制的基本程序。

了解物流成本控制的原则。

导入案例

快递主要模式分析

目前,国内快递企业数量近万家,在发展过程中形成了主要的3种经营模式:加盟、合作和直营。直营模式的典型代表有顺丰、EMS、宅急送等,而国内快递企业绝大多数都采用加盟的方式,如三通一达和天天快递等。

1. 加盟模式的优劣势

加盟模式可以让快递企业以较低的成本在较短的时间内快速铺设物流网点、快速扩张市场并获得较高的利润。国内快递业能在较短时间获得野蛮生长,表现出强大生命力,与采取加盟模式获得快速扩张有很大关系。但自2010年以来,快递行业屡屡出现各种乱象,如货物丢失、暴力分拣、加盟商携款跑路等,这为快递行业的未来发展蒙上了一层阴影,也让快递企业开始努力向直营模式转型。在业内人士看来,这些问题的根源就是加盟模式所致。

国家邮政局的相关数据也证明这一说法,2013—2015年,消费者申诉率超过30%以上的全部是加盟模式的快递企业,更有5家加盟模式的企业其申诉率甚至超过了50%,而同期直营模式的快递企业(无论是民营企业还是外资企业),其申诉率都没有超过5%;同时,国家邮政局收到的消费者申诉95%以上都来自加盟快递企业的加盟网点。

加盟模式存在诸多弊端,其核心缺陷在于利益多元化、管理松散、低门槛。

首先,加盟公司管理松散是快递乱象频发的罪魁祸首。加盟型快递企业从形式上是简单的结合,结合的黏合剂是经济利益,上级部门管理下级部门不是通过完善的制度,而是变化无常的经济罚款,加盟企业对公司没有完全认同感。对末端、网点的控制力弱是加盟快递企业的最大缺陷。

其次,服务水平不统一。由于管理松散,加盟网点很少执行总部的服务流程和服务规范,只从各自网点的利益出发来提供服务,导致各末端网点的服务水平参差不齐,而总部公司也很难对其进行规范,因此消费者的权益很难得到保障。所以,加盟型快递企业快件的延误、破损、丢失等这类问题就非常多。

再者,加盟关系极其不稳定。加盟关系是建立在经济利益基础上的,一旦利益基础动摇,加盟关系也随即瓦解。当加盟企业经营状况非常好的情况下,与公司的关系就会微妙起来,也会引起公司对其收购或者强取。"对加盟商来说,就是给企业加盟费,用企业的品牌而已,送一单赚一单的钱,不在乎贯彻总部服务质量和标准。"

另外,加盟模式还容易引发低价竞争,大部分快递公司只关注于价格战,因为如果要按照高标准执行,提高效率、实现机械化作业,成本会非常高,没有赢利空间。

2. 快递直营模式的优劣势

快递直营模式的最大特点是公司总部直接经营、投资、管理各分公司,其核心优势是管理严格、控制力强、服务统一且水平高等。总部集中掌握所有权和经营权,由总部集中领导、统一管理。

其一,经营管理统一化,易于发挥整体优势。公司统一制定经营战略,并分解到各分公司,通过职能部门协调一致,统一开发市场,技术研发和运用整体性事业,可以统一调动资金,能快速响应,最终形成有效整体。统一的市场业务流程和服务标准,杜绝了参差不齐的快递服务,在人才培养、信息管理、服务推广等方面优势显而易见。

其二，服务水平高。直营快递公司由于统一管理，由上而下的指令能很好执行，横向之间的配合也很默契，员工着装标准统一，服务规范一致，维护品牌的意识也很好。

其三，在管理上能做到严格到位。快递直营保证对经营的每个环节把控，经营方针在既定目标下都能得到实施，禁止分公司阳奉阴违或自成一派，而且各地区还能相互合作、相互支持，不会出现快递链突然断裂的现象。

直营模式的不足主要体现在以下两个方面：一是成员企业自主权小，积极性、创造性和主动性受到限制，缺乏效率；二是总部需要拥有一定规模的自有资本，特别在市场培育、广告宣传等方面需要投入大量资金，品牌塑造周期长、规划和服务范围发展速度慢。

采用直营模式，快递企业必须具备三大条件：一是产品或服务市场规模足够大；二是企业财力雄厚，经得起前期亏损；三是分级管理体系要完善，能够控制全局。

3. 快递行业发展趋势：直营是根本出路

快递企业发展到一定规模时，直营可以有效提升企业对网点的服务质量、品牌和形象，因而直营模式是快递企业发展的根本出路，这已经成了业内的共识。

现在，越来越多的国内快递企业其实也正在尝试转型，世界范围内的著名快递公司普遍采取的直营模式正在逐渐成为国内民营快递的下一个方向。"三通一达"目前都在或快或慢推进"直营化"在全国范围内铺开。

(资料来源：http://mt.sohu.com/20150929/n422387969.shtml.)

快递直营模式是快递行业的发展趋势，其核心优势是管理严格、控制力强、服务统一且水平高等。总部集中掌握所有权和经营权，由总部集中领导，统一管理，但在市场培育、广告宣传等方面需要投入大量资金，成本较高，对成本的有效控制是企业获得竞争优势的重要途径。

8.1 物流成本控制概述

8.1.1 物流成本控制的含义

控制一词起源于希腊语"掌舵术"，意指领航者把偏离航线的船拉回到正常的航线上来，这也说明所谓控制从其最传统的意义上来讲就是纠正偏差。

物流成本控制是根据预定的物流成本目标，对企业物流活动中形成的各种耗费进行约束与调节，发现并纠正偏差，不断降低物流成本。物流成本控制有广义和狭义之分。广义的物流成本控制包括事前、事中和事后控制，狭义的物流成本控制只包括事中、事后控制。现代物流成本控制是广义的物流成本控制，要站在企业整体战略的高度进行全员控制、全过程控制和全环节控制。物流成本控制是企业增加赢利的必然要求，也是企业取得竞争优势的重要途径。

8.1.2 物流成本控制的基本工作程序

1. 制定成本标准

物流成本标准是成本控制的准绳，成本标准首先包括物流成本预算中规定的各项指标。但成本预算中的一些指标都比较综合，还不能满足具体控制的要求，这就必须制定一系列具体的标准。确定这些标准的方法，大致有以下两种。

(1) 预算指标分解法，就是将大指标分解为小指标。可以按部门、单位分解，也可以按不同产品和各种产品的工艺阶段或零部件进行分解，若更细致一点，还可以按工序进行分解。

(2) 定额法，就是建立起定额和费用开支限额，并将这些定额和限额作为控制标准来进行控制。在企业里，凡是能建立定额的地方，都应把定额建立起来，如材料消耗定额、工时定额等。实行定额控制的办法有利于成本控制的具体化和经常化。

在采用上述方法确定成本控制标准时，一定要进行充分的调查研究和科学计算，同时还要正确处理物流成本指标与其他技术经济指标（如质量、生产效率等）的关系，从完成企业的总体目标出发，经过综合平衡，防止片面性。必要时还应制定多种方案，从中择优选用。

物流标准化体系

【拓展文本】

物流标准化是指以物流为一个大系统，制定系统内部实施、机械装备、专用工具等各个分系统的技术标准；制定系统内各分领域（如包装、装卸、运输等）的工作标准；以系统为出发点，研究各分系统与分领域中技术标准与工作标准的配合性，按配合性要求，统一整个物流系统的标准；研究物流系统与相关其他系统的配合性，进一步谋求物流大系统的标准统一。物流标准化的主要具有以下几个特点。

(1) 与一般标准化系统不同，物流系统的标准化涉及面更为广泛，其对象也不像一般标准化系统那样单一，而是包括了机电、建筑、工具、工作方法等许多种类。虽然处于一个大系统中，但缺乏共性，从而造成标准种类繁多，标准内容复杂，也给标准的统一性及配合性带来很大困难。

(2) 物流标准化系统是属于二次系统，这是由于物流及物流管理思想诞生较晚，组成物流大系统的各个分系统，过去在没有归入物流系统之前，早已分别实现了本系统的标准化。并且经多年的应用，不断发展和巩固，已很难改变。在推行物流标准化时，必须以此为依据，个别情况固然可将有关旧标准化体系推翻，按物流系统提出的要求重建新的标准化体系，但通常还是在各个分系统标准化基础上建立物流标准化系统。这就必然从适应及协调角度建立新的物流标准化系统，而不可能全部创新。

(3) 物流标准化更要求体现科学性、民主性和经济性。科学性、民主性和经济性，是标准的"三性"，由于物流标准化的特殊性，必须非常突出地体现这"三性"，才能搞好这一标准化。

① 科学性要求体现现代科技成果,以科学试验为基础,在物流中,则还要求与物流的现代化(包括现代技术及管理)相适应,要求能将现代科技成果联结成物流大系统。这种科学性不但反映本身的科学技术水平,还表现在协调与适应的能力方面,使综合的科技水平最优。

② 民主性指标准的制定,采用协商一致的办法,广泛考虑各种现实条件,广泛听取意见,而不能过分偏重某一个国家,使标准更具权威、减少阻力,易于贯彻执行。

③ 经济性是标准化主要目的之一,也是标准化生命力如何的决定因素,物流过程不像深加工那样引起产品的大幅度增值,即使通过流通加工等方式,增值也是有限的。如不注重标准的经济性,片面强调反映现代科学水平,片面顺从物流习惯及现状,引起物流成本的增加,自然会使标准失去生命力。

(4) 物流标准化有非常强的国际性。由于经济全球化的趋势所带来的国际交往大幅度增加,而所有的国际贸易又最终靠国际物流来完成。各个国家都很重视本国物流与国际物流的衔接,在本国物流管理发展初期就力求使本国物流标准与国际物流标准化体系一致,若不如此,将使外贸成本增加。因此,物流标准化的国际性也是其不同于一般产品标准的重要特点。

(5) 贯彻安全与保险的原则。物流安全问题也是近些年来非常突出的问题,一个安全事故往往会将一家公司损失殆尽,几十万吨的超级油轮、货轮遭受灭顶损失的事例也不乏见。当然,除了经济方面的损失外,人身伤害也是物流中经常出现的,如交通事故的伤害,物品对人的碰撞伤害,危险品的爆炸、腐蚀、毒害的伤害等。所以,物流标准化的另一个特点是在物流标准中对物流安全性、可靠性的规定和为安全性、可靠性统一技术标准、工作标准。

【拓展文本】

【拓展视频】

(资料来源:http://baike.so.com/doc/5987648-6200615.html。)

2. 监督成本的形成

根据物流成本控制标准,对成本形成的各个项目经常地进行检查、评比和监督。不仅要检查指标本身的执行情况,而且要检查和监督影响指标的各项条件,如设备、工人技术水平、工作环境等。所以,成本日常控制要与生产作业控制等结合起来进行。成本日常控制的主要方面有材料费用的日常控制、工资费用的日常控制、设备相关费用的日常控制等。上述各费用的日常控制,不仅要有专人负责和监督,而且要使费用发生的执行者实行自我控制,还应当在责任制中加以规定。这样,才能调动全体员工的积极性,使成本的日常控制有群众基础。

3. 及时纠正偏差

针对成本差异发生的原因,查明责任者,分别情况,按轻重缓急提出改进措施,加以贯彻执行。对于重大差异项目的纠正,一般采用下列程序。

(1) 提出项目。从各种成本超支的原因中提出降低成本的项目。这些项目首先应当是那些成本降低潜力大、可能实行的项目。提出项目的要求,包括项目的目的、内容和预期达到的经济效益。

(2) 讨论和决策。项目选定以后,应发动有关部门和人员进行广泛的研究和讨论。对重大项目,可能要提出多种解决方案,然后进行各种方案的对比分析,从中选出最优方案。

(3) 确定方案实施的方法步骤及负责执行的部门和人员。

(4) 贯彻执行确定的方案。在执行过程中也要及时加以监督检查。方案实现以后，还要检查方案实现后的经济效益，衡量是否达到了预期的目标。

8.1.3 物流成本控制的原则

为了有效地进行物流成本控制，必须遵循以下原则。

1. 经济原则

这里所说的"经济"是指节约，即对人力、物力、财力的节省，它是提高经济效益的核心。因此，经济原则是物流成本控制的基本原则。

2. 全面原则

在物流成本控制中实行全面性原则，具体说来有以下几个方面的含义。

(1) 全过程控制。物流成本控制不限于生产过程，而且从生产向前延伸到投资、设计，向后延伸到用户服务成本的全过程。

(2) 全方位控制。物流成本控制不仅对各项费用发生的数额进行控制，而且还对费用发生的时间和用途加以控制，讲究物流成本开支的经济性、合理性和合法性。

(3) 全员控制。物流成本控制不仅要有专职物流成本管理机构和人员参与，而且要发挥全体员工在物流成本控制中的重要作用，使物流成本控制更加深入和有效。

3. 责、权、利相结合原则

只有切实贯彻责、权、利相结合的原则，物流成本控制才能真正发挥其效益。显然，企业管理者在要求企业内部各部门和单位完成物流成本控制职责的同时，必须赋予其在规定的范围内有决定某项费用是否可以开支的权利。如果没有这种权利，也就无法进行物流成本控制。此外，还必须定期对物流成本业绩进行评价，据此进行奖惩，以充分调动各部门和员工进行物流成本控制的积极性和主动性。

4. 目标控制原则

目标控制原则是指企业管理者以既定的目标作为管理人力、物力、财力和完成各项重要经济指标的基础，即以目标物流成本为依据，对企业经济活动进行约束和指导，力求以最小的物流成本，获取最大的赢利。

5. 重点控制原则

重点控制原则，是对超出常规的关键性差异进行控制，旨在保证管理人员将精力集中于偏离标准的一些重要事项上。企业常规出现的物流成本差异成千上万、头绪繁杂，管理人员对异常差异重点进行控制，有利于提高物流成本控制的工作效率。重点控制是企业进行日常控制所采用的一种专门方法，特别是在对物流成本指标的日常控制方面应用得更为广泛一些。

8.1.4 物流成本控制的内容

物流成本控制按控制的时间不同可划分为物流成本事前控制、物流成本事中控制和物流成本事后控制 3 个环节。

1. 物流成本事前控制

物流成本事前控制是指在物流活动或提供物流作业前对影响物流成本的经济活动进行的事前规划、审核，确定目标物流成本，它是物流成本的前馈控制。

2. 物流成本事中控制

【拓展文本】

物流成本事中控制指在物流成本形成过程中，随时对实际发生的物流成本与目标物流成本进行对比，及时发现差异并采取相应的措施予以纠正，以保证物流成本目标的实现，它是物流成本的过程控制。物流成本的事中控制应在物流成本目标分级管理的基础上进行，严格按照物流成本目标对一切生产经营耗费进行随时随地的检查审核，把可能产生损失浪费的苗头消灭在萌芽状态，并且把各种成本偏差的信息，及时反馈给有关责任单位，以利于及时采取纠正措施。

3. 物流成本事后控制

【拓展文本】

物流成本事后控制是指在物流成本形成之后，对实际物流成本的核算、分析和考核，并提出改进措施，它是物流成本的反馈控制。物流成本事后控制通过将实际物流成本和一定标准进行比较，确定物流成本的节约和浪费额度，并进行深入的分析。查明物流成本节约或超支的主客观原因，确定其责任归属，对物流成本责任单位进行相应的考核和奖惩。通过物流成本分析，为日后的物流成本控制提出积极改进意见和措施，进一步修订物流成本控制标准，改进各项物流成本控制制度，以达到降低物流成本的目的。

物流成本的事中控制主要是针对各项具体的物流成本费用项目进行实地实时的分散控制。而物流成本的综合性分析控制，一般只能在事后才可能进行。物流成本事后控制的意义并非是消极的，大量的物流成本控制工作有赖于物流成本事后控制来实现。从某种意义上讲，控制的事前与事后是相对而言的，本期的事后控制也就是下期的事前控制。

8.2 以物流功能为对象的物流成本控制

以物流功能为对象的物流成本控制的基本内容包括运输成本的控制、仓储成本的控制、配送成本的控制、装卸搬运成本的控制、包装成本的控制、流通加工成本的控制。

物流系统是一个综合性的大系统，是由运输、仓储、流通加工、装卸搬运等各个子系统所构成。如果企业不从物流系统的整体全面考虑，物流费用的控制效果就不会令人满意。只有按照物流系统化的思想，规划和实施物流各环节的费用控制策略，方可避免企业仅满足于降低局部费用而忽视物流整体费用给企业带来不利影响。因此，企业物流管理者必须协调各个物流子系统，在符合经济性原则和因地制宜原则的前提下努力实现企业物流过程的综合控制。

8.2.1 运输成本的控制

运输是指用专用运输设备将物品从一个地点向另一个地点运送，其中包括集货、分配、搬运、中转、装入、卸下、分散等一系列操作。运输是物流系统中的核心功能，运输成本占物流成本的 35%~50%，占商品价格的 4%~10%。运输成本的降低，也就意味着整个物流成本支出的降低，直接给物流企业的赢利创造更大的空间，行业间将更有竞争力，也为企业未来的发展提供了重要保证。影响运输成本的因素有很多，主要是运输时间、运输距离、运输费用、运输工具和运输环节，运输成本的控制措施也应从这几方面入手。

1. 加快推进综合交通运输服务体系建设

综合运输体系是指各种运输方式在社会化的运输范围内和统一的运输过程中，按其技术经济特点组成分工协作、有机结合、连续贯通、布局合理的交通运输综合体。发展综合运输体系是当代运输发展的新趋势、新方向，也是我国运输发展的新模式，按照各种运输方式的技术特点建立合理的运输结构，可以使各种运输方式扬其所长、避其所短，既可扩大运输能力，又可提高经济效益。

1) 充分发挥各种运输方式的比较优势，宜水则水、宜陆则陆、宜空则空

各种运输方式均有自身的优点与不足。一般来说，水路运输具有运量大、成本低的优点，也有运输速度慢的缺点；公路运输则具有机动灵活，便于实现货物门到门运输的特点，但也有运输成本较高的缺点；铁路运输的主要优点是不受气候影响，可深入内陆和横贯内陆实现货物长距离的准时运输，其主要缺点是灵活性差，只能在固定线路上实现运输，需要以其他运输手段配合和衔接；而航空运输的主要优点是可实现货物的快速运输，主要缺点是成本高。因此应根据货物的特性和客户对时间的要求，选择相应的运输方式，使运输成本降低。

各种具体运输方式的经济特征如表 8.1 所示。

表 8.1 各种运输方式的经济特征

运输方式	运输适用性	经济距离	运输成本比较
水运	适于长距离、大宗、运输时间相对较长的货物	800 公里以上	4
铁路	适于长距离、大宗、运输时间相对较长的货物	500~800 公里	3

续表

运输方式	运输适用性	经济距离	运输成本比较
公路	适于短距离、小宗的货物，可实现"门到门"服务	300~500公里	2
航空	适于长距离、小宗、时间要求紧的高附加值货物	800公里以上	1

相关链接

交通运输部正式印发《综合运输服务"十三五"发展规划》

近日，交通运输部正式印发《综合运输服务"十三五"发展规划》(简称《规划》)，明确了一系列发展指标，着力构建普惠均等、便捷高效、智能智慧、安全可靠、绿色低碳的综合运输服务体系。到"十三五"末，具备条件的建制村通客车比例将达到100%，重点快递企业省会及重点城市间快件72小时投递率达到90%，重点区域内城市间交通一卡通互联互通率达到100%，城区常住人口300万以上城市建成区公共交通机动化出行分担率达到60%，铁路、公路、船舶、民航出行将更加安全便捷。

1. 客运"零距离换乘"，货运"无缝化衔接"

据了解，"十三五"期间，综合交通运输体系建设仍处于重要战略机遇期，但内涵将发生深刻变化，服务需求加速升级，服务模式加速创新，运输结构加速调整，市场资源加速整合，将进入基础设施"大建设"与综合运输"大服务"并举并重的发展阶段。

《规划》明确，要深化改革、优化环境、整合资源、释放潜能，科技引领、创新驱动，安全稳定、绿色环保，到2020年，基本建成统一开放、竞争有序的综合运输服务市场体系，客运"零距离换乘"和货运"无缝化衔接"水平大幅度提高，运输一体化服务形式更加丰富，综合运输服务与移动互联网深度融合、与关联产业密切联动，社会感知度和公众满意度显著增强，有力支撑交通真正成为经济社会发展的先行官。

2. 建设统一开放综合运输市场体系

服务是交通运输行业改革发展的出发点和落脚点，是综合交通运输体系建设的根本目的。《规划》深入分析了综合运输服务面临的形势要求，明确了综合运输服务发展的总体思路，提出了今后5年的重点工作任务。"十三五"期间，交通运输部将重点围绕建设统一开放的综合运输市场体系、提升综合运输通道服务效能、提高综合运输枢纽服务品质、构建便捷舒适的旅客运输系统、建设集约高效的货运物流体系、发展先进适用的运输装备技术、促进开放共赢的国际运输发展、加强运输从业人员职业化建设、深化运输安全保障能力建设、推动"互联网+"与运输服务融合发展、促进运输服务与相关产业联动发展等11个方面，全力打造综合运输服务升级版。

"十三五"期间，交通运输部还将推进快件"上车上船上飞机"工程，发展主题性公路甩挂运输，推动综合运输服务示范城市建设，选取100个左右县级行政区组织开展城乡交通一体化推进行动，开展汽车维修信息公开与电子健康档案系统建设，推进"互联网+"运输服务基础支撑系统建设。

(资料来源：http://www.moc.gov.cn/jiaotongyaowen/201607/t20160726_2067938.html。)

【拓展文本】

2) 实行专业分工，构建社会化的运输体系

运输社会化的含义是发展运输的大生产的规模效益优势，实行专业分工，打破一家一户自成运输体系的状况。社会化运输体系构建中，应大力发展多式联运。多式联运是指联运经营者为委托人实现两种或两种以上运输方式的全程运输以及提供相关物流辅助服务活动的过程。多式联运充分利用面向社会的各种运输系统，通过协议进行一票到底的运输，受到了普遍欢迎。

2. 提高运输工具实载率

实载率有两个含义：一种是单车实际载重与运距之乘积或标定载重与行驶里程之乘积的比率，这在安排单车、单船运输时，是作为判断装载合理与否的重要指标；二是车船的统计指标，即一定时期内车船实际完成的货物周转量(以吨计)占车船载重吨位与行驶公里之乘积的百分比。在计算时车船行驶的公里数，不仅包括载货行驶，也包括空驶。提高空载的意义在于：充分利用运输工具的额定能力，减少车船空驶和不满载行驶的时间，减少浪费，从而求得运输的合理化。

3. 直达与中转的合理选择

直达运输是追求运输合理化的重要形式，其对合理化的追求要点是通过减少中转换载，从而提高运输速度，省去装卸费用，降低中转货损。直达的优势，尤其是在一次运输批量和用户一次需求量达到了一整车时表现最为突出。此外，在生产资料、生活资料运输中，通过直达，建立稳定的产销关系和运输系统，也有利于提高运输的计划水平。如果从用户需求量来看，批量大到一定程度，直达是合理的，批量较小时可选择中转。

4. 发展先进的运输技术和运输工具

依靠科技进步是运输合理化的重要途径。例如，专用散装车及罐车，解决了粉状物、液状物运输损耗大，安全性差等问题；滚装船解决了车载的运输问题，集装箱船比一般船能容纳更多的箱体，集装箱高速直达车船加快了运输速度等，都是通过采用先进的科学技术实现合理化。配载运输是充分利用运输工具载重量和容积，合理安排装载的货物及载运方法以实现运输合理化的一种运输方式。配载运输也是提高运输工具实载率的一种有效形式。积极开展甩挂运输，提高运输效率。全面实行甩挂运输，企业可减少50%以上的牵引车购置成本或租赁费用，车辆平均运输生产力将提高30%~50%，运输成本降低30%~40%，油耗可下降20%~30%。也就是说，与传统的定挂运输相比，甩挂运输具备单位成本低、运行效率高、周转快等众多优势，经济和环境效益明显，有利于降低运输成本。

【拓展文本】

甩挂运输

甩挂运输，就是带有动力的机动车将随车拖带的承载装置，包括半挂车、全挂车甚至货车底盘上的货箱甩留（卸交）在目的地后，再拖带其他装满货物的装置返回原地，或者驶向新的地点。这种一辆带有动力的主车，连续拖带两个以上承载装置的运输方式被称为甩挂运输。美国、加拿大、英国、法国等发达国家，甩挂运输方式占社会运输总量的70%~80%，最高时速达120公里；在新加坡、韩国、巴西等国家，也得到很广泛的应用。在澳大利亚，一车三挂屡见不鲜，列车总长达30~40米，核载质量达70~80吨。

（资料来源：http://baike.so.com/doc/5931255-6144183.html.）

5. 通过流通加工，实现运输合理化

有不少产品，由于产品本身形态及特性问题，很难实现运输的合理化，如果进行适当加工，就能够有效解决合理运输问题。例如，一些材料通过加工成更小体积的半成品，或预先包装成规定尺寸，提高装车效率和装载量，降低运输损耗。

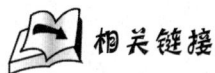

宜家家具的包装策略

为了提高运输与仓储作业的效率，宜家在运输家具的过程中全部采用板式运输的方式：将家具以未装配的形式包装，再运到零售网点与消费者手中。这种包装方式大大节约了运输与仓储空间，提高了运输与仓储作业的效率，有利于相关成本的下降。在运输枕头时，宜家采用抽掉空气的真空包装方法来进行运输，实现了包装后产品体积最小化。

（资料来源：https://wenku.baidu.com/view/eacfcf360b4c2e3f572763d5.html.）

8.2.2 仓储成本的控制

仓储是指利用仓库及相关设施设备进行物品的入库、存储、出库的活动。仓储成本是指一定时期内，企业为完成货物存储业务而发生的全部费用，主要包括人工费用、设备相关费用和其他费用三部分。仓储成本控制的目标，就是要实行货物的合理库存，不断提高保管质量，加快货物周转，实现物流系统的整体功能。

1. 从实际出发选择租赁或自建仓库，控制仓储成本

从财务的角度上来看，租赁仓库可以使企业避免仓库的资本投资和财务风险；租赁仓库不要求企业对其设施和设备做任何投资，企业只需支付相对较少的租金即可得到仓储空间。但是在一定租赁期内，租赁的仓储面积是一定的，不会随企业库存量的改变而改变。

自建仓库可以使企业更大程度地控制仓储。由于企业对仓库拥有所有权，所以企业作

为货主能够对仓储实施更大程度的控制,而且有助于与其他系统进行协调。储位管理更具灵活性。由于企业是仓库的所有者,所以可以按照企业要求和产品的特点对仓库进行设计和布局。自建仓库也可以表现企业实力。当企业将产品储存在自有仓库中,会给客户一种企业长期持续经营的良好印象,客户会认为企业实力强、经营十分稳定、可靠,但是自建仓库初期投资较多。

企业在决定采用哪一类仓库时,需考虑周转量、需求的稳定性、市场密度等因素,可采用净现值法、现值指数法等方法选择方案。

【拓展文本】

苏宁云仓

近日,亚洲最大的智慧物流基地——苏宁云仓,这个建筑面积达到20多万平方米的物流基地,从入库、补货、拣选、分拨到出库,实现了全流程的智能化。苏宁COO侯恩龙介绍:"无论是面积、坪效、订单处理能力都秒杀友商,全球最先进不敢说,但是在亚洲,绝对是最先进的。"苏宁云仓在仓储规模、日出货量、自动化水平等整体科技能力和智能化水平方面,都打破了亚洲物流行业的记录。

全新的苏宁云仓,就像科幻电影一样,大中小件的商品在各种机器间繁忙地自动流转,以"黑科技"一词来形容,毫不为过。作为国内电商行业第一家规模化应用的"货到人系统",苏宁云仓日处理包裹181万件,是行业同类仓库处理能力的4.5倍以上;拣选效率每人每小时1 200件,是传统拣选方式的10倍以上,超行业同类仓库的5倍以上;订单最快30分钟内出库,是行业同类仓库最快处理速度的5倍以上,重新定义了电商物流的速度;仓库作业人员工作效率大幅提高,同等订单量作业人员减少60%。

当然,此次启用的苏宁云仓并不是唯一的"黑科技仓库",2016年10月,上海苏宁奉贤物流基地和北京苏宁通州物流基地相继进行了全流程自动化升级的第一步。未来,苏宁将构建起一张覆盖全国的智能云仓体系,以南京为范本,将北京、上海、广州、成都、沈阳、武汉、西安、深圳、杭州、重庆、天津等中心城市的全国级大仓,都升级为"智慧物流"。

(资料来源:http://news.163.com/16/1108/08/C5BAOKMP000187V8.html。)

2.控制流动资金占用成本

1) 采用现代化库存计划技术来控制合理库存量

例如,采用物料需求计划、制造资源计划以及准时制生产和供应系统等,来合理地确定原材料、在产品、半成品和产成品等每个物流环节最佳的库存量,在现代物流理念下指导物流系统的运行,使存货水平最低、浪费最小、空间占用最小。

2) 选择恰当的订货方式控制库存成本

企业应根据实际需要,选择恰当的订货方式。因为订货方式的不同将直接影响到企业的库存成本的高低。订货方式主要有定量订货方式、定期订货方式及定期定量混合订货方式。

定量、定期及混合订货方式

定期订货方式是指事先确定订货时间，如每月、每季、每旬订购一次，到了订货日就组织订货。至于订货数量，则根据下次到货前所需数量，减去现有库存加以确定。定期订货方式的特点是订货时间固定，订货数量不固定。定期订货方式适用于企业消耗量大或比较贵重的物资。采用定期订货方式，要求按时检查实际库存，根据库存决定订货数量。因此，它既能保证正常生产需要，又能避免物资超储，节省流动资金。

定量订货法是指当库存量下降到预定的最低库存量($订货点$)时，按规定数量(一般以经济批量为标准)进行订货补充的一种库存控制方法，如图8.2所示。图8.2中，R为订货点，Q为预先确定的订货量，LT为交货周期(订货至到货间隔时间)，S为安全库存量。

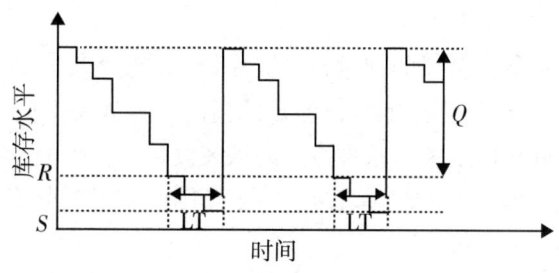

图 8.2　定量订货方式

定期定量混合订货方式具有定量订货和定期订货两种方式的特点。它规定了一个最高库存量和一个最低库存量，定期检查，实际盘点库存量等于或低于订购点及时订购，高于订购点就不订购。

3. 在库存管理中采用 ABC 法

ABC 法符合"抓住关键少数""突出重点"的原则，是库存成本控制中一种比较经济合理的常用方法。对于品种少但占用资金额高的 A 类货物，应作为重点控制对象，必须严格逐项控制；B 类货物作为一般控制对象，可分不同情况采取不同的措施；而对于 C 类货物，则不作为控制的主要对象，一般只需要采取一些简单的控制方法即可。

8.2.3　包装成本的控制

包装是指在流通过程中保护产品、方便储运、促进销售，按一定技术方法而采用的容器、材料及辅助物等的总体名称。也指为了达到上述目的而采用容器、材料和辅助物的过程中施加一定技术方法等的操作活动。据统计，包装成本一般约占物流成本的 10%，但有些产品(特别是生活消费品)包装成本却高达 50% 左右。包装成本包括材料费用、设备相关费用、人工费用和其他费用 4 个部分。

【拓展文本】

1. 优化包装设计，降低包装成本

包装设计首先要考虑的一个关键问题是包装对货物的保护程度。包装可起到保护货物的作用，包装设计决定了对货物的保护程度。有时会出现包装设计不仅满足了对产品的保护功能，而且出现了过分保护的情况，从而导致了包装成本的上升。包装设计要考虑的另一个关键问题就是包装同时也担负着营销的功能，有时为了满足营销的要求，包装成本也会攀升。当出现包装已经完全能够满足营销要求且出现了过剩时，也导致了成本的浪费。

因此，根据包装要达到的既定目标(保护和营销)，对包装的设计进行仔细分析与研究，杜绝过剩功能的出现，是降低包装成本的主要方法之一。

2. 提高包装机械化程度，控制包装成本

提供包装机械化程度可以提高包装作业效率，从而有利于降低包装成本；也可以减少工作人员，从而降低劳动工资成本。

3. 组织散装运输，降低包装成本

散装运输是现代物流中备受推崇的技术，也被称为无包装运输。散装是指对水泥、谷物等这些颗粒状或粉末状的产品，在不进行包装的情况下，运用专门的散装设(车或船)来实现产品的运输。从某种角度上说，这种专用的散装设备，实际上本身是一种扩大了的包装。显然，无包装运输从理论上可使包装成本为零，因此，组织散装运输和无包装运输应引起经营者的高度重视，加以推广。

4. 包装物的回收和旧包装利用

产品包装回收是将使用过的产品包装和其他辅助包装材料，通过各种渠道和各种方式进行回收，然后由有关部门进行修复、净化、改造以供再次使用。包装物的回收使用可以相对节省包装材料，节省加工劳动，节省因包装而造成的能源、电力的消耗等。

东京奥运会奖牌将由回收手机制成

2020年东京奥运会上的金银铜牌，将会由旧手机制成。

据报道，在日本设置了收集箱，人们可以将自己的各种陈旧部件放进里面，然后它们会被转交用于生产奖牌。

据悉，活动的第一天就有100多人拿出了自己不用的手机。报道称，此举的目的是节省2020年东京夏季奥运会的费用，对此项赛事的组织已经花费了250亿美元。

日本当局希望能收集大约8吨金属，以此为即将到来的奥运会制作奖牌。

(资料来源：http://news.sina.com.cn/o/2017-02-19/doc-ifyarzzv3214554.shtml.)

5. 实现包装规格的标准化

包装规格的标准化，可以保证包装质量，并使包装的外部尺寸与运输工具、装卸机械

设备相配合,从而降低运输作业的成本。标准化包装还提高了堆垛效率,降低了仓库的拥挤程度,节约了仓储空间和仓储成本。

6. 集装化和集合包装

集装化和集合包装在现代物流系统中,日益显示出它的优越性,发挥出越来越大的作用,主要表现在可以降低物流成本、提高物流运作效率、保证产品的储运安全、促进包装标准化、规格化、系列化的实现等方面。

8.3 以物流成本活动范围为对象的物流成本控制

8.3.1 供应物流成本控制

供应阶段是物流成本发生的直接阶段,这也是物流成本控制的重要环节。供应物流成本是指经过采购活动,将企业所需原材料(生产资料)从供给者的仓库运回企业仓库为止的物流过程中所发生的物流费用。

1. 合理选择供应商

企业要综合考虑产品质量、供货能力、价格、交货时间、信誉、供应商实力、售后服务等因素,合理选择供应商,建立相对稳定的供求关系,以有效地降低企业的物流成本,确保企业利益的最大化。

2. 运用现代化的采购管理方式

JIT(Just In Time)采购和供应是一种有效降低物流成本的物流管理方式,它可以减少供应库存量、降低库存成本,而库存成本是供应物流成本的一个重要组成部分。另外,MRP(Material Requirement Planning)采购、供应链采购、招标采购、全球采购等采购管理方式的运用,也可以有效地加强采购供应管理工作。对于集团企业或连锁经营企业来说,集中采购也是一种有效的采购管理模式。这些现代化采购管理方式的运用,对于降低供应物流成本是十分重要的。

3. 控制采购批量和再订货点

每次采购批量的大小,对订货成本与库存成本有重要的影响,采购批量大,则采购次数减少,总的订货成本就可以降低,但会引起库存成本的增加,反之亦然。因此,企业在采购管理中,对订货批量的控制是很重要的。企业可以通过相关数据分析,估算其主要采购物资的最佳经济订货批量和再订货点,从而使得订货成本与库存成本之和最小。

4. 提高运输及仓储作业的效率

企业应优化运输及仓储方案,合理选择运输工具,提高仓储、装卸搬运机械化水平,提高作业效率,降低物流成本。此外,企业信息化水平的提高,也将有助于各项作业效率的提高,物流成本水平的降低。

为了提高车辆的实载率，在实际工作中可以将销售和供应物流统筹考虑，采取共同装货、集中发送的方式，把产品的运输与采购的物流结合起来，利用回程车辆运输的方法，提高货物运输车辆的使用效率。

5. 减少采购途中损耗

供应采购过程中往往会发生一些途中损耗，运输途耗也是构成企业供应物流成本的一个组成部分。运输中应采取严格的预防保护措施尽量减少途耗，避免损失、浪费，降低物流成本。

8.3.2 生产过程的物流成本控制

生产物流成本也是物流成本的一个重要组成部分。生产物流成本是指从原材料进入企业仓库开始，经过出库、制造形成产品以及产品进入成品库，直到产品从成品库出库为止的物流过程中所发生的物流费用。因此，生产物流成本的控制是与企业的生产管理方式不可分割的。在生产过程中有效控制物流成本的方法主要包括优化工艺流程、采用看板管理等措施。

1. 优化生产工艺流程

生产车间和生产工艺流程的合理布局，对生产物流会产生重要影响。通过合理布局，可以减少物料和半成品迂回运输，提高生产效率和生产过程中的物流运转效率，降低生产物流成本。

2. 采用"看板管理"，降低库存成本

看板管理，是丰田生产模式中的重要概念，指为了达到准时生产方式(JIT)控制现场生产流程的工具。准时生产方式中的拉式生产系统可以使信息的流程缩短，并配合定量、固定装货容器等方式，而使生产过程中的物料流动顺畅。准时生产方式的看板旨在传达信息："何物，何时，生产多少数量，以何方式生产、搬运。"

JIT生产方式是以降低成本为基本目的，在生产系统的各个环节全面展开的一种使生产有效进行的新型生产方式。JIT生产方式采用看板管理工具，看板犹如巧妙连接各道工序的神经而发挥着重要作用。

看板管理方法是在同一道工序或者前后工序之间进行物流或信息流的传递。JIT是一种拉动式的管理方式，它需要从最后一道工序通过信息流向上一道工序传递信息，这种传递信息的载体就是看板。没有看板，JIT是无法进行的。因此，JIT生产方式有时也被称为看板生产方式。

一旦主生产计划确定以后，就会向各个生产车间下达生产指令，然后每一个生产车间又向前面的各道工序下达生产指令，最后再向仓库管理部门、采购部门下达相应的指令。这些生产指令的传递都是通过看板来完成的。

随着信息技术的飞速发展，当前的看板方式呈现出逐渐被计算机所取代的趋势。现在最为流行的 MRP 系统就是将 JIT 生产之间的看板用计算机来代替，每一道工序之间都进行联网，指令的下达、工序之间的信息沟通都通过计算机来完成。

8.3.3 销售物流成本控制

销售物流成本是指为了进行销售，产品从成品仓库运动开始，经过流通环节的加工制造，直到运输至中间商的仓库或消费者手中的物流活动过程中所发生的物流费用。销售物流的起点，一般情况下是生产企业的产成品仓库，经过分销物流，完成长距离、干线的物流活动，再经过配送完成市内和区域范围的物流活动，到达企业、商业用户或最终消费者。控制销售物流成本除了需要采取降低干线运输成本、仓储成本等措施外，还需要控制配送成本。

中华人民共和国国家标准《物流术语》(GB/T 18354—2006) 中配送的定义为"在经济合理区域范围内，根据客户要求，对物品进行拣选、加工、包装、分割、组配等作业，并按时送达指定地点的物流活动"。城市配送是指服务于城区以及市近郊的货物配送活动。城市配送又被称为"最后一公里"，是面向城镇居民以及各类企业的终端物流活动，同时也是现代社会连接消费、实现商品交换的关键物流活动。城市配送业可以有效促进各类制造业、流通服务业和电子商务产业的发展。近年来我国的城市配送发展迅速，作为一种新兴的物流服务方式，构建合理高效的城市配送体系对于缓解城市道路拥堵、提高城市道路的通行能力、构建现代化的物流系统具有积极的意义。控制城市配送成本可采取建立共同配送体系、合理规划城市内物流运输、加强配送信息化平台建设等措施。

1. 建立共同配送体系

共同配送是指多个客户联合起来共同由一个第三方物流服务公司来提供配送服务。它是在配送中心的统一计划、统一调度下展开的。共同配送是由多个企业联合组织实施的配送活动。共同配送的本质是通过作业活动的规模化降低作业成本，提高物流资源的利用效率。共同配送效果如图 8.3 所示。

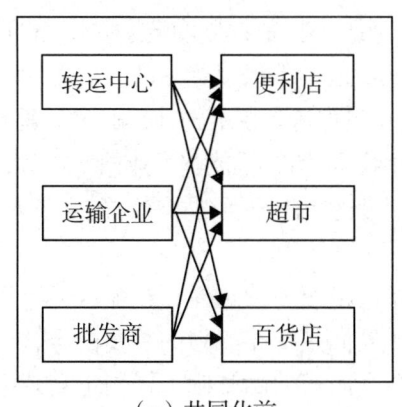
（a）共同化前

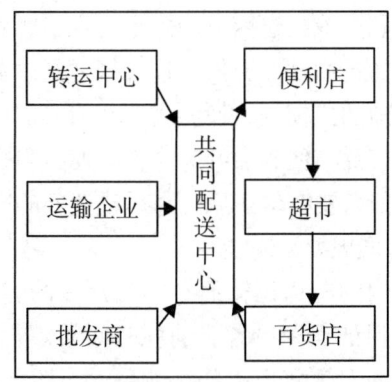
（b）共同化后

图 8.3　共同配送效果

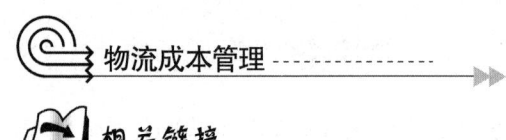

北京城市 100 物流有限公司

北京城市 100 物流有限公司 (以下简称"城市 100")是在整合北京地区优质快递网络资源基础上创建而成,于 2011 年 12 月 20 日正式挂牌营业。

城市 100 以营业门店为载体,以 C2C 和 B2C 配送为基础,整合上下游服务商、供应商,打造面向公众的末端物流配送及社会服务平台。

城市 100 得到了北京市政府的大力支持。除商务部以及北京市相关部门指定城市 100 为 COD 配送项目理事单位外,城市 100 也得到了国家相关部委的大力支持,为北京市首批新能源汽车试点单位,并根据项目试点工程每年获得 1 200 万元项目补贴资金等,并且通过与商务部、北京市交通局沟通得到城市通行证,可以实现北京市城市无盲点配送。城市 100 模式是解决现今城市配送混乱无序局面的有效模式,并在节能减排、减少城市车辆压力、促进行业资源整合方面有巨大的社会价值。据统计,该公司为客户降低成本约 30%。市场份额占 3%~4%。

城市 100 经二次重组合并,实现了客户资源的信息共享,除了主要服务"三通一达"等快递企业以外,还积极开发京东、当当等大型电商客户的同城配送业务。根据配送货物价值的大小、服务种类附加值项目数目等制定不同的配送价格,对客户实行分级管理,有效避免了粗放式服务产生的业务纠纷。并根据服务合同,严格控制资金链的正常运转,保证货物投递特别是代收费资金的及时上交,并按照实际投递情况和合作对象及时进行账务核对,营收款项及时、有效回收。

(资料来源:http://baike.so.com/doc/6978647-7201351.html.)

2. 合理规划城市内物流运输

合理规划物流路线、尽量提高配送车辆的配送效率就是降低物流成本的一项重要措施。运输规划主要是对配送线路、配送人员车辆、城市自提点进行规划,在保证顾客服务水平的前提下,尽可能降低货物在配送过程中的配送成本。

1) 城市自提点的规划

以便利店或配送网点为配送对象,既可以实现集中配货来降低配送成本,也可以给予顾客极大的自由度。当然,这种模式是以覆盖全面的配送网络为前提的,企业可以协议邀请遍布各地的连锁店、便利店、花店等门店有偿加盟配送系统的构建,通过加盟或特许经营等方式广泛与便利店开展合作,使得自提点的网点布局数量能够形成网络优势,同时做好自提点的营销宣传工作,在承揽业务的同时,提升物流配送的品牌效益。

2) 合理规划运输线路

城市内的配送运输面对的是众多的客户,配送路线多种选择,在配送一定订单量的前提下,保证运费最省、消耗时间最短、空载率最低是线路规划的首要内容,合理的规划配送路线对节省成本的影响很大,因此必须在全面规划的基础上,制定高效率的运输路线。影响配送路线规划的因素有很多,主要有运输距离、运输环节、运输工具、运输时间、运输费用等。合理规划配送路线的目标就是用最少的动力,走最短的里程,花最少的费用,经最少的环节,以最快的速度把货物送达顾客手中。另外,可以根据城市交通的具体特点制定有效的配送路线，减少物流堵塞现象的发生。

3) 正确选择配送人员和车辆

合理的选择配送人员和车辆，也是配送网络优化的关键内容。正确选择配送人员和车辆对于降低物流配送成本有至关重要的影响，由于配送时间是车辆高峰期，所以存在城市内大型车辆限行的问题，所以选择小型车辆来配送。采用 LNG(Liquefied Natural Gas) 配送车等新能源配送车辆是节能降耗显著的配送车辆，其中城市电动配送车辆一般集中从配送节点出发，配送车辆充电和加气问题容易解决；配送主要集中在市区，一般的电动车辆或 LNG 配送车辆的运距也能满足要求。

4) 企业采用合理配送技术

减少收货时间，提高验货频率，合理利用自由经营场所的实施设备，充分利用夜间和凌晨的道路空闲时间，提高配送效率。配送的及时性要求配送的技术性较强，充分利用现代信息技术和网络技术，提高配送的准确率。

3. 加强配送信息化平台建设

在物流配送体系当中，信息平台的建设至关重要，它决定着配送信息的及时处理、及时送达，能够提高配送效率。该平台是生产及流通企业、配送方、顾客及时进行信息交流和业务往来的窗口。顾客通过信息化平台将订单传递给配送企业，订单信息就要通过信息平台及时传递给各部门进行处理，信息平台是实现对顾客快速响应的保障。订单处理后进入运输环节，其中的在途状态、货物预计抵达时间、对配送服务的咨询和投诉等信息必须便于顾客登录网站查询。配送体系的成功构建背后都有信息技术的支撑。总之，信息流的畅通与否，直接影响到商流、物流、资金流的畅通。

京东：仓储体系的优化

位于上海市嘉定区的亚洲一号仓储中心是京东推动仓储自动化、智能化的一个代表，探访过它的人最大的感受便是"满眼都是自动化、智能化"。目前投入运行的亚洲一号一期工程，建筑面积约为 10 万平方米，分为立体库区、多层阁楼拣货区、生产作业区和出货分拣区。亚洲一号的仓库管理系统、仓库控制系统、分拣和配送系统等整个信息系统均由京东自主开发，自动化、智能化技术的采用大大提升了效率，减少了人为因素对商品品质的影响。以出货分拣区为例，因为采用了自动化的输送系统和代表目前全球最高水平的分拣系统，分拣处理能力达 16 000 件/小时，分拣准确率高达 99.99%。

京东自主研发的仓储管理系统智能化和数据化的特征非常明显：供应链预测系统可以在促销信息出来前进行重点商品信息提示，以便工作人员将重点商品放置到离传送线最近的位置，订单一来货物就可以快速出仓；自动补货系统能根据货物的出货频率提示货物的调库、补货情况，并将货物送到离传送线最近的位置；利用 RFID 技术的储位探测系统可以定位每一件商品的储位，自动判断这个货物的传送位置，订单下来它会告诉检货员最佳的检货路径。据悉，这个系统未来还能做到用大数据预测某个区域的销售情况，自动下发采购订单，采购入库以后与卫星库之间自动进行仓间调拨，从预测、补货到仓间调拨全部实现数据驱动，实现更高水平的智能化。

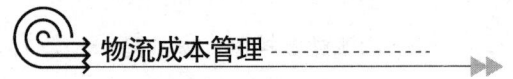

京东通过更合理的仓库布局打造出一张有形的物理网络，又通过持续优化的作业流程和自动化、智能化手段打造出一张无形的网络。两网层叠，京东仓储体系在"京东品质"和"京东效率"中发挥了举足轻重的支撑作用。

(资料来源：http://www.cicn.com.cn/zggsb/2015-11/26/cms78938article.shtml.)

本章小结

物流成本控制是根据预定的物流成本目标，对企业物流活动中形成的各种耗费进行约束与调节，发现并纠正偏差，不断降低物流成本。物流成本控制有广义和狭义之分，广义的物流成本控制包括事前、事中和事后控制，狭义的物流成本控制只包括事中控制。物流成本控制的基本工作程序如下：制定成本控制标准、监督成本形成、及时纠正偏差。

以物流功能为对象的物流成本控制的基本内容包括运输成本的控制、仓储成本的控制、配送成本的控制、装卸搬运成本的控制、包装成本的控制、流通加工成本的控制。控制运输成本的主要措施：加快推进综合交通运输服务体系建设，提高运输工具实载率，直达与中转的合理选择，发展先进的运输技术和运输工具等。通过流通加工，实现运输合理化。控制仓储成本的主要措施：从实际出发选择租赁或自建仓库，优化仓库布局，加强日常管理。控制包装成本的主要措施：优化包装设计，提高包装机械化程度，控制包装成本，组织散装运输，包装物的回收和旧包装利用，实现包装规格的标准化、集装化和集合包装等。

以物流活动发生的范围为对象的物流成本控制主要是供应物流成本、企业内物流成本、销售物流成本、回收物流成本和废弃物物流成本的控制。控制销售物流成本的主要措施：供应物流成本控制，合理选择供应商，运用现代化的采购管理方式，控制采购批量和再订货点，提高运输及仓储作业的效率，减少采购途中损耗。生产过程的物流成本控制的主要措施：优化生产工艺流程，采用"看板管理"。控制销售物流成本除了需要采取降低干线运输成本、仓储成本等措施外，还需要控制配送成本。

物流成本控制　事前控制　事中控制　事后控制　反馈控制　前馈控制

习　题

一、单项选择题

1. 库存控制管理的定量订货法中，关键的决策变量是（　　）。
  A. 需求速率　　　　　　　　　　B. 订货提前期
  C. 订货周期　　　　　　　　　　D. 订货点和订货量

2. 按照仓库的用途不同，可将仓库分为自用仓库、公共仓库和（　　）。
   A. 生产仓库　　　　　　　　B. 营业仓库
   C. 储备仓库　　　　　　　　D. 中转仓库

3. 预先确定一个订货周期和一个最高库存水准，然后以规定的订货周期为周期，周期性地检查库存，发出订货，订货批量的大小每次都不一定相同，订货量的大小都等于当时的实际库存量与规定的最高库存水准的差额，这种采购模式称为（　　）。
   A. 定期订货法采购　　　　　B. 定量订货法采购
   C. MRP 采购　　　　　　　　D. JIT 采购

4. 在定期订货法中既是安全库存水平的决定因素，又是自动决定每次订货批量的基础的指标是（　　）。
   A. 订货周期　　　　　　　　B. 订货点
   C. 最大库存水平　　　　　　D. 产品需求量

5. 在供应链机制下，采购不是由采购者操作，而是由供应商操作，这种采购模式称为（　　）。
   A. 定期订货法采购　　　　　B. 定量订货法采购
   C. MRP 采购模式　　　　　　D. VMI 采购模式

二、简答题

1. 物流成本的日常控制要遵循哪些原则？
2. 物流控制成本的内容主要有哪些？
3. 以物流功能为对象的物流成本控制主要包括哪几部分？
4. 控制运输与仓储成本的措施主要有哪些？
5. 以物流成本形成过程为对象的物流成本控制有哪些？
6. 供应物流成本的控制策略主要有哪些？
7. 销售物流成本的主要控制策略有哪些？

案例分析

快递业成本构成及顺丰速运成本控制

1. 我国快递业发展背景及存在问题

近年来，随着电子商务的爆发式增长，快递企业得以迅速发展。快递行业已从昔日的市场配角逆袭成为物流业中的主角快递业井喷式的发展，暴露出许多问题：服务不规范、派送速度慢、物件损毁、投诉率高等。由于行业门槛较低，行业内涌现出大量新小企业抢占市场份额，且快递业内出现众多低价恶性竞争和价格战等扰乱市场秩序的行为，如何提高服务质量、吸引潜在客户，采取合理的成本控制获取竞争优势，是快递企业亟待解决的问题。

2.我国快递业成本构成分析

根据国家标准《企业物流成本的构成与计算》，成本可按物流项目构成划分为物流功能成本和存货相关成本。物流功能成本主要包括了仓储成本、库存成本、运输成本等；存货相关成本包括存货风险成本、保险成本、资金占用成本、物品损耗成本等。据此，快递公司的成本主要包括储存成本、运输与装卸成本、信息管理成本、增值服务成本。

1) 储存成本

快递业的储存成本主要为场地租金成本及储存空间成本。由于快递企业服务非常注重运输货物的速度和运达的及时性，虽然储存时间在整个供应链中占据的比重较小，但在货物的配送环节中，由于货物的规范化合理分拣、分配、送达以使整个快递系统更加规范、合理，使货物快速、准确运达目的地，这期间产生的储存成本是不可忽视的。

2) 运输与装卸成本

在快递企业中，运输成本是占比最大的成本，而运输是整个快递业务的中心环节。运输成本包括人工成本、营运成本、管理成本和其他成本。快递公司根据客户的需求和货物的客观需要选择不同的运输方式，承担不同的运输成本。其主要的包裹、文件业务为了保证运达时间，通常采用航空方式运输，航空运输的速度快且安全性高，但相应的成本也大大提升。在实际的运营中，快递公司对实际情况作出权衡，选择合适的运输方式。在整个运输过程中货物的损坏、延迟等是不可避免的，这会降低客户对快递公司的信任度，以致最终失去这批客户群体。而快递企业运输路线的合理选择对降低运输成本、损失率、储存成本也有很大作用，合理的运输路线规划和整个配送中心形成一个运送链，为整个配送提供有力的网络支持。如果整个运输过程中储存、运输等出现问题，会大大提高快递公司运营成本，且考虑客户对货物追踪的需求。需运用信息技术保障运输的可视化与安全性。装卸成本发生在运输的前后，快递业主要的装卸成本集中于人力成本，合理控制装卸环节的货物损坏率，加强对人工作业的监管，有助于降低装卸成本。

3) 信息管理成本

快递公司对客户的货物进行实时跟踪并提供相应信息，客户可在网上查询，这必然产生信息成本。快递业务的过程是复杂的多环节系统，各个环节通过信息紧密连接。首先，快递业务发生时收件员接件，将信息输入系统中；其次，入库时进行条形码扫描，再对货物进行分拣；最后，货物出库时扫描，并运送至目的地，到达站点的货物再进行分拣、派送。这一系列过程都需要精准的信息管理。由于行业的特征，快递企业的信息呈现高度动态性，随时更新信息对快递企业的信息系统要求更高，需要可视化程度高、信息处理能力强的系统。此外，信息系统应用也面临风险，当信息系统出现问题或安全风险，将导致业务的停滞与损失，所以在快递行业中信息管理成本巨大，需要实时的系统检测、建立更新庞大而完善的信息中心。

4) 增值服务成本

增值服务是指快递企业提供可增加客户服务的价值或区别于竞争者的服务。在现今快递行业竞争如此激烈的情况下，快递公司要想求得发展，必须提高企业的市场竞争力，发展迎合客户需求的增值服务，为企业带来新的利润空间。快递服务的服务产品具有不可感知性、服务的生产与消费不可分割性，一方面向客户提供产品运输、仓储、配送等服务；另一方面向客户提供更为重要的增值服务和信息服务等。这些服务具有不可储存、高固定成本、低变动成本的特性。而高质量的增值服务意味着高成本的投入，而消费者对价格敏感度比对服务产品的敏感度更高。目前我国的大部分快递企业服务属于低端服务过剩、中端服务不足、高端服务空白的状态。廉价的快递费用与低端的服务水平误导了消费者的价值取向，影响着我国快递行业的健康发展。因此，积极开拓具有市场价值和发展空间的增值服务将成为快递企业未来极具开拓性的发展方向。

3. 顺风速运成本控制策略及分析

1) 企业背景

顺丰速运于1993年成立，起初只承接广东与香港之间的快递业务，1996年进军国内快递市场，现今有逾7 800个基层营业网点、38家直属分公司、5间分拨中心、近200个中转场，覆盖了31个省(区、市)、300个中大城市及超过1 900个县级市或者城镇。顺丰速运专注快递中高端市场，注重服务质量经营方式，使其很快在全国快递市场占据了主导地位，成为行业内的领军企业。

2) 顺丰速运成本控制策略及分析

(1) 采用作业成本管理法，降低储存、装卸和运输成本。顺丰的主要作业环节包括收派、中转运输和分拣集散环节，管理协调和辅助生产环节作为支持系统。为了确保资源成本能准确追溯到产品标的，再根据作业流程和层次划分作业项目，根据资源动因和成本动因确定每项作业的成本，计算产品成本与赢利状况。作业成本管理法拓宽了成本核算和管理的范围，特别适用于快递公司这种多品种、小批量的生产方式，适合对成本归集进行全程管理。通过作业成本管理，可以给客户提供更多的服务和价值，再从提供的服务和价值来获取更多的利润。作业成本管理法是以成本动因为分配基础，通过不断更新改进系统可以使实际使用和实际需要的资源进行优化配置，协调整个资源流动过程，实时明确各部门岗位责任，揭露流程中的问题，优化经营管理决策，从源头降低企业成本。

(2) 采用直营模式，降低信息管理成本，夯实高服务质量。自营转型，势在必行。顺丰速运的直营模式成为我国快递行业的首个成功案例。顺丰速运的直营模式使企业从总部到分支机构再到受理点均实行标准化的管理流程，这使顺丰速运在服务的时效性和管理标准化方面获得压倒性的优势。通过对客户的深度式管理，既保障了客户的忠诚度，又有利于工作人员实时了解客户动态，降低经营风险。直营的管理模式使顺丰速运更易实施标准化流程与运作。顺风速运的成功案例也使得我国各快递公司竞相模仿，但却不能取得与顺丰速运同样的成就，这就说明快递企业应结合自身实际寻找适应自身发展的运营模式，并不断创新。

(3) 创新发展多元化产品，强化增值服务。顺丰速运在科学的成本模式下，为满足客户的不同需求，不断创新推出多款服务产品，如日到、隔日达、次晨达、顺丰优选、电商特惠、顺丰生鲜、顺丰特惠、国际件等。其标准快件采用标准定价和标准的操作流程，各业务环节以最快的速度进行发运、中转、分拣、派送等操作，并且对客户的快递产品进行相对标准的承诺。例如航空即日到服务，在当日规定的截单时间前确认收件，由专人携带，通过航空运输实现当日送达的门到门急件递送。不断地创新使顺丰速运在保障服务质量的同时有效降低运营成本。积极研发和引进先进的信息技术和设备，同时推进信息化和标准化的作业流程，提高运用信息技术的科学含量，以信息技术为支撑使得创新的产品和增值服务得以实现，为顺丰速运创造了更大赢利空间。

(资料来源：陈威，王晓宁. 快递业成本构成及顺丰速运成本控制 [J]. 物流技术，2015，34(7)：75-77.)

思考：

(1) 快递行业的成本由哪几部分组成？

(2) 顺丰速运采取了哪些措施降低成本？

安利公司物流成本的控制

安利公司在降低物流成本上到底有什么特别的秘诀呢？通过分析可以发现，安利公司采取的策略主要有4条：一是物流业务外包；二是降低配送成本；三是提高信息化水平；四是减少退货成本。

安利公司以物流业外包的形式降低运输成本。如以广州为中心的珠三角地区主要由安利公司的车队运输，其他绝大部分货物运输由第三方物流公司来承担。另外，全国几乎所有的仓库均为外租第三方物流公司的仓库，而核心业务，如库存设计、调配指令及储运中心的主体设施与运作则主要由安利公司的团队统筹管理。

安利公司通过高效率的配送来降低物流成本。通过实现效率化的配送，减少运输次数，提高装载率及合理安排配车计划，选择最佳的运送手段，从而降低配送成本。目前已有多家大型第三方物流公司承担安利公司大部分的运输业务。安利公司会派员定期监督和进行市场调查，以评估服务供货商是否提供具竞争力的价格，并符合安利公司要求的服务标准。这样，既能整合第三方物流公司的资源优势，与其建立坚固的合作伙伴关系，同时又通过对企业供应链的核心环节管理系统、设施和团队的掌控，保持自身的优势。

安利公司借助现代化的信息管理系统控制和降低物流成本。库存管理是安利主要核心环节的一部分，有效的管理库存能有效地降低安利的库存成本问题。在传统的手工管理模式下，企业很难对所有方面进行有效的管理，这样就难免产生很多不必要的浪费和费用支出。安利公司对仓库的信息系统管理投入很大，通过信息系统建设不仅可以提高办事效率及准确率；而且可以通过对以前信息的分析，以检查自己在哪些方面做的还不够，从而对其进行改进。

安利公司通过削减退货来降低物流成本。由于退货成本是企业物流成本中一项重要的组成部分，它往往占有相当大的比例，这是因为随着退货会产生一系列的物流费，退货商品损伤或滞销而产生的经济费用以及处理退货商品所需的人员费用和各种事务性费用，特别是存在退货的情况下，一般是商品提供者承担退货所发生的各种费用，而退货方因为不承担商品退货而产生的损失，因此，容易很随便地退回商品，并且由于这类商品大都数量较少，配送费用有增高的趋势。安利公司健全其后台的售后服务系统来降低其在退货环节的费用。由于安利公司的门店分布众多，用户能通过门店退货或是退换产品，节约了一部分的物流费用。另外，安利公司由物流配送中心的调度来进行退货的调度运输。

（资料来源：http://www.wangxiao.cn/wl/98851563698.html.）

思考：安利公司采取了哪些措施降低物流成本？

第 9 章 物流成本管理绩效评价

【教学目标与要求】
理解物流成本管理绩效评价的概念。
掌握平衡计分卡的实施步骤。
掌握战略成本管理的概念及内容。
了解物流成本管理绩效评价的原则。

导入案例

华润集团平衡计分卡的应用

1. 华润概况

华润(集团)有限公司(以下简称"华润集团")是一家在香港注册和运营的多元化控股企业集团,2003年归属国务院国有资产监督管理委员会直接管理,被列为国有重点骨干企业。集团核心业务包括消费品(含零售、啤酒、食品、饮料)、电力、地产、医药、水泥、燃气、金融等。华润的多元化业务具有良好的产业基础和市场竞争优势,其中零售、啤酒、电力、地产、燃气、医药已建立行业领先地位。

2. 平衡计分卡应用实例

(1) 财务层面。在财务层面,华润集团以提高股东价值为最终目标,从收入增长和生产率提升两大战略层面,将财务指标分为增加收入、提升客户价值、改善成本结构、提高资产利用率4个方面的细化指标。集团资金状况良好,现金流充裕,获利能力继续增强,整体资产素质继续改善。

(2) 客户层面。在客户层面,华润集团把满足客户需求为宗旨,在此基础上,从产品特征(如价格、质量、可获得性、可选择性、功能)、客户关系(如服务、伙伴)、企业形象(如品牌)三大层面将指标细分。主要评价指标有客户满意度、客户投诉量、客户保持度、新客户的获得率、客户获利能力、市场份额等。

(3) 内部流程层面。在内部流程层面,华润集团提出三大要求:不断创新、高效的运营管理,以及良好的客户管理。涉及的主要指标有创新方案实现率、新产品开发周期、主力客户获得率、供应商淘汰率、客户要求反应时间、优良品率等。在研发创新流程,华润水泥研发的利用水泥窑协同处理城市污水处理厂污泥项目,荣获中国建筑材料联合会技术改造类评比二等奖。华润信托不断致力于打造符合客户需求,有市场发展前景、能为公司带来长期稳定效益的产品。

(4) 学习与成长层面。在学习与成长层面,华润集团重点专注于建立创新的企业文化、关键员工的能力提升以及以客户为导向的IT支持。在创新企业文化方面进行以客户为导向的组织再造,进行员工创新文化调查;在提升员工能力方面对员工能力予以培训和评估,设置关键员工达标率;在建立IT支持方面进行全面的系统建设。华润集团在规范用工、改善薪酬福利、维护身心健康、关注职业发展、开展职业生涯规划等方面,采取有效措施,提升了员工价值,实现了员工与企业共同成长。首先,华润集团高度关注员工的健康安全,贯彻"以人为本,创造气氛活跃和安全舒适的工作环境,保证员工身心健康"的方针,加强健康安全管理,积极实施健康安全计划;其次,华润集团注重在员工发展方面形成体系,把集团的人才发展与培训工作系统划分为领导力发展中心、测评中心和华润大学3个层次,并推进其专业化建设。华润继续推进企业的高级人才发展计划,形成了集团多层次的高级人才发展体系。

(资料来源:李娟娟.华润集团平衡计分卡应用研究[J].合作经济与科技,2014(1):81-82.)

华润集团采用平衡计分卡方法，从财务、客户、内部运营、学习与成长4个维度，对企业的绩效进行了全面评价，取得了良好的成效。物流成本管理绩效评价是物流管理系统绩效评价的重要组成部分，是物流系统决策的重要依据。

9.1 物流成本管理绩效评价概述

9.1.1 物流成本管理绩效评价的概念及作用

1. 物流成本管理绩效评价的概念

物流成本管理绩效评价是指为达到降低企业物流成本的目的，运用特定的企业物流成本绩效评价指标，制定统一的物流评价标准，采用定量和定性相结合的方法，对企业物流成本管理系统状况进行的综合评价。物流成本管理绩效评价是物流管理系统绩效评价的重要组成部分，是物流系统决策的重要依据。企业通过对其物流成本管理绩效的纵向比较，有助于提高企业物流系统的运行效率与经济效益；企业通过与同行业其他企业物流成本管理绩效的横向比较，可以认清自身物流成本管理的优势和不足，为进一步完善企业物流系统提供依据。

2. 物流成本管理绩效评价的作用

1) 完善企业物流成本管理方法

物流成本管理绩效评价是企业物流管理的基础性工作。通过对物流成本各项指标的分析，结合绩效评价指标体系的构建原则和企业物流成本管理的具体特点，构建企业物流成本管理绩效评价指标体系，可以为企业物流成本管理提供系统的控制方法。

2) 为企业物流成本决策提供依据

企业通过对其自身物流成本管理系统的评价和行业物流成本管理系统的综合评价，将物流成本管理主要绩效指标应用于同行业不同企业的物流成本管理效率、效益的比较，及时发现物流成本管理中存在的问题，以便采取适当措施进行控制和完善，提高企业物流系统的效率和收益提供决策依据。

3) 进一步完善企业物流管理绩效评价体系

企业物流管理绩效在现代企业中受到越来越多的重视，物流成本管理绩效评价是企业物流管理绩效评价的重要组成部分。物流成本管理绩效评价可以进一步完善企业物流管理绩效评价系统，形成更为全面的企业物流管理绩效评价体系。

9.1.2 物流成本管理绩效评价的实施步骤

1. 建立绩效评价组织机构

绩效评价组织机构直接负责组织实施绩效评价活动，包括制订计划、选择评价方法、确定人员等工作。评价组织机构还可选聘有关专家作为绩效评价工作的咨询顾问。参加绩效评价工作的成员应具备以下基本条件：具有较丰富的物流成本管理、财务会计等专业知识，熟悉物流成本管理绩效评价业务，有较强的综合分析与判断能力。绩效评价工作负责人应有较长时间的经济管理工作经历，并能坚持原则、秉公办事。

2. 制定绩效评价工作方案

绩效评价工作方案包括以下内容。

(1) 评价对象。不同的企业可能具有不同的物流活动，因此必须首先确定企业的具体物流环节，明确评价工作的对象。在对物流企业进行成本绩效评价时，评价对象就是整个物流企业。

(2) 评价目标。物流成本绩效评价目标是整个评价工作的指南和目的。不同的评价目标决定了不同的评价指标、评价标准和评价方法的选择，其报告形式也不相同。

(3) 评价指标。评价指标是评价对象对应于评价目标的具体考核内容，是评价方案的重点和关键。评价指标包括定量指标与定性指标两部分。

(4) 评价标准。物流成本绩效评价标准取决于它的评价目标，常用的评价标准有年度预算标准和竞争对手标准等。

(5) 评价方法。有了评价指标和评价标准，还需要科学的方法对评价指标和标准进行实际运用，以取得公正合理的评价结果。在物流成本管理绩效评价中常采用平衡记分卡、目标管理和层次分析法等方法。

【拓展文本】

【拓展文本】

绩效报告的形式可根据评价目标来确定，如成本－服务报告、趋势报告等。

3. 收集与整理基础资料和数据

根据评价工作方案的要求及评价需要收集、核实与整理基础资料和数据，包括各项具体物流作业成本的基础数据；其他企业的评价方法及评价标准；企业历年物流成本绩效评价的报告资料等。

4. 评价计分

评价计分是绩效评价过程的关键步骤。根据评价工作方案确定的评价方法，利用收集整理的资料数据计算评价指标的实际值。

5. 编制报告

按绩效评价工作方案确定的报告形式，填写相应的评价指标值，并对评价指标数据进行分析，结合相关资料，得出评价结论。

9.1.3 物流成本管理绩效评价的原则

1. 系统性原则

系统是具有一定功能、一定目的并且相对独立的有机整体，它是由同类或相关事物按照一定的内在联系所构成的，即由内部相互作用和相互依赖的若干部分(或称为子系统)所组成，具有特定功能的有机整体。系统具有输入、转化、输出三大功能。

物流系统就是为实现物资的空间效用、时间效用和形质效用而设计的，由运输、仓储、包装、装卸、搬运、配送、流通加工、信息处理等基本功能要素(子系统)结合起来构成的有机整体。由于物流系统存在效益背反的现象，如要使企业物流系统的服务水平得到提高，就会增加物流成本；为了降低采购成本和运输费用而采用批量采购和批量运输，必然增大库存压力，增加库存成本；为了降低包装成本而采用简易包装，却增大了运输、装卸搬运和仓储的难度等。因此，物流成本管理绩效评价应注重从总体上进行系统分析，而不仅仅考虑某项物流功能成本的降低。

【拓展文本】

2. 可比性原则

企业物流成本管理绩效评价指标应具有纵向和横向可比性。通过对企业物流系统绩效进行纵向的比较，可客观地了解企业现行物流系统发展状况和在历史时期中所处的位置，有助于企业提高其物流系统的运行效率与经济效益；通过将企业物流系统绩效与市场中同行其他企业的物流系统综合评价值相比较，可了解企业物流系统现状在同行业中的位置，发现自己的优势与不足，以便于对企业物流系统进行改进。

3. 定性与定量相结合原则

企业物流系统绩效评价指标体系的设计应当满足定性指标与定量指标相结合的原则，单纯依靠定量指标并不能够科学、客观地评价企业的物流系统绩效，因为在影响企业物流系统绩效的因素中有很多是难以量化的定性因素，如物流信息化程度、从事物流工作员工的水平等，而这些指标往往对企业物流系统的可持续发展能力有着重要影响。因此，在对企业物流系统绩效进行评价时必须将定量与定性指标结合起来，才能得出客观的结果。

9.2 物流成本管理绩效评价指标体系的构成

物流成本管理绩效评价指标体系由定量评价指标与定性评价指标两部分构成。

9.2.1 定量评价指标

1. 单位销售收入物流成本率

物流成本率是物流成本考核最直接的衡量指标。一般而言，企业的物流成本包括运输成本、库存成本、装卸搬运成本、包装成本、流通加工成本、配送成本、物流信息成本等。物流成本率越低，说明单位销售额所消耗的物流成本越低，该企业物流系统运转流畅。其计算公式为

$$单位销售收入物流成本率 = \frac{物流成本总额}{销售收入} \times 100\% \qquad (9-1)$$

2. 物流成本利润率

物流成本利润率主要反映单位物流成本所获取的利润额，物流成本利润率越高，企业的赢利能力越强。其计算公式为

$$物流成本利润率 = \frac{利润总额}{物流成本总额} \times 100\% \qquad (9-2)$$

3. 物流成本占企业总成本的比率

物流成本占企业总成本的比率主要反映物流成本占企业总成本的比例，该指标越高说明企业在物流成本管理方面改进的空间越大。其计算公式为

$$物流成本占企业总成本的比率 = \frac{物流成本}{企业总成本} \qquad (9-3)$$

4. 货损货差赔偿费率

货损货差赔偿费率反映仓储及运输系统的服务质量，该指标越高，表明出库仓储作业精度越高，货差越小；运输子系统服务质量越高，货损数量越小。其计算公式为

$$货损货差赔偿费率 = \frac{报告期货损货差赔偿费总额}{报告期销售收入总额} \times 100\% \qquad (9-4)$$

5. 客户满意率

客户满意度是指客户对企业所提供的物流服务的满意程度。企业物流成本管理绩效评价的目的是在保证服务质量的前提下，提高物流系统运作效率，降低物流成本。物流服务的及时性、质量、市场需求的响应程度等诸多因素都能影响客户满意度，因此衡量难度较大，可以通过客户对企业提供的物流服务投诉率等指标间接反映客户的满意程度。其计算公式为

$$客户满意率 = \frac{客户满意次数}{企业物流服务总次数} \times 100\% \qquad (9-5)$$

顾客满意与顾客忠诚

顾客满意是指顾客对某一产品在满足其需要与欲望方面实际的与期望的程度的比较与评价。顾客忠诚是指顾客购买产品满意后所产生的对某一产品品牌或公司的信赖、维护和希望重购的心理倾向。开发一个新客户的成本一般比维系一个老客户的成本要高出5~10倍，而维系一位老客户给企业带来的价值比开发一个新客户的价值要大得多。据统计：一个满意的顾客会告诉1~5人；100个满意的顾客会带来25个新顾客；一个不满的顾客会把他糟糕的经历告诉10~20人；一个投诉不满的顾客背后有25个不满的顾客；投诉者的问题得到解决，会有60%的顾客愿意与公司保

持联系；投诉者的问题得到迅速解决，会有90%的顾客愿意与公司保持联系；投诉者比不投诉者更愿意与公司保持联系。

9.2.2 定性评价指标体系

物流成本管理定性评价指标体系由物流信息化程度、物流创新发展能力和物流标准化管理等方面内容构成。

1. 物流信息化程度

【拓展文本】

物流信息化是指企业运用现代信息技术对物流过程中产生的全部或部分信息进行采集、分类、传递、汇总、识别、跟踪、查询等一系列处理活动，以实现对货物流动过程的控制，从而降低成本、提高效益的管理活动。物流信息化是现代物流的灵魂，是企业物流系统发展的基石。物流信息化程度越高，越能准确、及时地提供信息，指导物流系统更有效的运作及发展。

2. 物流创新发展能力

创新是最有效的竞争，也是企业生存与发展最核心的问题。物流创新发展能力主要包括运营模式、激励机制、技术研发、营销能力等方面的创新。

海底捞差异化竞争与整合型战略创新

海底捞由1994年的一个路边麻辣烫小摊发展而来，以经营川味火锅为主，经过20多年的持续成长，已经发展成为大型跨省民营直营餐饮企业，在北京、上海、南京等多个城市拥有51家直营店、4个大型现代化物流配送基地和1个原料生产基地获大众点评网评出的"最佳服务餐厅"和"最受欢迎10佳火锅店"称号；连续3年获得"中国餐饮百强企业"名誉称号。

顾客在海底捞就餐的过程中会感受到贴心而周到的服务。包括到达餐厅(代客泊车)、引入、等位、点菜和就餐等全过程；海底捞开辟了较大的等位区，等位顾客可以在等位期间享受小吃、上网、涂指甲、下跳棋等免费服务；就餐过程中服务员会提供餐巾、手机套、衣服套和及时周到与发自内心的服务；安全、新鲜和足量的菜品与分餐等；就餐完毕后的送客等。海底捞服务水平大幅领先于竞争对手，甚至因此获得"变态服务"的美誉。不仅如此，海底捞的菜品质量和就餐环境也在行业中处于中上水平，其价格则处于中等水平，这使海底捞针对城市中青年及家庭顾客具有"高性价比"优势。在其前10年的经营中，海底捞一直在完善经营模式，包括提升后台和供应链管理效率；在2004年之后，海底捞进入较快速的直营店连锁扩张阶段，但这种扩张方式一直以聚焦重点区域、采用直营店和新店老员工必须有20%~30%为限制条件，这一方面是为了保证服务水准；另一方面可以通过稳步扩张利用规模经济降低成本，提升企业运营效率。

从竞争战略的角度看，海底捞采取了一种整合低成本与差异化战略。这是因为：一方面，海底捞通过优质服务创造了顾客价值(良好的顾客体验)，突显了其差异化竞争的一面；另一方面，海底捞通过集中配送、后台标准化流程、雇佣"低学历"员工以及连锁经营来达到降低成本的目标。这两方面的结合使得海底捞在中国餐饮行业实现了一种竞争战略创新，同时，其采取的集中区域和连锁直营的稳健增长战略进一步扩展了竞争优势。

需要强调的是，支撑海底捞这种独特的竞争与增长战略的是其人力资本发展战略和企业社会责任战略，这里的人力资本发展战略是指海底捞将员工作为竞争优势的核心，并通过创造公平、公正的工作环境使员工通过双手辛勤劳动创造价值的同时，获得自己想拥有的生活，改变自己的命运；社会责任战略是指海底捞将员工的家属——包括父母和孩子也纳入公司福利政策的考虑范围，从而部分地实现员工家庭医疗、教育等社会保障和福利功能。正像公司创始人、董事长张勇在解释给(领班以上)员工的父母每个月发几百元工资时所说的："我们的员工大多来自农村，他们的父母没有任何社会保险，海底捞就当给他们父母发保险了。如果他们不好好干，他们父母都帮我骂他们。"海底捞还在四川简阳投资建立了一所寄宿中学，让海底捞员工的孩子可以免费上学。这些特定的人力资本发展和企业社会责任战略，很好地适应了海底捞以农村打工者为主体的员工群体的多维需求，提升了员工满意度，并且与企业的竞争战略互相支持和强化。

中国餐饮业的平均员工流动率为28.6%，而海底捞低于10%，海底捞的顾客回头率高达50%，顾客满意度和口碑明显优于竞争对手，单店的日翻台次数为7次，新店从开业到回本赢利的周期为6个月，种种数据显示其经营业绩整体优于竞争对手。

(资料来源：李飞，米卜，刘会. 中国零售企业商业模式成功创新的路径 [J].
中国软科学，2013(9)：97-99.)

3. 物流标准化管理

只有实现了物流标准化，才能在国际经济一体化的条件下有效实施物流系统的科学管理，加快物流系统建设，促进物流系统与国际系统和其他系统的衔接，有效降低物流费用，提高物流系统的经济效益和社会效益。物流标准大致可分为三大类。

(1) 物流作为一个整体系统，其间的配合应有统一的标准。
(2) 大的物流系统又分为许多子系统，子系统中也要制定一定的技术标准。
(3) 工作标准及作业规范，是指对各项工作制定的统一要求及规范化规定。

9.2.3　物流成本管理绩效的控制与改进

物流成本管理绩效是物流运输、仓储、装卸搬运等各个子系统成本管理状况的综合反映。持续地控制与改进物流成本管理绩效是企业生存和发展的保证。用于物流成本管理绩效控制和改进的方法有很多，最常见的包括平衡计分卡、精益管理、标杆分析、物流战略成本管理等。

9.3　平衡计分卡

20世纪90年代，随着知识经济和信息技术的兴起，无形资产的重要性日益凸显，人们对以财务指标为主的传统企业绩效评价模式提出了质疑。在此背景下，美国哈佛大学商学院教授罗伯特·S.卡普兰和复兴国际方案公司总裁戴维·P.诺顿针对企业组织的绩效评价创建了平衡计分卡。

9.3.1 平衡计分法的基本思想

平衡计分卡是从财务、客户、内部运营、学习与成长 4 个维度，将组织的战略落实为可操作的衡量指标和目标值的一种新型绩效管理体系。在财务、客户、内部运营、学习与成长 4 个维度中，财务维度是最终目标，顾客维度是关键，企业内部运营维度是基础，学习与成长维度是核心。设计平衡计分卡的目的就是要建立"实现战略制导"的绩效管理系统，从而保证企业战略得到有效的执行。因此，人们通常称平衡计分卡是加强企业战略执行力的最有效的战略管理工具。平衡计分卡评价指标体系具体包括以下内容。

1. 财务评价指标

财务业绩指标可以显示企业的战略及其实施和执行是否对改善企业赢利作出贡献。从物流成本管理角度出发，主要的物流成本控制指标有单位销售收入物流成本率、物流成本利润率、物流成本占企业总成本的比率等指标。

2. 客户评价指标

众所周知，客户已经成为当今企业经营发展的一个重心，客户的维持和开发也已经成为实现企业战略的最重要的基石之一。企业应以目标顾客和目标市场为导向，应当专注于是否满足核心顾客需求。客户最关心的不外乎 5 个方面：时间、质量、性能、服务和成本。企业必须为这 5 个方面树立清晰的目标，然后将这些目标细化为具体的指标。客户评价指标衡量的主要内容包括市场份额、老客户挽留率、新客户获得率、顾客满意度、从客户处获得的利润率等。

3. 内部运营指标

建立平衡计分卡的顺序，通常是先制定财务和客户方面的目标与指标，再制定企业内部流程方面的目标与指标，这个顺序使企业能够抓住重点，专心衡量那些与股东和客户目标息息相关的流程。内部运营绩效考核应以对客户满意度和实现财务目标影响最大的业务流程为核心。内部运营指标既包括短期的现有业务的改善，又涉及长远的产品和服务的革新。内部运营指标涉及企业的创新过程、经营过程和售后服务过程。

4. 学习与成长指标

学习与成长的目标和指标为其他 3 个方面提供了基础架构，是上述平衡计分卡 3 个方面获得卓越成果的动力。面对激烈的全球竞争，企业今天的技术和能力已无法确保其实现未来的业务目标。削减对企业学习和成长能力的投资虽然能在短期内增加财务收入，但由此造成的不利影响将在未来对企业带来沉重打击。学习和成长指标涉及员工的能力、信息系统的能力与激励、授权与相互配合。

平衡计分卡 4 个维度的关系如图 9.1 所示。

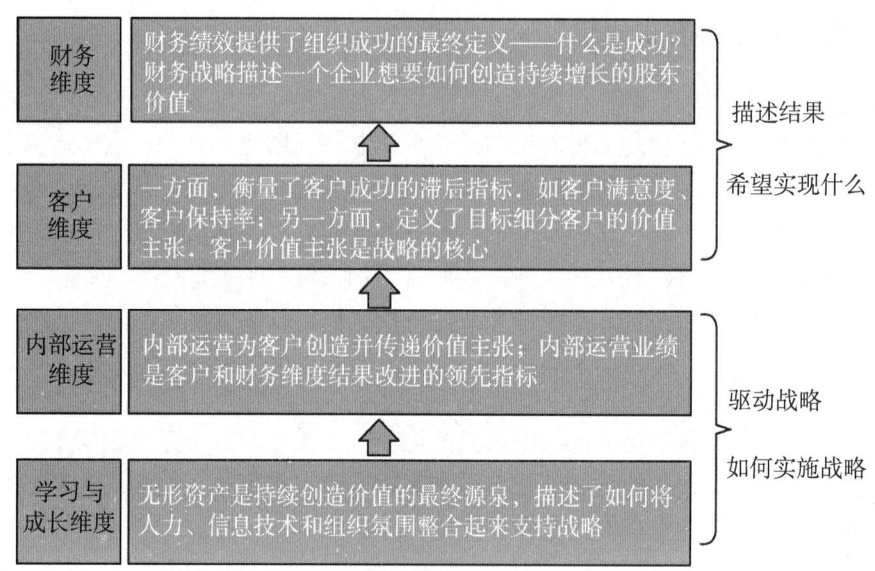

图 9.1 平衡计分卡 4 个维度的关系

9.3.2 平衡计分卡在物流成本管理绩效评价中的意义

1. 从战略角度评价物流成本管理的绩效

平衡记分卡主要是通过 CSF(Ctitical Success Factor，关键成功因素)和 KPI(Key Performance Indicators，关键绩效指标)相结合来设置绩效评价体系，并通过财务、客户、内部运营、学习与成长四方面指标之间相互作用的因果关系链来表现物流成本管理和控制的轨迹，从而实现绩效评价与绩效改进以及战略实施与战略修订的目的。

2. 全面地评价物流成本管理的绩效

企业物流管理肩负着"降低物流成本"和"提高服务水平"两大任务。平衡计分卡在吸收原有绩效管理系统的优点的基础上又增加了客户、内部经营过程及学习与成长等非财务指标来补充财务指标以弥补其不足。

9.3.3 平衡计分卡的实施步骤

平衡计分卡的实施主要可分为制定企业远景目标与发展战略，把组织经营战略转化为一系列的衡量指标，将战略与企业、部门、个人的短期目标挂钩，战略的具体实施、反馈和中期调整、修正，建立健全的考核体系，根据平衡计分卡的完成情况进行奖惩等步骤，具体如下。

1. 制定企业远景目标与发展战略

平衡计分卡贯穿于企业战略管理的全过程。由于应用平衡计分卡，是把组织经营战略转化为一系列的目标和衡量指标。因此，平衡计分卡对企业战略有较高的要求，企业应在符合和保证实现企业使命的条件下，在充分利用环境中存在的各种机会和创造机会的基础上，确定企业同环境的关系，规定企业从事经营范围、成长方向和竞争对策，合理调动企业结构和分配企业的全部资源，从而使企业获得竞争优势，制定适合本企业成长与发展的企业远景目标与发展战略。

2. 把组织经营战略转化为一系列的衡量指标

平衡计分卡是一个战略实施机制，它把组织的战略和一整套的衡量指标相联系，弥补了制定战略和实施战略间的差距，能使企业战略有效的实施。为了使企业战略有效实施，可逐步把组织战略转化为财务、客户、内部运营、学习与成长4个方面的衡量指标。

3. 将战略与企业、部门、个人的短期目标挂钩

平衡计分卡中的目标和衡量指标是相互联系的，这种联系不仅包括因果关系，最终反映了企业战略。绩效考核指标选定后，则需要确定每一指标的所对应的具体目标，进行战略目标分解。在战略分解过程中，要求在保证企业目标实现的前提下层层分解，并在分解过程中上下沟通，达到共识，从而形成上下一致、左右协调的绩效考核目标。目标分解过程是员工和上级协商制定考核目标，然后以这些目标作为绩效考核的基础。

4. 战略的具体实施、反馈和中期调整、修正

在计划的实施过程中，上级要及时有效的检查监督，并根据内外情况的变化，作出合理的调整。为了计划有效的实施，企业应建立畅通的反馈渠道，使员工在实施过程中所遇到的问题能够及时解决。

5. 建立健全考核体系，根据完成情况进行奖惩

建立健全考核体系，将员工奖金、晋升、教育培训等与员工所完成平衡计分卡的情况直接挂钩，对平衡计分卡完成好的员工进行奖励，对完成不佳的员工提出改进措施；在晋升方面，建立优胜劣汰、能上能下的机制，激发员工的热情和潜力，最大限度地开发和利用企业的人力资源，从而提高整个企业的绩效水平。

相关链接

中外运敦豪实施平衡计分卡的启示

中外运敦豪(全称为中外运敦豪国际航空快递有限公司)是1986年由中国对外贸易运输集团总公司和敦豪环球快递两家公司各注资一半成立。随着中国的经济迅速增长，中外运敦豪也得到了迅速的发展。

中外运敦豪在北京、上海和广州3个合资公司实行卡普兰的作业成本法，并对其运用所取得的成果非常满意。同时，他们开始关注卡普兰的另一个管理理论——平衡计分卡。中外运敦豪认识到平衡计分卡理论正好能够配合内部的组织结构变革，帮助公司全体员工统一认识，制定一个把管理目标和薪酬系统相结合的战略管理模式，因此决定实行平衡计分卡。他们认为，平衡主要体现在4个方面：内部和外部、短期和长期、结果和动机、数量和质量。

中外运敦豪在设计、执行平衡计分卡过程中，在以下几方面做得较为出色：①总经理亲自挂帅；②平

衡计分卡作为战略管理工具使用；③在平衡计分卡指标设计上充分考虑差异性；④加强沟通与员工培训；⑤平衡计分卡与预算管理和薪酬制度相结合使用。

（资料来源：http://www.exam8.com/zige/wuliu/anli/201008/1563638.html.）

9.4 标杆分析

9.4.1 标杆分析法的概念及作用

标杆分析法是将本企业各项活动与从事该项活动最佳者进行比较，从而提出改进方案，以弥补自身的不足。它是将本企业经营的各方面状况与竞争对手或行业内外一流的企业进行对照分析的过程，是一种评价自身企业和研究其他组织的手段，是将外部企业的持久业绩作为自身企业的内部发展目标并将外界的最佳做法移植到本企业的经营中去的一种方法。

【拓展文本】

标杆分析在成本控制中的用途是多重的。首先，它是企业进行优势与弱点分析的有效手段，能确定竞争者中最佳实务及其成功因素，并且通过价值链和成本动因分析后，能认识企业自身的优势与威胁，是 SWOT 分析方法的基础。其次，标杆分析可以改进企业实务，通过与最佳实务相比，明确企业需改进的方面，并提供方法与手段。最后，标杆分析为业绩计量提供了一个新基础，它以合适的成本指标为标准计量业绩，使各部门目标确定在先进合理水平的基础上，成本绩效考核具有科学性。

9.4.2 标杆分析法的实施步骤

1. 确定实施标杆分析活动的对象

企业的资源和时间是有限的，因此开展标杆分析活动应当集中于那些对于改进影响物流成本的关键因素。因为物流是一个大系统，由各个子系统构成，影响物流成本的因素很多，因此要找出影响物流成本的关键因素，并加以改进。

2. 明确物流成本的现状

标杆分析主要通过调查、观察和内部数据分析，真正了解现状。在这一步骤中，企业必须绘制出详细的流程图，将本企业物流成本当前状况反映出来。这项工作对于标杆分析活动的成功是至关重要的，一张详细的流程图有助于企业就当前过程的运行方式、所需的时间和成本、存在的缺点和失误等达成共识，这一步工作做不好，即使同所学标杆的先进过程进行比较，也难以揭示出自身过程中所存在的不足。

3. 选择标杆分析的标杆

分析的标杆要根据各方面的信息来确定，通常可以有 4 种类型的标杆，即本企业内部的不同部门、直接的竞争对手、同行企业，以及全球范围内的领先者。许多企业在刚开始推行标杆分析活动时，通常都是从内部的标杆开始的，这样有利于积蓄经验，锻炼队伍。面向全球领先者的标杆分析是开展这一活动的最高境界。

4. 确定并实施改进方案

通过收集和分析所选定的标杆信息，形成能反映其优势的完整资料，并找出自己所存在的差距，由项目小组有关人员提出物流成本改进方案，在企业内部达成共识，推动方案的有效实施。

9.5 企业战略成本管理

战略成本管理是成本管理与战略管理有机结合的产物，是传统成本管理对竞争环境变化所作出的一种适应性变革。所谓战略成本管理，就是以战略的眼光从成本的源头识别成本驱动因素，对价值链进行成本管理，即运用成本数据和信息，为战略管理的每一个关键步骤提供战略性成本信息，以利于企业竞争优势的形成和核心竞争力的创造。

9.5.1 企业实施战略成本管理的意义

1. 战略成本管理的形成和发展，有利于企业参与市场竞争

由于全球性竞争日益激烈，传统的成本管理已不再适应经济的发展，而战略管理的产生和发展很好地适应了经济发展的需求。成本是战略决策的关键，是决定企业产品或劳务在竞争中能否取得份额以及占有多少份额的关键因素，而影响竞争的成本是企业的战略成本，而非传统的经营成本。

2. 战略成本管理是建立和完善企业现代成本管理体系，加强企业成本管理的必然要求

现代成本管理是企业全员管理、全过程管理、全环节管理和全方位管理，是商品使用价值和商品价值结合的管理，是经济和技术结合的管理。在现代成本管理中，战略成本管理占有十分重要的地位，它突破了我国传统成本管理把成本局限在微观层面上的研究领域，把重心转向企业整体战略这一更为广阔的研究领域。

3. 战略成本管理的有效应用和实施，有利于更新我国企业成本管理的观念

在传统成本管理中，成本管理的目的被归结为降低成本，节约成了降低成本的基本手段。不可否认，在成本管理中，节约作为一种手段是毋庸置疑的，但它不是唯一的手段，现代成本管理的目的"应该是以尽可能少的成本支出，获得尽可能多的使用价值，从而为赚取利润提供尽可能好的基础"，从而提高成本效益。从战略成本管理的视角出发来分析成本管理的这一目标，不难发现，成本降低是有条件和有限度的。另外，如果企业以较低的成本升幅，而取得更高的使用价值，从而大大提高企业的经济效益，这样的方案也是有价值的方案。企业采用哪种成本战略，取决于企业的经营战略和竞争战略，成本管理必须为企业经营管理服务。

4.战略成本管理的有效应用和实施，有利于加强企业的经营管理，改善企业的经营业绩

战略成本管理是战略管理顺利实施的基石，应用战略成本管理有助于企业从战略的角度把握企业的成本管理。通过战略定位、价值链分析、成本动因分析、作业成本法等各种方法，将我国成本管理从仅限于企业内部扩展到企业外部，利用不同的成本管理重点来支持企业不同的竞争战略。

9.5.2 战略成本管理与传统成本管理的关系

传统的成本管理是要实现简单的"降低成本"，强调以企业内部价值链耗费为基础，通过管理手段对现实生产活动加以指导、规范和约束，最大限度地降低企业各种经营活动成本，以实现成本最小化和利润最大化。其弊端突出表现为缺乏对企业外部环境分析，丧失了成本管理前瞻性，约束了成本管理创新，难以与战略管理协调，不能为企业战略管理提供决策有用的成本信息。

战略成本管理的首要任务是要关注企业在不同战略下如何组织成本管理，即将成本信息贯穿于战略管理整个循环之中，通过对公司成本结构、成本行为的全面了解、控制与改善，寻求长久的竞争优势，正如迈克尔·波特所讲的取得"成本优势"，成本优势是战略成本管理的核心，主要是指企业以较低的成本提供相同的使用价值，或者使成本小幅升高，而使产品使用价值大幅提高，进而产生相对于竞争对手的优势。其不仅拓宽了成本管理空间范围，将成本管理对象从单纯地关注企业内部活动延伸到企业外部活动，而且拓宽了成本管理时间范围，将成本管理的时间跨度从日常管理的层次提升到战略管理层次，同时也创新了成本管理的方法和手段，更好地满足了战略管理对成本信息的需求。

战略成本管理是对传统成本管理的发展，战略成本的提出基于战略管理需要，是将成本信息的分析利用贯穿于战略管理循环，有利于企业优势的形成和核心竞争力的创造。

9.5.3 战略成本管理的基本框架

1.价值链分析

每一种最终产品从其最初的原材料投入至到达最终消费者手中，要经过无数个相互联系的作业环节，这就是作业链。这种作业链既是一种产品的生产过程，又是一种价值形成和增值的过程，从而形成竞争战略竞争上的价值链。

1) 行业价值链分析与企业价值链分析

由作业特性决定，价值链一般按行业构成，相关行业之间有交叉价值链。任何一个企业均位于某行业价值链中的某一段，企业内部也可分解为许多单元价值链。每个价值链既会产生价值，同时也要消耗资源。进行企业价值链分析，可以确定单元价值链上的成本与效益。根据企业的战略目标而进行价值作业之间的权衡、取舍，调整各价值链之间的关系。如果企业价值链上的所有活动的累计总成本小于竞争对手时，就具有了战略成本优势。在战略成本管理中，往往突破企业自身价值链，把企业置身于行业价值链中，从战略高度进行分析，是否可以利用上、下游价值链进一步降低成本，或调整企业在行业价值链中的位置及范围，以取得成本优势。

2) 竞争对手价值链分析

竞争对手价值链分析是指在行业中往往存在生产同类产品的竞争者。竞争对手的价值链和本企业价值链在行业价值链中处于平行位置。通过对竞争对手价值链的分析，测算出竞争对手的成本与之进行比较，根据企业的不同战略，确定扬长避短的策略争取成本优势。

2. 成本动因分析

作业影响成本，动因影响作业，因此动因是引起成本发生的根本原因。成本动因可分为两个层次：一是微观层次的与企业的具体生产作业相关的成本动因，如物资消耗、作业量等；二是战略层次上的成本动因，如规模、技术多样性、质量管理等。成本动因分析超出了传统成本分析的狭隘范围(企业内部、责任中心)和少量因素(产量、产品制造成本要素)，而代之以更宽广、与战略相结合的方式来分析成本。战略成本动因对成本的影响比重比较大，可塑性也大，从战略成本动因来考虑成本管理，可以控制住企业日常经营中的大量潜在的成本问题。战略成本动因又可大体分为结构性成本动因和执行性成本动因两大类。

结构性成本动因是指与组织企业基础经济结构和影响战略成本趋势相关的成本驱动因素，通常包括：①在研究开发、制造、营销等方面的投资规模；②企业价值链的纵向长度和横向宽度，前者与业务范围有关，后者与规模相关；③熟练程度的积累，通常与企业目前作业的重复次数相关；④企业在每一个价值链活动中所运用的技术处理方式；⑤提供给客户的产品、服务的种类。结构性成本动因分析就是分析以上成本驱动因素对价值链活动成本的直接影响以及它们之间的相互作用对价值链活动成本的影响，最终可归纳为一个"选择"问题：企业采用何等规模和范围，如何设定目标和总结学习经验，如何选择技术和多样性等，这种选择能够决定企业的"成本地位"。结构性成本动因分析根据其属性无疑是企业在经济结构层面的战略选择。

执行性成本动因是指与企业执行作业程序相关的成本驱动因素，通常包括：①劳动力对企业投入的向心力；②全面质量管理；③能力利用；④企业的各种价值链活动之间相互联系。执行性成本动因与结构性成本动因有着不同的性质，在企业基础经济结构既定的条件下，通过执行性成本动因分析，可以提高各种生产执行性因素的能动性及优化它们之间的组合，从而使价值链活动达到最优化而降低价值链总成本。

3. 战略定位分析

1) 成本领先战略

成本领先战略是诸战略中最为明确的一种。在这种战略指导下，企业的目标是要成为其产业中的低成本生产(服务)厂商，也就是在提供的产品(或服务)的功能、质量差别不大的条件下，努力降低成本来取得竞争优势。如果企业能够创造和维持全面的成本领先地位。那它只要将价格控制在产业平均或接近平均的水平，就能获取优于平均水平的经营业绩。在与对手相当或相对较低的价位上，成本领先者的低成本优势将转化为高收益。成本领先战略的逻辑要求企业就是成本领先者，而不是成为竞争这一地位的几个企业之一，所以，成本领先是一种格外强调先发制人策略的一种战略。成本领先战略可通过大规模生产、学习曲线效应、严格的成本控制来实现，企业必须发现和开发所有成本优势资源。

2) 差异化战略

当一个企业能够为买方提供一些独特的、对买方来说不仅仅是价格低廉的产品时，这个企业就具有了区别其他竞争对手的经营差异性。差异化战略要求企业就客户广泛重视的一些方面在产业内独树一帜，或在成本差距难以进一步扩大的情况下，生产比竞争对手功能更强、质量更优、服务更好的产品以显示经营差异。当然，这种差异应是买方所希望的或乐意接受的。如能获得差异领先的地位，就可以得到价格溢价的报酬，或在一定的价格下出售更多的产品，或在周期性、季节性市场萎缩期间获得诸如买方忠诚等相应的利益。差异化战略的逻辑要求企业选择那些有利于竞争的并能使自己的经营独具特色的性质，重在创新。

虽然经营差异包括了质量，但其含义要广阔得多，经营差异化战略是通过价值链全方位为买方创造价值。

经营差异的代价一般较高，它不能直接降低成本，但可以通过价格溢价或增加销售量相对降低总成本。只要企业获得的总收益超过为经营差异而追加的成本，经营差异就会使企业获得竞争优势。

3) 目标集聚战略

目标集聚战略是主攻某个特定的顾客群、某种产品系列的一个细分区段或某一个细分市场，以取得在某个目标市场上的竞争优势。这种战略的前提是：企业能够集中有限的资源以更高的效率、更好的效果为某一狭窄的战略对象服务，从而超过在更广阔范围的竞争对手。目标集聚战略有两种形式：一是成本领先目标集聚战略，寻求在目标市场上的成本优势；二是差异领先目标集聚战略，追求目标市场上的差异优势。目标集聚战略通常选择对替代品最具抵抗力或竞争对手最弱之处作为企业的战略目标。采用目标集聚战略的企业同样具有取得超过产业平均收益的能力，如果企业能够在某个目标市场上获得成本领先或差异领先的地位，并且这一目标市场的产业结构很有吸引力，那么实施该战略的企业将会获得超过其产业平均水平的收益。

4) 生命周期战略

产品生命周期理论认为，任何产品从导入市场到最终退出市场都是一个有限的生命周期，这个周期可由几个明显的阶段加以区分，分别为产品的导入期、成长期、成熟期和衰退期。在不同的阶段，企业会面临不同的机会和挑战，因而需采取不同的阶段策略。产品生命周期战略可以很好地指导企业的战略成本管理。在导入期和成长期，可采取发展战略，以提高市场份额为战略目标，加大投入，重视差异领先，甚至不惜牺牲短期收益和现金流量；在成熟期，可采取固守战略，以巩固现有市场份额和维持现有竞争地位为目标，重视和保持成本领先，尽可能延长本期间；在衰退期，可采取收获与撤退战略，以预期收益和现金流量最大化为战略目标，甚至不惜牺牲(有时是主动退出)市场份额。产品生命周期战略充分体现了战略成本管理的长远性思想，不仅适用于产品的生命周期，也适用于企业的生命周期乃至产业的生命周期。

5) 整合战略

整合可以扩张企业的价值链活动。横向整合扩大企业业务规模；纵向整合则往往超越企业的业务范围，沿行业价值链方向向前或向后延伸整合。运用整合战略，调整(增加或解除)整合程度,可以重构企业价值链,提高企业整体赢利水平。

一项价值活动的成本常受制于规模经济或规模的不经济。规模经济产生于以不同的方式和更高的效率来进行更大范围的活动能力,意味着满负荷运行的活动在较大的规模上效率更高。横向整合扩大规模。规模与经济并不是正比例直线相关,随着规模的扩大,协调的复杂性和非直接成本的跳跃式增力,可能导致某项价值活动中规模的不经济。正确运用横向整合战略,控制规模适度,可取得成本优势及最佳成本效益比。

一项价值活动的纵向整合的程度也会影响其成本,如有关自制还是购买的战略决策就涉及前后整合的选择问题。纵向整合可以避免利用市场成本,回避强有力的竞争供方或买方,也可以带来联合作业的经济性等,从多方面降低成本。纵向整合不可避免地有成本支出,也不言而喻地有利益期望。在任何战略成本决策中,成本和利益都是必须同时考虑的。当由于资源条件的限制,或更加有利可图、更加容易实现时,也可采用有限整合或准整合战略。有限整合对供应商与顾客设立了严格的限制,可以避免为抵消议价实力而进行完全整合的必要性。准整合是指在纵向相关的业务间建立一种关系(介于长期合同和完全拥有所有权之间),可以在不发生全面成本的情况下取得纵向整合的一些或许多利益。

当内外部环境变化,企业进行战略目标调整,根据企业现有内部职能,若解除(或部分解除)整合时能够降低价值链活动成本而又很少影响企业收益时,解除(或部分解除)整合也是一种可选的方案。整合战略充分体现了战略成本管理的全局性思想。

4. 战略管理的基本步骤

战略环境分析是战略成本管理(初始或循环)的逻辑起点。通过对企业战略成本管理内部资源和外部环境的考察,评判企业现行战略成本的竞争地位——强项、弱点、机会、威胁等,以决定企业是否进入、发展、固守或是撤出某一行业的某一段价值链活动。战略环境分析的基本方法是价值链分析,通过对行业价值链分析以了解企业在行业价值链中所处的位置;对企业内部分析以了解自身的价值链;对竞争对手分析以了解竞争对手的价值链,从而达到知己知彼,洞察全局,以确定战略成本管理的方向。

1) 制定战略规划

经过环境分析,确定企业是否进入、发展、固守或撤出某一行业某一段价值链活动后,下一步就是进行战略规划以确定企业如何进入、发展、固守或撤出该价值链活动。战略规划首先在明确战略成本管理方向的基础上确定战略成本管理的目标,包括总目标(全面的、长期的目标)和一系列具体目标。各目标之间须保持一致性和层次性,组成目标网络。准确的目标有助于战略的制定、实施和控制。为了实现所确定的目标,根据企业内部资源、外部环境及目标要求,制定相应的基本战略、策略及实施计划。

2) 战略实施与控制

战略实施按实施计划中的要求与进度进行。在战略实施过程中,由于内部资源,外部环境的变化,会使实施过程产生偏差,因此须进行战略控制。战略控制包括确立预期工作成效的标准,对照标准,衡量偏差,辨析与纠正偏差,从而控制成本动因。企业只有控制成本动因,特别是主要价值链活动的成本动因,才能真正控制成本,保证战略成本管理目标的实现。战略控制的基本方式有前馈控制和反馈控制，控制过程包含研究控制因子，确定控制标准、及时处理与传送控制信息等。战略控制系统应由企业层次、业务单元层次、作业层次组成一体化的控制系统，实行全面的、全过程的控制。当战略目标已实现，或内、外部条件发生重大变化，超过了控制能力时，则需进行战略调整，即重新开始进行战略环境分析、战略规划等进入新一轮循环。

3) 战略业绩计量与评价

战略业绩计量与评价是战略成本管理的重要组成部分。业绩计量与评价通常包括业绩指标的设置、考核、评价、控制、反馈、调整、激励等。传统的业绩指标主要是面向作业的。缺少与战略方向和目标的相关性，有些被企业鼓励的行为其实与企业战略并不具有一致性。因此，须将战略思想贯穿于战略成本管理的整个业绩评价之中，以竞争地位变化带来的报酬取代传统的投资报酬指标。

战略业绩指标应当具有以下基本特征。

(1) 全面体现企业的长远利益。
(2) 集中反映与战略决策密切相关的内外部因素。
(3) 重视企业内部跨部门合作的特点。
(4) 综合运用不同层次的业绩指标。
(5) 充分利用企业内、外部的各种(货币的、非货币的)业绩指标。
(6) 业绩的可控性。
(7) 将战略业绩指标的执行贯穿于计划过程和评价过程。

战略业绩计量与评估需在财务指标与非财务指标之间求得平衡，它既要能肯定内部业绩的改进，又借助外部标准衡量企业的竞争能力；它既要比较成本管理战略的执行结果与最初目标，又要评价取得这一结果的业务过程。具体方法是比较"不采取战略行动"和"采取战略行动"条件下企业竞争地位的变化而带来的相对收益或损失。

9.6 精益物流

9.6.1 精益物流的含义与意义

精益物流是起源于日本丰田汽车公司的一种物流管理思想，其核心是追求消灭包括库存在内的一切浪费，并围绕此目标发展的一系列具体方法。它是从精益生产的理念中蜕变而来的，是精益思想在物流管理中的应用。

精益思想的核心就是以越来越少的投入——较少的人力、较少的设备、较短的时间和较小的场地创造出尽可能多的价值；同时也越来越接近用户，提供他们确实需要的东西。精确地定义价值是精益思想关键性的第一步；确定每个产品(或在某些情况下确定每一产品系列)的全部价值流是精益思想的第二步；紧接着就是要使保留下来的、创造价值的各个步骤流动起来，使需要若干天才能办完的订货手续在几小时内办完，使传统的物资生产时间由几个月或几周减少到几天或几分钟；随后就要及时跟上不断变化着的顾客需求，因为一旦具备了在用户真正需要的时候就能设计、安排生产和制造出用户真正需要的产品的能力，就意味着可以抛开销售，直接按用户告知的实际要求进行生产。这就是说，可以按用户需要拉动产品，而不是把用户不想要的产品硬推销给用户。

精益思想的理论诞生后，物流管理学家则从物流管理的角度进行了大量的借鉴工作，并与供应链管理的思想密切融合起来，提出了精益物流的新概念。精益物流理论的产生，为我国的传统物流企业提供了一种新的发展思路，为这些物流企业在新经济中生存和发展提供了机会。精益物流理论符合现代物流的发展趋势，该理论所强调的消除浪费、连续改善是传统物流企业继续生存和发展必须具备的根本思想，它使传统物流企业的经营观念转变为以顾客需求为中心，通过准时化、自动化生产不断谋求成本节约，谋求物流服务价值增值的现代经营管理理念。可以说，基于成本和时间的精益物流服务将成为中国物流业发展的驱动力。

9.6.2 精益物流的基本内容

1. 以客户需求为中心

在精益物流系统中，顾客需求是驱动生产的源动力，是价值流的出发点。价值流的流动要靠下游顾客来拉动，而不是依靠上游的推动。当顾客没有发出需求指令时，上游的任何部分不提供服务；而当顾客需求指令发出后，则快速提供服务。系统的生产是通过顾客需求拉动的。

2. 准时

在精益物流系统中，电子化的信息流保证了信息流动的迅速、准确无误，还可有效减少冗余信息传递，减少作业环节，消除操作延迟，这使得物流服务准时、准确、快速，具备高质量的特性。

产品在流通中能够顺畅、有节奏地流动是物流系统的目标，而保证产品的顺畅流动最关键的是准时。准时的概念包括产品在流动中的各个环节按计划按时完成，包括交货、运输、中转、分拣、配送等环节。物流服务的准时概念是与快速同样重要的方面，也是保证产品在流动中的各个环节以最低成本完成的必要条件，还是满足客户要求的重要方面之一。准时是保证物流系统整体优化方案能得以实现的必要条件。

3. 准确

准确包括准确的信息传递、准确的库存、准确的客户需求预测、准确的送货数量等。准确是保证物流精益化的重要条件之一。

4. 快速

精益物流系统的快速包括两个方面含义：一是物流系统对客户需求反应速度；二是产品在流通过程中的速度。物流系统对客户个性需求的反应速度取决于系统的功能和流程。

当客户提出需求时，物流系统应能对客户的需求进行快速识别、分类，并制定与客户要求相适应的物流方案。客户历史信息的统计、积累会帮助制定快速的物流服务方案。

产品在物流链中的快速性体现在产品停留的节点最少，流通所经路径最短，仓储时间最合理，并达到整体物流的快速。速度体现在产品和服务上是影响成本和价值的重要因素，特别是市场竞争日趋激烈的今天，速度也是竞争的强有力手段。快速的物流系统是实现货品在流通中增加价值的重要保证。

5. 降低成本

精益物流系统通过合理配置基本资源，以需定产，充分合理地运用优势和实力；通过电子化的信息流，进行快速反应、准时化生产，从而消除诸如设施设备空耗、人员冗余、操作延迟和资源等浪费，保证其物流服务的低成本。

6. 系统集成

精益系统是由资源、信息流和能够使企业实现"精益"效益的决策规则组成的系统。精益物流系统则是由提供物流服务的基本资源、电子化信息和使物流系统实现"精益"效益的决策规则所组成的系统。

具有能够提供物流服务的基本资源是建立精益物流系统的基本前提。在此基础上，需要对这些资源进行最佳配置。资源配置的范围包括设施设备共享、信息共享、利益共享等。只有这样，才能最充分地调动优势和实力，合理运用这些资源，消除浪费，最经济合理地提供满足客户要求的优质服务。

7. 信息化

高质量的物流服务有赖于信息的电子化。物流服务是一个复杂的系统项目，涉及大量繁杂的信息。电子化的信息便于传递，这使得信息流动迅速、准确无误，保证物流服务的准时和高效；电子化信息便于存储和统计，可以有效减少冗余信息传递，减少作业环节，降低人力浪费。此外，传统的物流运作方式已不适应全球化、知识化的物流业市场竞争，必须实现信息的电子化，不断改进传统业务项目，寻找传统物流产业与新经济的结合点，提供增值物流服务。使系统实现精益效益的决策规则包括使领导者和全体员工共同理解并接受精益思想，即消除浪费和连续改善，用这种思想方法思考问题、分析问题，制定和执行能够使系统实现精益效益的决策。

9.6.3 精益物流的实施步骤

我国企业发展精益物流，应当分步骤实施，一般应分为两步。

1. 企业系统的精益化

（1）组织结构的精益化。由于我国的大多数企业在计划经济中所形成的组织结构，制约着企业的变革。因此，企业要发展物流，应当利用精益化思想减少中间组织结构，实施扁平化管理。

(2) 系统资源的精益化。我国的传统企业存在着众多计划经济下遗留的资源，但如果不进行整合、资源重组，则很难与其他大型物流企业进行竞争，将有可能把自己的优势变为劣势。

(3) 信息网络的精益化。信息网络系统是实现精益物流的关键，因此，建立精益化的网络系统是先决条件。

(4) 业务系统的精益化。实现精益物流首先要对当前企业的业务流程进行重组与改造，删除不合理的因素，使之适应精益物流的要求。

(5) 服务内容及对象的精益化。由于物流本身的特征，即不直接创造利润，所以，在进行精益物流服务时应选择适合本企业体系及设施的对象及商品，这样才能使企业产生核心竞争力。

(6) 不断地完善与鼓励创新。不断完善就是不断发现问题，不断改进，寻找原因，提出改进措施，改变工作方法，使工作质量不断提高。鼓励创新是建立一种鼓励创新的机制，形成一种鼓励创新的氛围，在不断完善的基础上有跨越式的发展。物流的实现过程中，人的因素发挥着决定性的作用，任何先进的物流设施、物流系统都要人来完成。而且物流形式的差别、客户个性化的趋势和对物流期望越来越高的要求也必然需要物流各具体岗位的人员具有不断创新精神。

2. 提供精益物流服务

精益物流服务是精益物流的核心。企业应树立用户第一的思想，明确客户服务需求，统一服务标准，规范服务流程，明确服务目标，细化服务内容，优化服务质量，不断提高精准化、定制化服务能力。具体内容有以客户需求为中心，提供准时化服务，提供快速服务，提供低成本高效率服务，提供使顾客增值的服务。

总之，精益物流作为一种全新的管理思想，势必会对物流行业产生深远的影响，它的出现将改变企业粗放式的物流管理观念，提高企业的核心竞争力。

本章小结

物流成本管理绩效评价是指为达到降低企业物流成本的目的，运用特定的企业物流成本绩效评价指标、制定统一的物流评价标准，采用定量和定性相结合的方法，对企业物流成本管理系统状况进行的综合评价。物流成本管理绩效评价是物流管理系统绩效评价的重要组成部分，是物流系统决策的重要依据。企业通过对其物流成本管理绩效的纵向比较，有助于提高企业物流系统的运行效率与经济效益；企业通过与同行业其他企业物流成本管理绩效的比较，可以认清自身物流成本管理的优势和不足，为进一步完善企业物流系统提供依据。

物流成本管理绩效评价的实施步骤如下：建立绩效评价组织机构、制定绩效评价工作方案、收集和整理基础资料和数据、评价计分、编制报告。物流成本管理绩效评价的原则

有系统性原则、可比性原则、定性与定量相结合原则。

物流成本管理绩效评价指标体系由定量评价指标与定性评价指标两部分构成。定量评价指标包括单位销售收入物流成本率、物流成本利润率、物流成本占企业总成本的比率、货损货差赔偿费率、客户满意率等指标。物流成本管理定性评价指标体系由物流创新发展能力、物流风险控制能力、物流信息化程度等方面内容所构成。

物流成本管理绩效是物流运输、仓储、装卸搬运等各个子系统成本管理状况的综合反映,持续地控制与改进物流成本管理绩效是企业生存和发展的保证。用于物流成本绩效控制和改进的方法有很多,最常见的包括平衡计分卡、精益管理、标杆分析、物流战略成本管理等。

平衡计分卡是从财务、客户、内部运营、学习与成长4个维度,将组织的战略落实为可操作的衡量指标和目标值的一种新型绩效管理体系。在财务、客户、内部运营、学习与成长4个维度中,财务维度是最终目标,顾客维度是关键,企业内部运营维度是基础,学习与成长维度是核心。

标杆分析法是将本企业各项活动与从事该项活动最佳者进行比较,从而提出行动方法,以弥补自身的不足。它是将本企业经营的各方面状况和环节与竞争对手或行业内外一流的企业进行对照分析的过程,是一种评价自身企业和研究其他组织的手段,是将外部企业的持久业绩作为自身企业的内部发展目标并将外界的最佳做法移植到本企业的经营环节中去的一种方法。

战略成本管理就是以战略的眼光从成本的源头识别成本驱动因素,对价值链进行成本管理,即运用成本数据和信息,为战略管理的每一个关键步骤提供战略性成本信息,以利于企业竞争优势的形成和核心竞争力的创造。战略成本管理的基本框架包括价值链分析、成本动因分析、战略定位分析。

精益物流是起源于日本丰田汽车公司的一种物流管理思想,其核心是追求消灭包括库存在内的一切浪费,并围绕此目标发展的一系列具体方法。精益思想的核心就是以越来越少的投入——较少的人力、较少的设备、较短的时间和较小的场地创造出尽可能多的价值;同时也越来越接近用户,提供他们确实需要的东西。精益物流的基本内容有以客户需求为中心、准时、准确、快速、降低成本、系统集成、信息化。精益物流的实施步骤包括企业系统的精益化和提供精益物流服务。

物流成本管理绩效评价　平衡计分卡　标杆分析　战略成本管理　精益物流

习 题

一、单项选择题

1. 下列选项中，不属于平衡计分卡实现的平衡的是（　　）。
   A. 财务和非财务的平衡　　　　B. 外部和内部的平衡
   C. 结果和驱动的平衡　　　　　D. 主观和客观的平衡
2. 精益物流与 MRP 相比较，两者的存储水平不同，前者要（　　）后者。
   A. 远高于　　B. 远低于　　C. 相近似　　D. 低一些
3. 平衡计分卡是从（　　）个方面，将组织的战略落实为可操作的衡量指标和目标值的一种新型绩效管理体系。
   A. 1　　　　B. 2　　　　C. 3　　　　D. 4
4. "东方不亮西方亮"是用来比喻（　　）。
   A. 横向一体化战略　　　　　B. 纵向一体化战略
   C. 多元化战略　　　　　　　D. 战略联盟战略
5. 物流成本管理绩效评价指标属于（　　）。
   A. 定量指标　　　　　　　　B. 定性指标
   C. 定量与定性相结合指标　　D. 相对数指标

二、简答题

1. 物流成本管理绩效评价的实施步骤有哪些？
2. 标杆分析法的实施步骤有哪些？
3. 企业实施战略成本管理的意义是什么？
4. 精益物流的基本内容有哪些？
5. 物流成本管理绩效控制和改进的方法有哪些？

宜家公司的战略成本管理分析

宜家公司于 1943 年由英格瓦·坎普拉德创建，其口号为"生活，从家开始"。在此后的半个多世纪中，宜家的事业蓬勃发展，从最初的文具邮购业务发展成为分布 42 个国家、拥有 180 家连锁店的世界著名跨国公司。截至 2010 年，宜家的年销售额更是突破了 200 亿欧元，位居全球采购排行榜的榜首。60 年来，宜家公司不断壮大，其成功得益于优质的管理。宜家公司在保证高质量及实用性的理念下，坚持战略成本管理，为公司赢得了长久的战斗力和竞争力。

1. 宜家战略成本动因分析

1) 结构性成本

宜家作为一家大型的生活类产品企业，在规模、经验、技术厂址等各个方面都涉及结构性成本的战术。结构性成本的特点在于开始性和确定性，即企业一旦开始营业，其结构性成本就被确定下来，而且很难改变。在几十年的发展过程中，宜家不断积累经验，对企业的规模及资源等各个方面进行了成本战略的控制。宜家的业务从单一的家居生产到现代化的百货商场，无一渗透着结构性成本的理念。就目前而言，宜家的家居产品可谓是应有尽有，企业无须做广告，就实现了宣传的效果。如客户在宜家中购买窗帘时，发现宜家中的碗筷很吸引人的眼球，这就是产品多样化带来的宣传作用。

2) 执行性成本

执行性成本动因主要表现在企业的操作方面，对于成本的态势有至关重要的作用。宜家在对执行性成本的管理中，同样注重企业的内部管理。对于员工，宜家将人才看做企业制胜的筹码之一，定期组织员工大会，对优秀的员工进行技术以及管理方面的培训，以便于其更好地为企业服务，宜家及时了解员工所需，做到奖惩分明，激励了一大批上进的员工；对于产品设计，宜家不仅将质量作为生产的根本，还注重将家居产品的简单实用原理和美观原理相结合，吸引了一大批消费者。此外，宜家还拥有专业的产品设计师，包括对功能的设计及外观的设计。

2. 宜家的成本战略定位

1) 成本领先战略的运用

宜家的成本战略涉及产品的研发、设计、采购、生产，以及销售等各个环节，并将标准化生产作为企业赢利的有效手段，在同行的竞争力，拥有绝对性的优势。宜家一直奉承低成本的方针，在成本管理中形成了特有的产业链。低成本作为企业生存的战略目标之一，在长久的发展过程中，已经成为一种意识。

在产品的研发方面，宜家开发了 10 000 多种商品，并将低价位、高实用作为整个设计过程中理念之一，从而在保证质量的同时，降低企业的生产成本；在采购环节，宜家拥有固定的原产品开发来源，始终注重原材料的质量管理，与供应商保持着良好的合作关系；在销售方面，宜家不仅有专业的店面，还开启了网络销售的模式，进一步节约了销售的成本。

2) 差异化战略的运用

宜家在发展之初，经营的是大众化的产品，尽管在价格上占有一定的优势，但是一味地低价不是企业成功的法宝。在市场竞争的过程中，宜家认识到产品差异化的重要性，在成本的管理中渗透了差异化的理念，尤其是在产品的设计过程中，宜家每年都会邀请国内外知名的 100 多位设计师，为宜家设计出独特的产品风格，彰显"简约、自然、清新"的设计理念。此外，宜家在销售渠道上也与一般的商家有所不同，宜家将顾客所需作为销售的切入点，为其提供最满意的服务，赢得了大批客户源，节约了宣传成本。

3. 宜家公司的价值链管理

1) 模块式的研发设计

在产品的研发阶段，宜家将战略调整为模块式的管理，这也是宜家的很多家具能够拆分和安装的主要原因之一。宜家的模块设计理念对于产品的生产和销售都具有重要的影响。对于设计部门而言，每一种产品的设计都是有据可依的，在设计的过程中，避免了因为不可行方案而导致的成本方面的浪费。模块化的设计理念打破了传统企业的流水作业，生产环节不仅提升了效率，也节约了流水线生产中所需大量设备而导致的设备购买成本方面的支出。此外，宜家产品由于可实现拆分，在物流过程中节约了包装费，降低了物流成本。

2) 平板包装的物流管理

宜家产品的低价格售价还得益于其独特的物流管理，宜家实行的是平板包装的运输过程，即将家具进行拆分，使其呈现出扁平的状态，从而节省更多的空间。"我们不想花钱运输空气。"这是宜家管理者常用的一句话。宜家的仓库有效填充空间为65%左右，这是一个不小的比例。对于枕头等膨胀性物件，宜家在运输的过程中会采取压缩的策略，以此来节约更多的空间。此外，平板包装的方法降低了运输过程中的损坏率，防止由于挤压而使得家具等发生变形，影响销售情况。相关数据显示，宜家这种平板运输的方式节约了5倍的空间，实现了一次运输多种产品的目的。

宜家作为一家具有竞争力的企业，在半个多世纪的发展过程中，取得了可喜的成绩。宜家的成功来源于其成本的战略管理，凭着良好的信誉和优秀的成本战略，在未来的发展过程中，宜家的业绩一定可以更上一层楼。

(资料来源：张俊玮. 宜家公司战略成本管理分析 [J]. 中国商界，2013(6)：33-35.)

思考：

(1) 宜家采用了哪些竞争战略？

(2) 宜家的物流管理具有哪些特色？

战略成本管理在青啤的运用

青岛啤酒股份有限公司(以下简称"青岛啤酒")是由英、德商人于1903年创立的，至今已有一百多年的历史，其在1993年香港和上海上市，成为国内首家在两地同时上市的股份有限公司，其规模和市场份额是国内啤酒行业的翘楚，青岛啤酒更是成为国际市场最具知名度的中国品牌。

青岛啤酒在国内啤酒市场上虽排名第一，但其市场占有率仅不到13%，可见在开拓市场方面，青岛啤酒依旧面临巨大的市场竞争压力，由于没有一家厂商具备完全的定价能力，未来的价格战争将会愈演愈烈，成本将成为青岛啤酒获取长期竞争优势的支撑。

青岛啤酒自1996年采取低成本扩张战略，高额的改造费用致使公司的营业和管理费用剧增，为了改善公司成本状况，自2001年起，实施了一系列内部资源整合战略，旨在提高企业竞争力。从战略成本管理的角度看，公司已将自己的成本管理上升到了战略的高度。

(1) 青岛啤酒的价值链分析。主要从内、外两个方面分析青岛啤酒目前的价值链。对于内部价值链，公司进行了统一的物流供应链管理，对产品的仓储、转库由原先的单一控制转换为统一管理和控制，进行了一系列的整合、优化，降低了库存资金的占用及仓储和运输费。对于外部价值链，公司实现了经销商、供应商、分销商之间的协调一致，并将其与公司的计划相结合，形成了供应链管理，从而在成本控制、客户响应等方面创造了新价值。

(2) 青岛啤酒的战略定位分析。经过SWOT分析发现，其在品牌、政策、资金、技术、市场等重要方面都占据了优势，但是其营销和管理的成本却居高不下。传统成本管理往往注重与产品生产相关的成本，而对间接成本(如管理成本)的控制上缺乏手段，仅仅为了降低成本而降低成本，并没有对企业所面临的外部环境进行分析。针对这种现象，青岛啤酒在实施发展战略的具体过程中，不断树立大品牌形象，坚持走"低成本扩张，高起点发展"的道路，通过收购低档的大众市场小品牌，扩大市场，提高企业的影响力，同时主要通过中、高档产品来获利，在激烈的竞争中使品牌进一步做大做强。

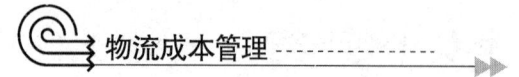

(3) 青岛啤酒在实施战略成本管理过程中与现代信息化技术的发展趋势相结合，建立了以 Oracle ARP 为核心的 ERP 系统，对公司总体业务的信息化进行规划，实现了公司业务的整合及资源的优化，提高了资源的利用效率，进而节约了企业的成本，提高了企业的竞争力。

青岛啤酒在实施战略成本管理过程中，充分意识到了战略成本管理的重要性，实现了从单纯的成本降低到成本避免与竞争力相结合的转变。在战略成本管理模式中注重有效管理和控制，对原先的业务流程和管理信息系统进行彻底改变，从而全面提高企业效率，节省企业的管理费用。

(资料来源：王棣华. 从青啤看战略成本管理 [J]. 首席财务官，2015(1)：79-81.)

思考：青岛啤酒在实施战略成本管理过程中采取了哪些做法？

第10章 供应链成本管理

【**教学目标与要求**】

理解物流链成本及供应链成本管理的概念。

掌握目标成本法和改善成本法。

了解供应链及供应链的概念。

了解供应链成本管理的模式。

导入案例

C公司供应链成本管理

  C公司是一家电子制造业企业,主要从事计算机等电子设备生产。C公司的供应链精益成本管理不仅关注企业的短期效益,更加注重寻求公司在电子制造业长期保持领军地位,坚持走科学管理、科技创新、制造现代化的路线。C公司作为母公司的制造公司,对供应链成本控制主要对象为交易成本和作业成本。

  在控制供应链中的交易成本同时保证完成订单的达交率;在控制产品制造的作业成本的同时注意降低次品率。C公司在首席运营官和首席财务官的带领下,推行PDCA循环的工作方法,全面执行供应链精益成本管理。在计划阶段,精益管理的目标包括产品的成本要求、质量要求、预算等。在合理的制度要求下以信息系统为依托确保执行,同时,由流程中指定的部门监督检查,保证实施的效果,并定期由各个层级组织复盘,对执行过程中的各种问题分析、总结,最终汇报至公司的高管层,针对问题作出决策,制定新的计划。供应链企业的交易成本一般来说主要有以下4种:一是寻找供货商的费用;二是识别供应部件的信息费用;三是物流的费用;四是监督履约以及违约的费用。在C公司,对供应链中交易成本的管理主要借助SRM、3PL等系统,实现整个供应链信息系统的集成性、准确性和实时性,同时借助系统规范控制业务运作的流程。在传统电子制造业行业中,采购成本占总生产成本的60%~70%。因此,实行供应链精益采购成本管理首先针对采购环节,这也是进行整体成本控制的重要切入点。企业的采购应该综合考虑供货商原料的质量、价格、技术和服务等因素,并尽量能够建立长期的战略合作关系,达到多次博弈降低成本的效果。改变传统观念,借助企业采用的供应商管理系统对信息进行大数据采集,分析出现的问题,对供应商进行及时反馈,达到双赢局面。

  C公司供应链作业成本管理的对象主要是指本企业内部为完成一定的任务所发生的费用。供应链作业成本依据成本动因对产品进行分配,核算企业成本情况的准确程度对于管理层的经营决策、企业产品的定价策略等都作为重要依据,起着重大的影响作用,因此,需要采用合适的成本管理方法对成本进行合理的分配。在资源稀缺的现代经济社会里,实现产品成本的有效控制是企业在市场竞争中取得优势地位的基本保障。对于作业成本的管理,C公司采取与标准成本法相结合的作业成本法,切合自身实际,选取这些理论中的部分方法进行管理。在标准成本法下,"标准成本+差异=实际成本"。C公司精益成本管理现状通过标准成本的制订、生产经营过程中成本差异的检查控制、定期的成本分析,把三者统一起来,形成一个集成本预测、计划、决策、控制、分析和考核于一体的完整的成本管理体系。

  对于电子制造型企业来说,对行业快节奏的变化和消费者对电子产品需求多变的现状应该及时关注,在生产制造管理中对先进的成本管理思想能够结合企业实际情况加以应用,加强对供应链环节各节点的成本合理的精益分析精益管理,对存在的问题进行及时进行改变,更好地控制企业供应链生产成本,这样才能更好地适应市场全球化的冲击,适应消费者新需求的多变,提高企业的核心竞争力。

(资料来源:杨薇庆.C公司供应链精益成本管理研究[D].合肥:安徽大学,2015.)

C 公司全面执行供应链精益成本管理,与供应商建立了长期的战略合作关系,大幅度降低了采购成本;采取作业成本法降低了作业成本。供应链成本管理是供应链管理的一部分,是一种跨企业成本管理,它拓展了成本管理思想到整个供应链。通过供应链管理,企业不仅可以利用自身内部的资源,还可以有效地利用其他企业的资源,以保持其核心竞争力。

10.1 供应链成本管理概述

10.1.1 供应链及供应链管理的概念

1. 供应链的概念

国家标准《中华人民共和国物流术语》(GB/T 18354—2006) 对供应链的定义是:供应链是"生产及流通过程中,为了将产品或服务交付给最终用户,由上游与下游企业共同建立的需求状网"。供应链是围绕核心企业,通过对信息流、物流、资金流的控制,从采购原材料开始,制成中间产品以及最终产品,最后由销售网络把产品送到消费者手中,将供应商、制造商、分销商、零售商直到最终用户连成一个整体的功能网链结构模式。根据供应链的定义,其基本结构可以简单地归纳为如图 10.1 所示的模型。

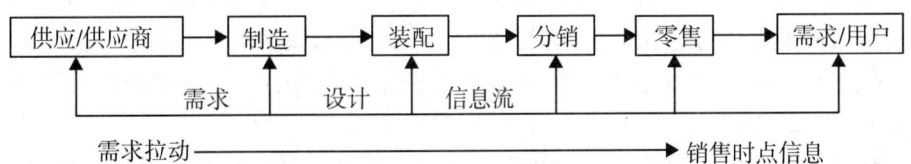

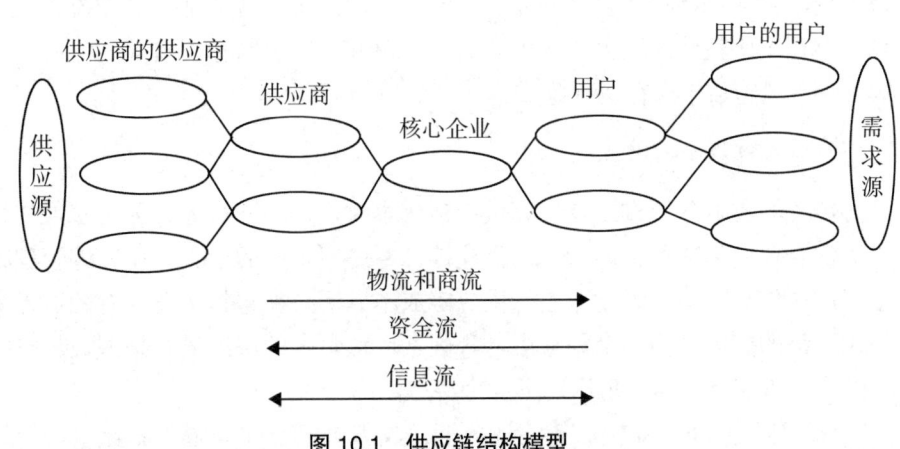

图 10.1 供应链结构模型

2. 供应链管理的概念

供应链管理产生于 20 世纪 90 年代,是一种战略性的企业间协作管理技术。它被认为是面向 21 世纪的先进管理思想和管理模式,也是近年来理论界和实务界研究和应用的一个新的热点。供应链管理是市场渠道各层之间的一个连接,是控制供应链中从原材料通过各制造和分销层直到最终用户的一种管理思想和技术。供应链管理强调供应链上各个参与成员及其活动的整体集成,使企业能够打破边界,将视角延伸到整个供应链上,从而获得竞争优势。

【拓展文本】

供应链管理的出发点是:通过协调供应链上各个成员之间的关系,高效优化配置企业内外资源,有效地控制供应链上的物流、资金流、价值流、工作流和信息流,既保持稳定和灵活的供需关系,又从整体上加快产品的响应。它已成为当代各种企业开展全球市场竞争的重要战略思想。通过供应链管理,一个企业不仅可以利用自身内部的资源,还可以有效地利用其他企业的资源,以保持其核心竞争力。面对激烈竞争的市场要求,管理信息集成必须向企业外部供需市场两个方面延伸和扩张,企业管理信息系统的总体规划,再也不能局限于企业内部。

国家标准《物流术语》(GB/T 18354—2006)对供应链管理的定义是:供应链管理是"对供应链涉及的全部活动进行计划、组织、协调与控制"。

10.1.2　供应链成本及供应链物流成本管理的概念

1. 供应链成本的概念

【拓展文本】

供应链成本是在供应链运转过程中由商流、物流、信息流和资金流所引起的成本,由物流成本和交易成本两部分构成。其中,由物流引起的成本是供应链物流成本;而由商流、信息流和资金流引起的成本是供应链交易成本。

供应链交易成本主要包括信息费用、交易谈判费用、签约费用、监督履约费用、交易变更费用。

供应链物流成本是指货物在供应链体系中流动所消耗的物化劳动和活劳动的货币表现,包括货物在运输、仓储、包装、装卸搬运、流通加工、物流信息、物流管理等过程中所耗费的人力、物力和财力的总和,以及与存货有关的流动资金占用成本、存货风险成本和存货保险成本。

2. 供应链成本的特点

传统的成本分析方法在计算供应链成本时显得力不从心,因为多数传统方法只是关注企业内部成本,而如今的供应链已经跨越企业的边界,供应链管理转变为跨组织的协作和管理。因此,进行供应链成本分析必须超越企业原有的边界限制,关注供应链的整体结构,全局考虑各种因素,从更高的层次进行把握。从空间的视角来考查,供应链成本表现出以下4个特点。

【拓展文本】

(1) 对象空间的变化。传统视角下,成本对象空间局限于企业生产经营活动中发生的成本。而在供应链视角下,强调并在客观上建立新型的供需关系,制造商、供应商、分销商之间构成"风险共担、利益共享"的利益共同体,每一个环节的表现都将直接或间接地影响到整个共同体的利益。因此,制造商、供应商、采购方之间的关系发生了根本性改变,在"选择—被选择"或"接受—被接受"的制约关系基础上增加了"共同协商、共同制定成本目标、共同解决成本问题"的协作关系，形成了"制约+协作"的新型关系。

(2) 组织空间的变化。传统视角下的成本管理所面对的企业组织结构是一种基于分工与专业化原则所建立的"金字塔"形体系结构，而且该体系结构在一定时期内具有结构上的相对稳定性。而在供应链视角下，为适应敏捷性的要求，企业的组织结构由传统的"金字塔"形体系结构转化为具有明显动态特性的"可重组扁平状网络化"体系结构，与之相应的成本管理也应该突破传统思维框架，探索新的组织结构模型。

【拓展文本】

(3) 地理分布空间的变化。就地理位置而言，供应链视角下的企业具有地域分布特征，参与企业联盟的各企业往往分布在全球各地，因而在供应链视角下观察成本发生需要面对的可能是一个跨地域的地理分布空间。

【拓展文本】

(4) 响应空间的变化。供应链视角下，企业面对的是动态多变的、调整频繁的企业内部环境和外部环境，因而对成本发生的认识需要有敏锐的感知能力、敏捷的动态响应能力和持续的动态适应能力，从传统的被动响应空间跃升到自觉、自为的敏捷响应空间。

3. 供应链成本管理的概念

供应链成本包括企业在采购、生产、销售过程中为支撑供应链运作所发生的一切物料成本、劳动成本、运输成本、设备成本等。供应链成本管理可以说是以成本为手段的供应链管理方法，也是有效管理供应链的一种新思路。供应链成本管理是一种跨企业的成本管理，其视野超越了企业内部，将成本的含义延伸到了整个供应链上企业的作业成本和企业之间的交易成本，其目标是优化、降低整个供应链上的总成本。

近年来，供应链成本管理引起了足够的重视，主要原因在于两个方面：一是企业之间的竞争越来越被供应链间的竞争所取代；二是成本优化潜力只能通过管理整个供应链成本来实现。加强供应链成本管理对降低整个供应链成本和提高整个供应链及其各成员企业的竞争力具有重要意义。

4. 供应链成本管理的特点

供应链成本管理是供应链管理的一部分，是一种跨企业成本管理，它拓展了成本管理思想到整个供应链，意味着成本管理方法跨越了组织边界。与传统成本管理相比，供应链成本管理具有以下4个特点。

(1) 需求拉动性。与传统的生产推动型成本管理不同，供应链成本管理是一种需求拉动型的模式。在需求拉动型成本管理模式下，将顾客需求以及客户订单作为生产、采购的拉动力，控制资金流，最终协调资金成本。供应链节点企业在市场需求下组织生产，其经济活动适时、适地、适量地进行，从而减少了存货资金占用费用、仓储费用以及存货损失和时间价值损失。

(2) 协同性。传统成本理论认为，存在着绝对的效益背反原理，即经济活动的若干要素之间存在着绝对的损益矛盾。提高客户服务水平几乎就绝对会导致成本上升，保证顾客随时满意就必须依靠大量库存。因此，这种成本管理的目标只是单纯追求企业成本与服务水平在一定程度上的平衡。然而，在供应链系统中，改善服务和降低成本这两个目标是具有兼容性的，通过战略合作伙伴间密切合作，把市场风险均衡到整个供应链中，加强供应链整合成本与机会成本的控制、建立协同性运作。这样，绝对的效益背反就可以转化为相对的可控的效益关系。

(3) 延展性。供应链成本管理的范围由生产领域向开发、设计、供应、销售领域扩展。传统的成本管理比较重视生产领域成本的控制，而将其他环节的成本视为生产和销售产品所发生的额外费用。然而，随着信息时代的到来，生产成本所占的比重逐渐下降，其他相关成本所占的比重逐渐上升，甚至超过了生产成本。供应链成本管理在遵循一体化的基础上，通过企业流程再造和物流体系设计来达到降低成本的目的。

(4) 整体性。供应链成本管理的整体性体现在节点企业自身流通环节的整合和与上下游企业之间的整合两个方面。它要求企业必须在 3 个层次上权衡成本：①战略层次，主要包括合作伙伴的评价选择、仓储能力设计以及材料在物流网络中的流动等决策；②战术层次，包括采购和生产决策、库存和运输策略；③作业层次，如安排运输路线等日常决策。

10.2　供应链成本的管理策略

10.2.1　供应链成本管理的基础理论

供应链成本管理虽然是 20 世纪 90 年代提出的一种新的成本管理模式，但追溯其理论渊源，与前人关于成本管理的各种研究理论是分不开的。供应链成本管理理论基础主要包括价值链理论、委托代理理论、交易成本理论和组织间成本管理等。

1. 价值链理论

价值链概念由迈克尔·波特于 1985 年在其《竞争优势》一书中首先提出，倡导运用价值链进行战略规划和管理，以帮助企业获取并维持竞争优势。价值链分析思想认为，每一个企业所从事的在经济上和技术上有明确界限的各项活动都是价值活动，这些相互联系的价值活动共同作用为企业创造价值，从而形成企业的价值链。例如，每一种产品从最初的原材料投入到最终消费者手中，要经历无数个相互联系的作业环节——作业链。这种作业链既是一种产品的生产过程，也是价值创造和增值的过程，从而形成竞争战略上的价值链。

企业内部在运作过程中可以分解为多个单元价值链，每个单元价值链既会产生价值，也会消耗成本。某一个价值链单元是否创造价值，关键看它是否提供了后续价值链单元的需要，是否降低了后续价值链单元的成本。同时，任何一个企业均处于某行业价值链的某一段，价值链的上游是它的原材料或产品的供应商，下游是其分销商或最终顾客。这种价值链的相互联系成为降低价值链单元的成本及最终成本的重要因素，而价值链中各个环节的成本降低则是企业竞争优势的来源。价值链分析对于成本管理理论的最大贡献就在于它拓展了成本管理的视角，将成本管理的重心延伸到了组织边界，不只是局限于企业内部，而且包括了价值链伙伴。

2. 委托代理理论

委托代理理论的核心是在解决利益相冲突和信息不对称情况下，委托人对代理人的激励问题，即代理问题，包括提高代理效果和降低代理成本。从广义上说，存在合作的地方就存在委托代理关系，而供应链成本管理强调的就是关系管理，也就是合作与协调，因此委托代理理论为其提供了分析的理论基础和方法框架。

根据委托代理理论来分析处于供应链中的企业，处于上游的企业所扮演的是代理方的角色，而下游企业是委托方角色。存在委托代理关系就必然要发生代理成本，包括激励成本、协调成本和代理人问题成本等。供应链成本管理就需要对这些成本进行分析，以期降低代理成本，优化代理效果，使链条间企业的关系成本最低的同时达到良好的合作效果。

3. 交易成本理论

交易成本又称交易费用，最早由芝加哥大学教授、经济学家罗纳德·哈里·科斯在研究企业性质时提出，是指交易过程中产生的成本。交易成本包括"发现相对价格的工作"、谈判、签约、激励、监督履约等的费用。毫无疑问，利用外部资源将带来大量的交易成本。这就需要一种"围绕核心企业，通过信息流、物流、资金流的控制，从采购原材料开始，制成中间产品以及最终产品，最后由销售网络把产品送到消费者手中的，将供应商、分销商、零售商，直到最终用户连成一个整体的功能性网链结构模式"，这就是供应链。根据交易成本理论对供应链成本进行分析，可以发现供应链企业之间的交易成本大致包括以下内容：寻找价格的费用；识别产品部件的信息费用；考核费用；贡献测度费用。

另外，供应链企业之间的长期合作建立在利益共享的基础上，利益共享的一个重要依据是各企业在供应链整体运作中的贡献。由于分解和考核各企业的贡献是困难的，这时会存在索取价格超过应得价格的情况，以至于代理人的仲裁是必不可少的，这也是供应链交易成本的内容之一。因此，为了降低整个供应链的交易成本，企业之间应该建立紧密的合作伙伴关系，彼此信任，通过信息网络技术实现信息共享。

4. 组织间成本管理

组织间成本管理是对供应链中有合作关系的相关企业进行的一种成本管理方法，其目标是通过共同的努力来降低成本。为了完成这个目标，所有参与的企业应该认同这个观点，"我们同坐一条船"，并且要鼓励他们增加整个供应链的效率而不是他们自身的效率。如果整个供应链变得更加有效率，那么他们分得的利润也就更多。因此，组织间成本管理是一种增加整个供应链利润的方法。由于它在很大程度上依赖于协调，所以它只适用于精细型供应链，因为在精细型供应链中，买卖双方互相影响，信息共享程度也很高。为了使组织间成本管理行之有效，任何改进措施取得的超额利润应该让所有参与的企业共享。这种共享可以刺激所有参与企业更好地合作。在供应链中，企业可以有3种应用组织间成本管理来协调降低成本的途径：①它可以帮助企业、它的顾客和它的供应商寻求到新的方法来设计产品，以使得它可以在较低的成本下生产产品；②它可以帮助企业和它的供应商寻求方法，在生产的过程中更进一步地降低产品成本；③它可以帮助企业寻求方法，使得企业间的交接更有效率。

此外，供应链成本管理理论基础除了上述理论之外，还包括博弈论、约束理论、生命周期成本理论等。

【拓展文本】

10.2.2 供应链成本管理模式

1. 供应链成本预算管理模式

供应链管理的目的是要使整个供应链产生的价值最大，也就是要通过对供应链各成员企业之间信息流、物流、资金流的管理来获得最大的供应链利润，而目标的完成需要在方案实施过程中进行有效控制。控制包括事前控制、事中控制、事后控制。系统要想发挥协同化带来的优势，就必须在控制的过程中加强与预算的结合。在供应链成本管理中加强预算管理，是保证企业沿正确供应链总体目标方向运行的重要因素，有助于实现供应链运作中所追求的增值作业最大和非增值作业最小的管理思想。

供应链是一个链状结构，任何一个企业都是其中的一个节点。通过实行工作协调和并行化经营，来追求供应链利润最大化这个目标。对供应链成本进行预算管理就是让预算的作用内化到各个节点之中，把每个节点企业内化成一个综合性的责任中心，改进节点企业之间成本存在的问题，增加供应链成本流动过程中的可视性。由于同时处于不同的供应链之中，成本可视性的增加可以让节点企业充分发挥所在供应链中的作用，增加竞争优势的稳定性。

在供应链中，一个企业的生产计划与库存控制不但要考虑该企业内部的业务流程，更要从供应链的整体出发进行全面优化控制，跳出以单个企业资源需求为中心的管理界限，以最终的顾客化需求驱动顾客化运作，从而获得敏捷的市场响应能力。供应链管理的基本概念是建立在这样一个合作理念之上的，即通过分享信息和共同计划使整体目标与竞争优势得到提高。供应链成本管理环境下的预算制定过程是纵向和横向预算的集成过程，纵向指供应链由下游向上游的预算信息集成，横向指生产同类或类似产品的节点企业之间的预算信息集成，预算信息的纵横结合可以产生统筹兼顾的效应。因此，要建立分步的、透明的成本管理预算信息集成系统，采用并行化的信息传递方式，保持成本信息渠道的畅通和透明，从而保证节点企业之间成本工作的同步化。

由此可见，在供应链成本控制的全过程加强预算管理模式的运用，并找准切入点，将两者有机结合起来，是建立新型供应链成本预算管理控制模式、完善供应链成本控制的必由之路，这也就成为未来企业竞争优势增强的重要途径。

2. 供应链无形成本动因管理模式

供应链无形成本动因管理模式对于成本降低更加倾向于追求最小化支出这个直

接目标，任何经济活动的产生都伴随着不同程度的资源消耗，从而产生成本。在供应链中要降低成本，就必须将非效用性成本尽量压缩，分析成本产生的原因并有目的地加强管理。

20世纪80年代后期，美国芝加哥大学的青年学者库珀和哈佛大学教授卡普兰在对美国公司进行调查研究之后，提出了著名的"成本驱动因素"理论。所谓成本驱动因素，就是成本动因，即导致成本发生的各种原因。根据成本动因的基本含义，成本动因可以分为两个层次：一是微观层次的与单一节点企业自身具体生产运作相关的成本动因，如要完成的作业量、生产所消耗物料等经营性成本动因；二是宏观层次的成本动因，如外界存在的各种环境影响、上下游节点企业相关经济活动等。微观层次的成本，其产生大多具有相关的物质载体，比较容易识别和掌握；相反，宏观层次产生的成本动因，不能在财务报表中得到反映，兼之相对比较模糊，往往比较难以把握，因此也往往被忽视。理论上我们将前者称为有形成本动因，后者称为无形成本动因。

无形成本动因包括结构性无形成本动因和执行性无形成本动因两个方面。

(1) 结构性无形成本动因，也就是决定供应链基础经济结构的成本动因。结构性无形成本动因表现在供应链整体中包括规模经济(即增加使用供应链中共享资源的规模可以降低成本)、整合程度(加强供应链上端与下端的整合，保持高效运作)、学习与溢出(供应链可以通过学习提高运作效率从而使整体成本下降，学习成果还可以通过供应链从一个企业流向另一个企业，这对保持供应链间的相对成本优势至关重要)。对结构性无形成本动因而言，并非程度越高越好，对结构性无形成本动因分析就是分析以上各项成本驱动因素对供应链活动成本的直接影响以及它们之间的相互作用对供应链成本的影响，也就是怎样选择并建立供应链中成本的"地位"问题。

(2) 执行性无形成本动因，也就是与供应链执行程序相关的成本驱动因素，它是在结构性成本动因决定以后才成立的。执行性无形成本动因反映出整个供应链是如何运用信息流、物流、资金流等系统资源去完成供应链战略目标的。

综上可以看出，分析结构性无形成本动因，就是要解决怎样选择才是建立"最小化"供应链成本的问题，而执行性无形成本动因就是如何强化"最小化"的效果目标。前者可以解决供应链资源成本优化问题，是夯实成本的结构基础；后者则解决供应链成本整体绩效的持续提高问题，追求更大程度的成本降低。供应链无形成本动因不仅是解决供应链成本降低的理论基础，而且对如何作出供应链管理目标决策有重大启示。

对这两类无形成本动因进行管理，要认识到它们可能会产生的结果：相互加强或相互对抗。例如，规模经济或学习效应可以强化供应链在时机选择上的优势，纵向整合的优势也有可能会被某个环节生产能力的不足所抵消。因此，对于上述两种成本动因的相互作用要进行策略性引导，以避免两者之间的抵触，并充分利用成本动因之间加强效果来架构持续性的比较优势。

3. 供应链总成本管理模式

总成本管理模式是适用于供应链成本管理的一种战略性管理模式，它主要通过技术、人力资源和管理策略的融合，提供一条削减成本的途径。因此，它是从有形成本动因和无形成本动因的"全动因"角度进行供应链成本降低的管理模式。

总成本管理降低成本以"全局性"为目标进行供应链成本管理，要求不仅局部性地降低成本，而且要全局性地降低成本。供应链各节点企业以系统理论和信息技术为基础，运用作业成本管理的思想，对供应链的过程进行更新和重点控制。总成本管理模式注重考虑成本的"全动因性"，而传统企业内部制造成本的控制往往只考虑材料、人力和间接费用。总成本管理模式除考虑上述成本项外，还考虑时间、资源及与可持续经营相关的因素。例如，企业形象与名誉、企业文化氛围、企业职工的良好素质、与客户的良好关系等。总成本管理是以系统理论和信息技术为基础，运用网络计划技术为供应链运作进行时间优化、资源优化，进而达到成本优化的目的。

供应链管理的产生和发展有其必然性，现代企业要顺应潮流，抓住供应链管理的核心理念，采用先进的供应链管理模式，进行企业业务流程的重组，充分利用一切可以利用的资源，不仅是企业的内部资源，还包括企业外部可以利用的资源，突出自身的核心产业，采用合理的供应链成本管理模式，有效地进行供应链成本管理，不断提高企业的核心竞争力，使自身在企业间的竞争中获取先机，掌握主动，立于不败之地。

 相关链接

戴尔的供应链成本管理

1. 戴尔的供应链设计

戴尔的基本供应链模型是面向顾客的直销。戴尔的供应链只有3个阶段：顾客、制造商、供应商。由于戴尔直接与顾客接触，因而有能力很好地对顾客进行分类，分析每个顾客群的需求以及赢利空间，与顾客保持密切接触并理解顾客的需求，从而能够更好地对消费需求作出预测。

2. 戴尔的供应链成本管理

首先，充分利用信息技术降低成本。信息技术的应用不仅可以节省人力，降低劳动成本，更重要的是提高了产品和服务质量，降低了废品和材料损耗，缩短了对用户需求的响应时间。其中最重要的是强化供应链上的信息流通速度和透明度，戴尔高度运用信息科技，架构联结客户、管理生产线和联络供货商的基本骨干。其次，戴尔从顾客的角度出发，生产符合顾客需求的产品。戴尔的用户提到：戴尔的产品并不一定是最先进的，但却是最好用的，价格也是最合适的。有些公司为了多赚钱，拼命推销一些新产品和附加产品，高配置的计算机虽然先进，但却并不好用，有的功能用户根本用不上，安装后也是闲置，不能为顾客创造价值。最后，戴尔注重建立供应链合作伙伴关系。戴尔用供货商关系管理系统来管理全球各地不同供货商，便于评鉴供货商，并以此作为选择成为长期伙伴的依据。戴尔的优良供应链管理目标主要体现在：顾客下单到出货时间为4天；每人每小时的生产效率，提升160%；订单处理效率提高50%；订单错误率降低50%；每座工厂零件存货空间100平方英尺；每座工厂成品存货空间为零。通过供应链优化设计实现目标，消除非增值作业链，致力于开发增值的价值链，不断降低供应链成本同时实现顾客价值最大化，从而在竞争激烈的计算机行业领域立于不败之地，获得了核心竞争优势。

（资料来源：殷雯.基于顾客价值最大化的供应链成本管理：以戴尔为例 [J].商，2013(22)：69.)

10.2.3 供应链成本管理方法

应用于供应链管理的成本管理方法有很多,其中最为广泛的几种方法分别是:目标成本法、作业成本法、生命周期成本法和改善成本法。

【拓展文本】

1. 目标成本法

目标成本法是丰田公司在20世纪60年代开发出来的成本管理方法,该方法目前已经得到了广泛采用。目标成本法的目的在于将用户需求转化为所有相关流程的强制性竞争约束,以此来保证将来的产品能够创造出利润。

目标成本法的流程主要包括3个部分:在第一部分,市场驱动型成本核算是确定产品的准许成本。这是产品在预期销售价格下销售,并且保证一定利润水平时所能发生的最高成本。标准成本是由目标销售价格减去目标利润得到的。第二部分就是确定可完成的产品层次的目标成本。第三部分就是设定产品包含的每个组件的目标成本。

购货方的组建层次的目标成本决定了供应商的销售价格,从而就将它面临的市场竞争压力转嫁给了供应商。因为这种压力是通过组件转移的,因此为供应商成本降低工作的重点指明了方向。其结果就是购货方与供应商共同合作、进行成本管理工作。正是因为这种携手合作对于目标成本法效果的重要性,导致了目标成本法真正成为一种跨企业成本管理的技术。其跨企业含义主要体现在以下3个方面:第一,购货方必须设定可完成的组件层次的目标成本。如果供应商认为组件层次的目标成本无法完成,那么会降低他们努力的积极性。第二,购货方必须选择适当的方法对供应商应用目标成本法。其核心在于他们在设置成本降低目标和如何完成它们时是否给予供应商足够的自由空间。第三,购货方可以设置激励系统来激发供应商的创新能力和提高成本降低率。

2. 作业成本法

作业成本法以作业为成本核算对象,基于这样的理念:作业消耗资源,产品和服务耗费作业。其目标是将成本动因引起的资源消耗更合理地分配到产品或服务中去。企业可以通过作业成本法识别出那些与最终用户的效用无关的作业,并通过减少或完全剔除这类无增值作业来降低成本,这样企业就可以更好地对市场需求作出反应并增强自身的竞争力。

供应链成本主要包括企业内部发生的直接成本、间接成本,以及企业间的交易成本。因此,供应链作业成本法应该站在供应链的视角上,以作业和交易为基础间接费用来优化产品或服务的总成本。企业内部的间接成本以作业为成本动因进行分析,而企业间的间接成本(交易成本)就需要以企业间发生的各种交易行为,如谈判、买卖等为基础进行分析。

3. 生命周期成本法

目前,对于生命周期成本法还没有达成统一的理解,大多是依据布兰查德和法布里奇的定义:"生命周期成本是指在系统的生命周期中与该系统相关的所有成本。"在生命周期成本法系统中,产品使用者承担的成本(包括使用成本和周期结束成本)负责补充传统上由产品生产商所承担的成本,并且除了考虑实物流程及其相关物资和能源流动的成本外,还要考虑劳动力和使用知识(如专利)的成本以及交易成本(如信息流)。例如,在生命周期中需要考虑产品的开发成本。

在采用生命周期成本法时,就可以确定产品开发、生产、使用、周期结束所产生的所有成本,并据此识别生命周期和供应链中的成本驱动因素及其背反关系,以开发和生产最小总成本的产品。

4. 改善成本法

【拓展文本】

改善成本法是供应链上各企业在产品生产阶段最主要的成本约束机制。改善成本法也是一种前馈型的成本管理方法,它是根据预期的成本降低需要来制订产品成本的降低目标,而不是当成本超标已经发生后才作出反应。并且,通过改善成本法的实施,可以使成本降低压力持续于整个产品生命周期。将改善成本法局限于某个企业内部,将忽视供应链上游和下游企业进一步节约成本的潜力。改善成本法在供应链上各企业间的跨组织应用是通过大量的信息共享和合作机制,挖掘所有的成本降低机会。改善成本法可以看做是目标成本法在产品生产阶段的延伸,它在跨组织成本管理中的应用与目标成本法有一些相似之处。

首先,改善成本法同样是一种需要购货商和供应商共同合作的成本管理方法。在产品生产过程中,供应链上的所有成员企业都将共同实施改善成本法。这种合作使得企业可以实现在单独进行成本管理时所不能达到的成本节约。改善成本法的跨组织应用既可以由购货商发起,也可以由供应商发起。例如,购货商可以向供应商委派设计工程师或提供技术支持,供应商可以在购货商的配合下寻求新的部件设计方法。

其次,价格传递机制在改善成本法中依然有效。购货商的改善成本管理体系同样可以通过确定供应商的改善成本降低目标,将市场压力传递给它的供应商。所以,制订合理的改善成本降低目标是至关重要的,否则价格传递机制将失去效用。

本 章 小 结

供应链是生产及流通过程中,涉及将产品或服务提供给最终用户活动的上游与下游企业所形成的网链结构。供应链是围绕核心企业,通过对信息流、物流、资金流的控制,从采购原材料开始,制成中间产品以及最终产品,最后由销售网络把产品送到消费者手中的将供应商、制造商、分销商、零售商直到最终用户连成一个整体的功能网链结构模式。供应链管理是指对供应链涉及的全部活动进行计划、组织、协调与控制。

供应链成本是在供应链运转过程中由商流、物流、信息流和资金流所引起的成本，由物流成本和交易成本两部分构成。其中，由物流引起的成本是供应链物流成本；而由商流、信息流和资金流引起的成本是供应链交易成本。

供应链交易成本主要包括信息费用、交易谈判费用、签约费用、监督履约费用、交易变更费用。

供应链物流成本是指货物在供应链体系中流动所消耗的物化劳动和活劳动的货币表现，包括货物在运输、仓储、包装、装卸搬运、流通加工、物流信息、物流管理等过程中所耗费的人力、物力和财力的总和，以及与存货有关的流动资金占用成本、存货风险成本和存货保险成本。供应链成本有以下特点：对象空间的变化、组织空间的变化、地理分布空间的变化、响应空间的变化。

供应链成本管理是一种跨企业的成本管理，其视野超越了企业内部，将成本的含义延伸到了整个供应链上企业的作业成本和企业之间的交易成本，其目标是优化、降低整个供应链上的总成本。供应链成本管理具有以下4个方面的特点：需求拉动性、协同性、延展性、整体性。

供应链成本管理虽然是20世纪90年代提出的一种新的成本管理模式，但追溯其理论渊源，与前人关于成本管理的各种研究理论是分不开的。供应链成本管理理论基础主要包括价值链理论、委托代理理论、交易成本理论和组织间成本管理等。

供应链管理的成本管理方法有很多，其中应用较为广泛的方法是目标成本法、作业成本法。

目标成本法是丰田公司在20世纪60年代开发出来的成本管理方法，该方法目前已经得到了广泛采用。目标成本法的目的在于将用户需求转化为所有相关流程的强制性竞争约束，以此来保证将来的产品能够创造出利润。

作业成本法以作业为成本核算对象，基于这样的理念：作业消耗资源，产品和服务耗费作业。其目标是将成本动因引起的资源消耗更合理地分配到产品或服务中去。企业可以通过作业成本法识别出那些与最终用户的效用无关的作业，并通过减少或完全剔除这类无增值作业来降低成本，这样企业就可以更好地对市场需求作出反应并增强自身的竞争力。

改善成本法是供应链上各企业在产品生产阶段最主要的成本约束机制。改善成本法也是一种前馈型的成本管理方法，它是根据预期的成本降低需要来制订产品成本的降低目标，而不是当成本超标已经发生后才作出反应。

关键术语

供应链　供应链管理　供应链成本　供应链成本管理　目标成本法　改善成本法

习 题

一、单项选择题

1. 供应链管理是跨企业范围的比物料管理更广泛的管理,从（　　）层次上把握最终用户的需要。
   A. 业务　　　B. 战略　　　C. 管理　　　D. 效益

2. （　　）管理模式不是基于单个企业的管理模式。
   A. 减少零件变化　　　　B. 成组技术
   C. 敏捷制造　　　　　　D. 柔性制造系统

3. 供应链管理把资源的范围扩展到（　　）。
   A. 供应商　　　　　　　B. 分销商
   C. 整个供应链　　　　　D. 其他节点企业

4. 改善成本法也是一种（　　）的成本管理方法。
   A. 前馈型　　　　　　　B. 反馈型
   C. 事后分析控制　　　　D. 事中分析控制

5. 拉动式的供应链运作方式是以（　　）为核心的,因此能实现定制化服务。
   A. 供应商　　　B. 制造商　　　C. 分销商　　　D. 用户

二、简答题

1. 什么是供应链成本?为什么要对供应链成本进行管理?
2. 如何用交易成本理论来分析供应链中企业间的成本和费用?
3. 如何降低供应链中的成本?
4. 目标成本对供应链成本管理的贡献有哪些?

案例分析

沃尔玛的全球供应链采购成本管理的成功经验

沃尔玛成立于1962年,由山姆·沃尔顿在美国中西部的本顿威尔小镇成立了第一家"沃尔玛百货有限公司",发展至今,沃尔玛已经成为全球最大的零售商。沃尔玛的物流成本仅占销售额的2%~2.5%,同时大幅压缩了沃尔玛门店的仓库面积,从而可以最大限度地增加零售面积,降低仓储成本。同时,沃尔玛特意将配送中心设立在销售区域的中央位置,以415公里为一个商圈建立一个配送中心,从而能够保证商品从配送中心运到任何一家商店的时间不超过36小时。

1. 沃尔玛的全球供应链采购成本管理的成功经验

1) 供应商与合作伙伴的管理

(1) 透明报价、直接采购与准时采购。沃尔玛在全球范围内成功的基础就是其对供应商的严格管理。

在美国，沃尔玛要求供应商在报价的同时更要表明其成本结构和利润、同类产品在美国市场上的现有零售价和本次所供产品准备定位在哪个零售价位上，以及给沃尔玛留出多少利润。这样一来，在选供应商的时候就非常简单透明，而沃尔玛也可以在纷繁复杂的供应商中挑选出最有竞争力的。对于供应商来说，先确定其零售价，以及预留给沃尔玛的利润率，再从中扣除运费、进口费及佣金等费用后，来确定FOB价，这种倒推定价的方法使供应商的成本被沃尔玛牢牢地压制住而不得不最大限度地降低成本提高效率。其次，沃尔玛实行直接采购的原则，直接从工厂进货而绕开冗杂的中间商，再将货物运入配送中心统一管理。这样一来不但可以缩短渠道长度，降低供应链成本，这更是沃尔玛能够履行"天天低价"承诺的重要保障之一。最后，在供应商供应货物的环节中，美国沃尔玛则要求供应商必须按照合同准时交货，不允许有任何延误和提前。延误的交货沃尔玛一概不收，因此导致沃尔玛缺货则很可能使供应商失去沃尔玛这个大客户。另一方面，因提前交货而导致的额外仓储费用也需要供应商来承担。这样一来，沃尔玛不但有效地缩短了交货期，降低了库存成本和市场风险，也很好地检验了合作伙伴的能力和诚信。不难看出，沃尔玛对供应商的要求可以用苛刻来形容，甚至有许多供应商表示向沃尔玛供货赚不到钱。但在巨大采购数量的诱惑下，即使是稀薄的利润都会让供应商之间抢破头。因此，这也是为什么沃尔玛能够如此成功地控制其采购成本。

(2) 战略合作。宝洁-沃尔玛模式可以说是当今零售商与供应商之间供应链管理合作的典范。这一模式开始于宝洁公司将其开发的一套"持续补货系统"与沃尔玛一同使用，这样以来，双方通过电子数据交换和卫星通信实现联网。借助于信息系统，宝洁公司能迅速了解沃尔玛物流中心内宝洁产品的价格、销售量、库存量等相关数据，并据此及时地制定出符合市场需求的生产和研发计划，同时也能对沃尔玛的库存进行单品管理，做到连续补货，防止滞销商品库存过多，或畅销商品断货。而沃尔玛也可以通过制造商管理库存系统实行自动进货，并且跳过了原先对每笔交易条件的谈判过程，大大缩短了供应链流程的时间，使沃尔玛从庞杂的供应体系中解脱出来。基于之前成功的尝试，宝洁和沃尔玛之后更在信息管理系统、物流仓储体系、客户关系管理、供应链预测与合作体系、零售商联系平台，以及人员培训等方面进行了全面、持续、深入而有效的合作，使供应商与零售商的关系不再像过去那样剑拔弩张，而是进入到战略合作的新高度。

2) 物流的管理

沃尔玛起初通过"集中配送模式"将门店物流集中管理的零售商，即由配送中心而非供应商直接将货物送到门店。大量实践证明，与传统的供应商直供的物流体系相比，"集中配送模式"能更好地发挥规模效应、降低物流成本，缩短存货周期和加强货品控制。近年来，沃尔玛甚至希望其主要供应商将入站物流全部交由沃尔玛配送，并将物流费用从供应商的售价中相应扣除。这样一来，沃尔玛既可以利用自身强大的物流体系发挥规模效应，节约采购成本，还可以加强对供应商的控制，无论是议价还是管理能力都能得到提升。

3) 现代化信息网络的管理

1969年，沃尔玛成为最早采用计算机跟踪库存的零售企业之一；1980年，沃尔玛最早使用条形码技术提高物流和经营效率；1983年，沃尔玛史无前例地发射了自己的通信卫星；1989年，沃尔玛最早与宝洁公司等大供应商实现供应商管理库存——快速用户反馈产销合作。可见沃尔玛对信息技术的不懈追求总是走在时代的前列。沃尔玛如此不惜代价，甚至斥资几亿美金发射通信卫星的做法在零售业，甚至是商界都实属罕见。正是这样不惜代价的信息化投资，使得沃尔玛的成就令其竞争对手望尘莫及。从采购开始到一系列的订购、入库、装运、配送以及销售流程全部实现自动化、信息化和网络化管理，从自动订购到电子结算，从配送中心内的自动化装配到库存信息的联网共享，无一不体现出沃尔玛利用信息技术使整个供应链环节之间实现了无缝连接,不但节约了大量的人力资本,提升管理效率和准确度,更最大程度地控制了采购管理成本以及各项运营成本,并且使得沃尔玛与其他供应商的战略合作成为可能。

2. 沃尔玛供应链采购成本管理对我国企业的启示

1) 加快信息化建设

沃尔玛在信息技术上的不懈追求以及其因此而获得的巨大优势是沃尔玛这么多年始终处于世界500强前三位置的根本原因。对于沃尔玛来说,信息技术不但为其创造了财富,更为其节约了大量资源和成本。当然,对于我国企业来说,想要获得像沃尔玛一样的信息技术或者拥有一颗自己的通信卫星并不现实,但是重要的是我国的企业,甚至是一些中小企业是否有足够的眼光和远见,像沃尔玛一样,愿意花费大量的人力物力财力来建设和完善自己的信息系统。

2) 加强战略合作

沃尔玛在供应链成本管理中的一大创新就是将原本利益有所冲突的供应商与零售商之间的关系转变为合作共赢的战略合作伙伴,而"宝洁–沃尔玛模式"更是值得所有企业学习借鉴的典范。供应链成本管理这一理念引入中国的时间并不太长,同样,中国的市场经济环境还存在许多不完全性,如果将"宝洁–沃尔玛模式"生搬硬套在中国企业可能会适得其反。但是,其中的战略合作意识却是值得我们学习的。在企业经营过程中势必会遇到许多的利益冲突,但是采用"以邻为壑"的方式虽然得到的眼前的利益,却难免为之后的发展留下隐患,但是转变思路,通过战略合作实现双赢,无疑才是企业长期发展的良策。

(资料来源:徐小慧. 零售业供应链及采购成本管理研究:基于沃尔玛的案例分析 [J]. 商场现代化,2014(2):35-37.)

思考:沃尔玛供应链采购成本管理有哪些成功的经验?对我国企业的启示有哪些?

特斯拉汽车基于价值链理论的成本控制分析

1. 新能源汽车业及特斯拉汽车公司发展现状

据工信部数据,2015年中国新能源汽车总产量约379 000辆,同比增长4倍,位居世界第一。比亚迪、日产、通用等传统汽车制造企业也纷纷投入新能源汽车的研发,竞争日益激烈。而新能源汽车制造业比起其他产业,零部件更多,环节更复杂,涉及的上下游企业较多,新能源汽车这一行业的竞争,不是单一因素就能决定的,而是整个价值链方面成本控制的较量。众所周知,美国特斯拉汽车公司作为新能源汽车制造的佼佼者,经过十几年的发展,其电动汽车在质量、安全和性能方面已经达到了电动汽车业最高标准。特斯拉汽车公司于2003年成立,总部位于美国加利福尼亚州"硅谷",与"汽车城"底特律传统汽车思路不同的是,特斯拉用新能源和IT理念制造汽车。特斯拉作为世界最为典型的电动汽车生产商,其技术世界一流,其成本控制非常到位,其中不乏许多价值链成本控制思想。

2. 特斯拉的外部价值链分析——确定其产业定位

1) 特斯拉汽车公司的主要供应商分析

为了达成各自的目标供应商和企业应该相互扶持。企业时刻应与供应商保持良好的合作关系,一方面可以保证原材料的质量;另一方面在保障原材料质量的基础上,还能有效地控制和缩减成本。进行有效的供应商管理的另一点优势是,即使在危机时刻,供应商也能够成为企业的得力帮手。特斯拉在供应商方面大力推动供应链透明化和本土化特斯拉关于供应链的战略之一。例如,制造电脑、音乐播放器、汽车零件等产品需要用到一些金属矿产，如锡矿石、黑钨等稀有金属，这些稀有金属在战乱频仍的刚果(金)储量非常巨大，而这些地区常存在一些"血矿"。"政治方面正确"的策略让它获得美国政府的政策和贷款支持。

2) 特斯拉公司的主要购买商分析

特斯拉颠覆消费模式，不需要经销商，用直销的方式卖车，把车直接卖给消费者，因此个人消费者就是特斯拉的购买商，特斯拉在美国已经建立34家直销点。特斯拉推出了许多有利于消费者购买的决策，例如，特斯拉保证二手车的价值，提供回购选择；建立充电站，购买者可以免费充电，提供付费调换电池服务。目前在中国，特斯拉已经和中国联通、民生银行等大型企业达成合作意向，他们计划共建新能源汽车充电桩、超级充电站等基础的设施，这样一来特斯拉能够节省很多租金和建设成本。届时特斯拉可以凭借与这些国内大型成熟企业的合作，更快打通线下充电网络。

3) 特斯拉汽车公司的主要竞争对手分析

目前汽车产业蓬勃发展，虽然面临石油资源的枯竭，传统汽车业也许未来前景并不十分广阔，但许多传统汽车制造业也纷纷转型新能源。通用汽车、宝马、比亚迪也都转型新能源，宝马i3电动系列就是特斯拉汽车的强劲对手。但特斯拉总裁伊隆·马斯克宣布，将与同行分享特斯拉的所有专利技术推动电动汽车技术的进步。他在公司官网公开发表了一篇博客说道，任何人出于善意想要使用特斯拉的技术，特斯拉不会对其发起专利侵权诉讼。特斯拉也打算开放其超级充电站系统技术，以便其他电动汽车企业都能采纳统一的技术标准。特斯拉的开放专利这一做法，使得它与竞争对手并没有完全对立起来，而是互相借鉴，共同用超级充电站经营模式，使之形成竞争对手联盟，实现了资源共享，加强了技术沟通等。

3. 特斯拉的内部价值链管理——解决成本控制问题

当前特斯拉公司年产量为8万~9万辆。到2017年，特斯拉计划开始量产Model 3车型；要保证利润空间，同时售价降低，特斯拉必须做的就是成本控制。特斯拉汽车的产量现在相对而言比较少，它希望能够扩大产量，到2020年年总产量预计可以到达50万辆。若想完成这一宏伟目标，特斯拉整合整个汽车制造体系，预计建立超级电池工厂Gigafactory。Gigafactory工厂将整合设计和制造等整个业务活动，其中主要原因是它趋于实现规模经济，创新生产工艺，降低电池成本，压缩不必要的环节，进行厂区区位优化。据特斯拉估计，一旦这个工厂建成运营，它将帮助特斯拉的电池价格降低30%左右。得益于电池成本下降，特斯拉可以将Model 3车型价格定于35 000美元左右。通过这样的工厂，特斯拉将开发一个有吸引力的，消费者又负担得起的电动汽车。

伴随着经济全球化的深入发展，我国企业必将融入世界经济。如何增强企业综合竞争力，是当前摆在每一个企业面前的严峻课题。但是现在我国仍然有许多企业成本管理理念落后，成本控制方法依然不科学。企业应该恰当运用价值链分析，对内部、外部价值链进行分析，全力整合供应商、购买商、企业内部价值链，踏实发展核心业务，统筹辅助业务，建立完备成本控制系统，加强对成本流程监督管理，再对价值链成本控制进行评估和优化，从而提高达到成本控制的目的，确保企业的竞争优势。

(资料来源：周婷. 从价值链的角度浅析新能源汽车制造业成本控制 [J]. 经营管理者，2016(11)：267.)

思考：

(1) 新能源汽车制造业应采取哪些措施控制成本？

(2) 外部及内部价值链分析的主要目的是什么？

参考文献

[1] 冯耕中，李雪燕. 物流成本管理 [M]. 北京：中国人民大学出版社，2014.

[2] 鲍新中，崔巍. 物流成本管理与控制. 北京：机械工业出版社，2010.

[3] 侯章一. 德邦物流发展困境分析及相关对策探讨 [J]. 商场现代化，2015(32)：33-34.

[4] 戴君艳. 电子商务企业物流成本管理与控制研究 [D]. 蚌埠：安徽财经大学，2015.

[5] 徐萍. 制造企业物流成本核算方法优化探析 [J]. 商场现代化，2017(1)：36-37.

[6] 李婷，宋志兰. 基于作业成本法的农产品冷链物流成本核算 [J]. 物流工程与管理，2014(10)：17-20.

[7] 章雪，张曼利，张涵，徐鲲. 电商行业的物流成本控制与分析：以当当、亚马逊、京东商城为例 [J]. 时代经贸，2013，272(3)：114-116.

[8] 杨子馨. 滚动预算在跨国电梯制造企业的应用 [J]. 现代商业，2015(20)：245-246.

[9] 夏明涛. 企业集团全面预算管理案例研究：来自上汽集团实践 [J]. 新会计，2015(2)：33-36.

[10] 谢建青. 啤酒行业物流成本分析 [J]. 当代经济，2015(9)：34-35.

[11] 沈艳红，马艳丽，周亚萍. 快递公司应收账款管理分析：以M公司为例 [J]. 现代商业，2014(35)：231-232.

[12] 甘爱平，真虹. 我国船舶运输业降低温室排放气体排放的成本分析 [J]. 交通企业管理，2016(3)：18-21.

[13] 陈威，王晓宁. 快递业成本构成及顺丰速运成本控制 [J]. 物流技术，2015，34(7)：75-77.

[14] 李娟娟. 华润集团平衡计分卡应用研究 [J]. 合作经济与科技，2014(1)：81-82.

[15] 李飞，米卜，刘会. 中国零售企业商业模式成功创新的路径 [J]. 中国软科学，2013(9)：97-99.

[16] 张俊玮. 宜家公司战略成本管理分析 [J]. 中国商界，2013(6)：102-103.

[17] 王棣华. 从青啤看战略成本管理 [J]. 首席财务官，2015(1)：79-81.

[18] 杨薇庆. C公司供应链精益成本管理研究 [D]. 合肥：安徽大学，2015.

[19] 殷雯. 基于顾客价值最大化的供应链成本管理：以戴尔为例 [J]. 商，2013(28)：69.

[20] 徐小慧. 零售业供应链及采购成本管理研究：基于沃尔玛的案例分析 [J]. 商场现代化，2014(2)：35-37.

[21] 周婷. 从价值链的角度浅析新能源汽车制造业成本控制 [J]. 经营管理者，2016(11)：267.

[22] 李飞，米卜，刘会. 中国零售企业商业模式成功创新的路径. 中国软科学，2013，9：97-99

[23] 王雍欣. 基于作业成本法的企业物流成本核算的研究与应用 [D]. 镇江：江苏大学，2015.

[24] 李伊松，易华. 物流成本管理 [M]. 北京：机械工业出版社，2005.

[25] 傅桂林. 物流成本管理 [M]. 北京：中国物资出版社，2004.

21 世纪全国高等院校物流专业创新型应用人才培养规划教材

序号	书 名	书 号	编著者	定价	序号	书 名	书 号	编著者	定价
1	物流工程	7-301-15045-0	林丽华	30.00	40	供应链管理	7-301-20901-1	王道平	35.00
2	现代物流决策技术	7-301-15868-5	王道平	30.00	41	现代仓储管理与实务	7-301-21043-7	周兴建	45.00
3	物流管理信息系统	7-301-16564-5	杜彦华	33.00	42	物流学概论	7-301-21098-7	李 创	44.00
4	物流信息管理(第2版)	7-301-25632-9	王汉新	49.00	43	航空物流管理	7-301-21118-2	刘元洪	32.00
5	现代物流学	7-301-16662-8	吴 健	42.00	44	物流管理实验教程	7-301-21094-9	李晓龙	25.00
6	物流英语	7-301-16807-3	阚功俭	28.00	45	物流系统仿真案例	7-301-21072-7	赵 宁	25.00
7	第三方物流	7-301-16663-5	张旭辉	35.00	46	物流与供应链金融	7-301-21135-9	李向文	30.00
8	物流运作管理(第2版)	7-301-26271-9	董千里	38.00	47	物流信息系统	7-301-20989-9	王道平	28.00
9	采购管理与库存控制	7-301-16921-6	张 浩	30.00	48	物料学	7-301-17476-0	肖生苓	44.00
10	物流管理基础	7-301-16906-3	李蔚田	36.00	49	智能物流	7-301-22036-8	李蔚田	45.00
11	供应链管理(第2版)	7-301-27313-5	曹翠珍	49.00	50	物流项目管理	7-301-21676-7	张旭辉	38.00
12	物流技术装备(第2版)	7-301-27423-1	于 英	49.00	51	新物流概论	7-301-22114-3	李向文	34.00
13	现代物流信息技术(第2版)	7-301-23848-6	王道平	35.00	52	物流决策技术	7-301-21965-2	王道平	38.00
14	现代物流仿真技术	7-301-17571-2	王道平	34.00	53	物流系统优化建模与求解	7-301-22115-0	李向文	32.00
15	物流信息系统应用实例教程	7-301-17581-1	徐 琪	32.00	54	集装箱运输实务	7-301-16644-4	孙家庆	34.00
16	物流项目招投标管理	7-301-17615-3	孟祥茹	30.00	55	库存管理	7-301-22389-5	张旭凤	25.00
17	物流运筹学实用教程	7-301-17610-8	赵丽君	33.00	56	运输组织学	7-301-22744-2	王小霞	30.00
18	现代物流基础	7-301-17611-5	王 侃	37.00	57	物流金融	7-301-22699-5	李蔚田	39.00
19	现代企业物流管理实用教程	7-301-17612-2	乔志强	40.00	58	物流系统集成技术	7-301-22800-5	杜彦华	40.00
20	现代物流管理学	7-301-17672-6	丁小龙	42.00	59	商品学	7-301-23067-1	王海刚	30.00
21	物流运筹学(第2版)	7-301-28110-9	郝 海	45.00	60	项目采购管理	7-301-23100-5	杨 丽	38.00
22	供应链库存管理与控制	7-301-17929-1	王道平	28.00	61	电子商务与现代物流	7-301-23356-6	吴 健	48.00
23	物流信息系统	7-301-18500-1	修桂华	32.00	62	国际海上运输	7-301-23486-0	张良卫	45.00
24	城市物流	7-301-18523-0	张 潜	24.00	63	物流配送中心规划与设计	7-301-23847-9	孔继利	49.00
25	营销物流管理	7-301-18658-9	李学工	45.00	64	运输组织学	7-301-23885-1	孟祥茹	48.00
26	物流信息技术概论	7-301-18670-1	张 磊	28.00	65	物流管理	7-301-22161-7	张伦举	49.00
27	物流配送中心运作管理	7-301-18671-8	陈 虎	40.00	66	物流案例分析	7-301-24757-0	吴 群	29.00
28	物流项目管理(第2版)	7-301-26219-1	周晓晔	40.00	67	现代物流管理	7-301-24627-6	王道平	36.00
29	物流工程与管理	7-301-18960-3	高举红	39.00	68	配送管理	7-301-24848-5	傅莉萍	48.00
30	交通运输工程学(第2版)	7-301-28602-9	于 英	48.00	69	物流管理信息系统	7-301-24940-6	傅莉萍	40.00
31	国际物流管理	7-301-19431-7	柴庆春	40.00	70	采购管理	7-301-25207-9	傅莉萍	46.00
32	商品检验与质量认证	7-301-10563-4	陈红丽	32.00	71	现代物流管理概论	7-301-25364-9	赵跃华	43.00
33	供应链管理	7-301-19734-9	刘永胜	49.00	72	物联网基础与应用	7-301-25395-3	杨 扬	36.00
34	逆向物流	7-301-19809-4	甘卫华	33.00	73	仓储管理	7-301-25760-9	赵小柠	40.00
35	供应链设计理论与方法	7-301-20018-6	王道平	32.00	74	采购供应管理	7-301-26924-4	沈小静	35.00
36	物流管理概论	7-301-20095-7	李传荣	44.00	75	供应链管理	7-301-27144-5	陈建岭	45.00
37	供应链管理	7-301-20094-0	高举红	38.00	76	物流质量管理	7-301-27068-4	钮建伟	42.00
38	企业物流管理	7-301-20818-2	孔继利	45.00	77	物流成本管理	7-301-28606-7	张 远	36.00
39	物流项目管理	7-301-20851-9	王道平	30.00					

如您需要浏览更多专业教材,请扫下面的二维码,关注北京大学出版社第六事业部官方微信(微信号:pup6book),随时查询专业教材、浏览教材目录、内容简介等信息,并可在线申请纸质样书用于教学。

感谢您使用我们的教材,欢迎您随时与我们联系,我们将及时做好全方位的服务。联系方式:010-62750667、63940984@qq.com、pup_6@163.com、lihu80@163.com,欢迎来电来信。客户服务QQ号:1292552107,欢迎随时咨询。